Éditer et traduire Rabelais à travers les âges

FAUX TITRE

Etudes
de langue et littérature françaises
publiées

sous la direction de Keith Busby,
M.J. Freeman, Sjef Houppermans,
Paul Pelckmans et Co Vet

No. 127

Rodopi

Amsterdam - Atlanta, GA 1997

Éditer et traduire Rabelais
à travers les âges

Études réunies par
Paul J. Smith

Illustration de couverture: Rabelais, *Œuvres*, Amsterdam: Elzevier, 1663, t. II (Bibliothèque universitaire de Leyde)

♾ Le papier sur lequel le présent ouvrage est imprimé remplit les prescriptions de "ISO 9706:1994, Information et documentation - Papier pour documents - Prescriptions pour la permanence".

ISBN: 90-420-0178-X
©Editions Rodopi B.V., Amsterdam - Atlanta, GA 1997
Printed in The Netherlands

Présentation

Paul J. Smith

L'année 1994 a déclenché une véritable hausse dans l'édition rabelaisienne. Profitant de l'Année Rabelais, les maisons d'édition – citons, sans prétendre à l'exhaustivité, Champion, Folio, Gallimard, Le Livre de Poche, Plon, Seuil – ont édité ou réédité leur Rabelais. De plus, Rabelais a accédé récemment au monde de l'audiovisuel: il a été mis sur CD-ROM par Les Temps qui Courent et il est diffusé, depuis peu, sur Internet. Cette fébrile activité éditoriale risque d'empêcher de prendre du recul, et de repenser la pratique éditoriale même, vue dans son historicité. C'est ce que les auteurs du présent recueil se proposent de faire.

Ce recueil bilingue (français et anglais) a pris naissance lors du colloque international *Éditer Rabelais, hier et aujourd'hui*, tenu en décembre 1994 à l'Université de Leyde. Au cours du colloque, on s'est vite rendu compte de l'étendue du terrain: il ne s'agit pas seulement de prendre en compte les éditions parues du vivant de Rabelais, et celles des siècles ultérieurs jusqu'à l'époque moderne, mais aussi les nombreuses imitations et traductions. Dès le XVIIe siècle, celles-ci s'avèrent souvent elles-mêmes des éditions, pourvues de commentaires et de glossaires. Parfois (que l'on pense aux chefs-d'œuvre que sont les traductions de Fischart, d'Urquhart et de Motteux), elles font à leur tour l'objet de l'industrie éditoriale. Afin donc de compléter tant soit peu le tableau déjà vaste, brossé par le colloque, nous avons demandé à quelques autres spécialistes d'y apporter leurs lumières. Ainsi, aux communications du colloque, celles de Richard Cooper, Marie-Luce Demonet, Dirk Geirnaert, Mireille Huchon, Jelle Koopmans, Stephen Rawles et Paul Smith, se sont jointes les contributions d'Alex Gordon et d'Anne Prescott, qui ouvrent de nouvelles perspectives sur les Rabelais anglo-améri-

5

cains et celle d'Enny Kraaijveld et de Paul Smith qui étudient les rapports intertextuels entre les premiers traducteurs allemand, anglais et néerlandais de Rabelais.

Ainsi a vu le jour un ensemble d'articles qui vise à englober, dans la mesure du possible, le vaste panorama de l'édition et de la traduction rabelaisiennes, de l'époque de Rabelais jusqu'en 1995. Ce panorama est chronologique: Stephen Rawles ouvre le recueil en faisant le point de nos connaissances sur les contacts personnels et souvent pénibles de Rabelais avec ses imprimeurs et, plus généralement, sur les rapports mutuels entre l'imprimerie et la pratique de l'écriture rabelaisienne – rapports qui s'avèrent plus complexes au fur et à mesure que l'œuvre progresse.

Jelle Koopmans se propose d'étudier dans une perspective internationale la *Pantagrueline Prognostication* comme faisant partie non seulement des œuvres canonisées de Rabelais, mais aussi et surtout du corpus international, largement inexploré des pronostications joyeuses. Dans cette optique, qui permet de distinguer ce qui est idiosyncratiquement rabelaisien de ce qui est propre au genre de la pronostication joyeuse, l'auteur plaide pour une nouvelle édition de l'opuscule.

Dirk Geirnaert étudie la toute première réception de Rabelais hors de France: le *Testament Rhetoricael* (ca. 1560) du poète brugeois Eduard de Dene. Cette œuvre immense et encore relativement inconnue nous présente la traduction partielle et l'imitation de certains passages de *Pantagruel*, parmi lesquels le facétieux catalogue de la bibliothèque de Saint-Victor. En impliquant dans ses observations le *Lieripe* (1561), la traduction néerlandaise anonyme de la *Pantagrueline Prognostication*, Dirk Geirnaert enchaîne sur la contribution de Jelle Koopmans.

Les *Épistres à deux Vieilles de differentes mœurs*, considérées comme étant authentiquement rabelaisiennes aux XVIe et XVIIe siècles, ont été traduites en anglais par le poète-voyageur Robert Hayman (1628) lors de son séjour à Newfoundland. Anne Prescott fait l'analyse de cette traduction, en montrant comment celle-ci s'insère dans le discours du *gender* et du colonialisme des Anglais préoccupés de leurs nouvelles colonies en Amérique du Nord.

La contribution d'Alex Gordon englobe la réception anglaise et américaine de Rabelais: l'auteur cherche, par une étude comparative et contrastive, à mettre en valeur les particularités stylistiques et autres du premier traducteur anglais du Maître tourangeau, Sir Thomas Urquhart (1653) et celles du dernier traducteur, l'Américain Donald Frame (1991).

Dans sa contribution Paul Smith s'attache à démontrer l'importance et la nouveauté de l'édition Elzevier (1663), qui s'avère la première édition moderne de Rabelais. Ce faisant, Smith présente un nouvel instrument pour rendre compte de la réception de Rabelais et de ses contemporains français aux Pays-Bas: l'analyse statistique de leur présence dans les catalogues de vente aux enchères.

Enny Kraaijveld et Paul Smith étudient la traduction néerlandaise des œuvres complètes de Rabelais, faite par N.J. Wieringa (1682). Leur analyse permet de jeter un coup d'œil dans la pratique imitative des traducteurs de l'époque – imitation qui s'avère d'une complexité vertigineuse: pour traduire Rabelais, Wieringa a utilisé la traduction allemande de Fischart, ainsi que la traduction anglaise d'Urquhart, qui, lui, à son tour, a consulté celle de Fischart.

Richard Cooper brosse, non sans humour, un vaste tableau des éditions mises à jour, "abridged, disciplined, bowdlerised, purged, anthologized, all in the name of decency", aux XVIIIe et XIXe siècles. Passant du *Véritable Rabelais réformé* de Jean Bernier jusqu'à Lagarde et Michard de nos lycées, Cooper jette un pont entre le XVIIe siècle et l'époque moderne.

Dans sa contribution, Mireille Huchon présente et commente sa propre entreprise d'édition dans la Bibliothèque de la Pléiade, en mettant en lumière les problèmes spécifiques que le texte rabelaisien impose à l'éditeur moderne, et les décisions éditoriales qu'elle a dû prendre. Comme ces problèmes découlent largement des rapports que Rabelais lui-même avait entrenus avec l'industrie éditoriale de son temps, la contribution de Mireille Huchon enchaîne à merveille sur celle de Stephen Rawles.

En présentant son édition informatisée des *Œuvres* de Rabelais, la contribution de Marie-Luce Demonet boucle dignement le recueil. Situant de façon critique son CD-ROM *Électro-Chroniques* dans les pratiques tant modernes que classiques de l'édition, elle fait entrevoir un "Rabelais au futur", un Rabelais lu et édité au XXIe siècle.

Sans prétendre à l'exhaustivité (en effet, de nombreuses éditions et traductions anciennes et modernes de Rabelais, tant en Europe qu'ailleurs, mériteraient une réflexion historico-critique approfondie), le présent recueil montre au lecteur l'extrême importance, voire l'impact révolutionnaire des éditions et des traductions rabelaisiennes. Tout se passe, en effet, comme si, du Rabelais de Claude Nourry au Rabelais informatisé, de Fischart à Donald Frame, les textes rabelaisiens constituaient autant de pierres de touche dans l'histoire universelle de l'édition et de la traduction.

Remerciements

Le colloque *Éditer Rabelais, hier et aujourd'hui*, ainsi que la publication du présent recueil ont été rendus possibles grâce à l'aide financière des organisations suivantes: l'Institut français de la Haye, l'Académie Royale des Sciences, le Leids Universitair Fonds et la Faculté des Lettres de l'Université de Leyde. Nous tenons à remercier plus spécialement Marie-Christine Crolet Vandoorne de l'Ambassade de France de son enthousiasme stimulant tout au long du projet, ainsi que Marijke Ziegelaar-van Veen qui s'est occupée des côtés matériels du colloque. Que Martin de Haan et Madeleine van Strien-Chardonneau soient remerciés ici pour leur travail inlassable de correction et de composition de texte.

What Did Rabelais Really Know about Printing and Publishing?

Stephen Rawles

This subject is not new. There has been much work on Rabelais's exploitation of "the typographic book", and the effects this may or may not have had on his style, text, message, and meaning.[1] Rabelais's references to printing, and his privileges have been studied before. However, the compilation of the *New Rabelais Bibliography*[2] with Michael Screech, and the long labour of examining the physical artefacts from which Rabelais is read, studied and enjoyed, led naturally to a re-examination of the references to printing in Rabelais's texts, Pierre de Tours's diatribe against Dolet, and Rabelais's privileges of 1545 and 1550; and reinforced a belief that the typography of at least the early editions manifested at least some exploitation of visual style on Rabelais's part. The presentation is fundamentally chronological.

The *Concordance des Œuvres de François Rabelais*[3] reveals twenty references to the verb "imprimer" and its cognates, half of them in *Pantagruel*. Further references occur in the preliminaries to Rabelais's learned editions. Apart from these instances I find no other

---

1. See, e.g., Michael B. Kline, *Rabelais and the Age of Printing*, Geneva: Droz, 1963 (Études rabelaisiennes 4); Barry Lydgate, "Printing, Narrative and the Genesis of the Rabelaisian Novel", *Romanic Review* 71 (1980), 345–373. It is no accident that I frequently refer to the work of Mireille Huchon, M.A. Screech and Francis Higman, the colleagues whose work inevitably most influences any treatment of the subject.

2. Stephen Rawles and M.A. Screech, *A New Rabelais Bibliography: Editions of Rabelais before 1626*, Geneva: Droz, 1987 (Études rabelaisiennes 20), hereafter referred to as *NRB*.

3. J.E.G. Dixon and John L. Dawson, *Concordance des Œuvres de François Rabelais*, Geneva: Droz, 1992 (Études rabelaisiennes 26).

words from what may be called printing vocabulary used independently from other references to printing, except a mention of a privilege in the Saint-Victor catalogue: "Boudarini episcopi *de emulgentiarum profectibus* eneades nouem cum priuilegio papali ad triennium et postea non" (p. 238)[4], which while being delightfully in the spirit of the chapter, also indicates that the privilege system was firmly in his consciousness as a normal legal recourse.[5] Rabelais did not, however, protect himself with a privilege until 1545.

References in the text: Gargantua *and* Pantagruel

Some references to printing can be passed over quickly. In the prologue to *Pantagruel* we find the epic exaggeration concerning the "chronicque Gargantuine": "[...] il en a esté plus vendu par les imprimeurs en deux moys, qu'il ne sera acheté de Bibles en neuf ans" (p. 215). It is incontrovertible that the "chronicques Gargantuines" were popular, but the degree of Rabelais's exaggeration cannot now be judged.[6] *Pantagruel*, chapter 11 records the *Lunettes des princes* "imprimées nouvellement à Anvers" (p. 256); in chapter 14 Pantagruel's judgement between Baisecul and Humevesne is "imprimé à force" (p. 262); chapter 15 records that *De la commodité des*

---

4. Page references to Rabelais's text are throughout to Mireille Huchon's new "Pléiade" edition: Rabelais, *Œuvres complètes*, édition établie, présentée et annotée par Mireille Huchon avec la collaboration de François Moreau, [Paris]: NRF/Gallimard, 1994.

5. See Elizabeth Armstrong, *Before Copyright: the French Book-Privilege System, 1498–1526*, Cambridge: Cambridge University Press, 1990.

6. A simple, if unscientific demonstration is provided by the *Short Title Catalogue of Books printed in France and of French Books printed in other countries from 1470 to 1600 in the British Museum*, London: British Museum, 1924. The Bible accounts for seventeen and a half pages of entries; Rabelais himself accounts for half a page; no Arthurian or other similar fictional work achieves a score anything like this. The test is crude: collectors have probably always been more likely to retain copies of the Bible and biblical works, rather than near-ephemeral works of popular fiction which would in any case be more likely to be destroyed by rough treatment, but the vast disparity is suggestive.

longues braguettes is not yet printed (p. 272); in chapter 20 Thaumaste's book has been printed in London (p. 291). In all these fleeting references to printing, it is clear that Rabelais operates in a culture in which print is clearly the norm.[7] For him books are printed artefacts, a fact underlined at the end of the catalogue of the books at Saint Victor: "[...] aulcuns sont jà imprimez, et les aultres l'on imprime maintenant en ceste noble ville de Tubinge" (p. 241). Even the objects of his satire are works which it is unremarkable to see printed. It is also significant that this acceptance of the normality of print is found in the first two books, and that the most references to it are made there – for Rabelais printing is both normal, and still exciting.

If printing is an everyday activity, and the usual means of distributing words and information, Rabelais is nonetheless very aware of its significance and to some extent of its history. The most notable support for this view occurs in Gargantua's letter to his son:

> Maintenant toutes disciplines sont restituées, les langues instaurées, Grecque sans laquelle c'est honte que une personne se die sçavant, Hebraicque, Caldaicque, Latine. Les impressions tant elegantes et correctes en usance, qui ont esté inventées en mon eage par inspiration divine, comme à contrefil l'artillerie par suggestion diabolicque. Tout le monde est plein de gens savans, de precepteurs tresdoctes, de librairies tresamples, qu'il m'est advis que ny au temps de Platon, ny de Ciceron, ny de Papinian n'estoit telle commodité d'estude qu'on y veoit maintenant. (*Pantagruel*, chap. 8; pp. 243–244)

The statement places the letter firmly in the period in which Rabelais was writing, although it scarcely accords with the epic timescale of Pantagruel's birth and his father's age. A non-fictional father writing to a son of 16–20 years of age in about 1530 could have

---

7. At the time of *Pantagruel* printing had been developed as a means of verbal transmission for about eighty years; compare the extent to which steam railway traction was considered the norm eighty years after the construction of the earliest railways in the 1830s.

written of the invention of printing in his time.[8] The timing is of course confirmed by the topical references to the new interest in ancient languages – the "lecteurs royaux" having been instituted in 1530. On the strength of this passage alone, it is reasonable to postulate a Rabelais aware of the history of printing, and of the effects it had on the intellectual climate, not least in the massive proliferation of books which it caused.

The import of the letter is the subject of debate. Is it a humanist manifesto? A stylistic comic device to contrast two different education systems? Or both? And still serious in intention whether comic in effect, or not? Is it, on the contrary, less serious than has frequently been asserted? Whichever, the allusion to printing is clear and unequivocal. If the letter is serious (which is the majority view) its position says much about Rabelais's own view. Even if the letter were not serious (in whatever sense) the context into which printing is put is indicative of its general acceptance.[9] Printing is placed firmly with the new disciplines, the new education and the new libraries. The commonplace of the divine inspiration of printing is included. The contradistinction with the diabolical origins of war machinery is made.[10]

Other important references to printing are made in *Pantagruel*. The narrator purports to encourage the dereliction of normal responsibilities in the service of the Gargantuine chronicles:

---

8. Printing came to France in 1470, becoming widespread in the 1480s.

9. Obviously printing served both the new and the old schools. In support of the "serious" view of Pantagruel's letter, it may be pointed out that Rabelais's texts never suggest that printing is anything but a positive force, despite occasional frustrations.

10. See, e.g., Francis Bacon, *Novum Organum*, ed. Thomas Fowler, Oxford: Clarendon Press, 1878, Aphorism 129, p. 330, in which the compass is added as another significant invention unavailable to the ancients. The juxtaposition of printing and artillery is repeated (though less pointedly) in chapter 24 of *Gargantua*: among the activities Gargantua observes on rainy days are the casting of artillery, and printing. See below. Montaigne also made the connection: "Nous nous escriions du miracle de l'invention de nostre artillerie, de nostre impression [...]" (III.6; a "B" text).

12

[...] jusques à ce que l'on les tint par cueur, affin que si d'adventure l'art de l'Imprimerie cessoit, ou en cas que tous livres perissent, on temps advenir un chascun les peust bien au net enseigner à ses enfans, et à ses successeurs et survivens bailler comme de main en main, ainsy que une religieuse Caballe. (p. 213)

Memory as a means of recording narratives is put in contradistinction to the recording function printing has assumed. Rabelais cannot have expected the art of printing to cease, nor for all books to dissappear. The reference is jocular, serving the continuously double-edged humour of the prologue, although it could have meant something quite different when there was an attempt to ban all printing in France after the "placards".[11]

Typographical Style and Silenus Imagery

In *Gargantua* printing is again put into some kind of historical perspective when in the early education of Gargantua, reference is made to the need for handwritten books:

[...] notez que ce pendent il luy aprenoit à escripre Gotticquement et escripvoit tous ses livres. Car l'art d'impression n'estoit encores en usaige. (p. 43)

Gargantua had confirmed this state of affairs in the letter to Pantagruel, although the deliberately dubious chronology of the Rabelaisian chronicles is evident, since relatively soon, under the new educational dispensation, Gargantua visited printers (among other craftsmen) "quand l'air estoit pluvieux" (p. 71). The adverb "gotticquement" is worthy of some comment in the context of printing. "Goth" and its cognates are generally disparaging terms in

---

11. The edict banning printing was dated 13 January 1535, and was followed by another, dated 23 February which was registered by the parlement on 26 February. At that date it was foreseen that selected printers would be able to print what was required "pour le bien de la chose publique". See Francis Higman, *Censorship and the Sorbonne*, Geneva: Droz, 1987, pp. 33–34.

Rabelais's text.[12] In spite of this Rabelais's deliberate policy in the first two books appears to have been to adopt a deliberately "gothic" typographical style. The only editions of *Pantagruel* and *Gargantua* in roman type are those produced by Denis de Harsy in 1537–1538[13] and by Etienne Dolet in 1542[14]. While the Harsy editions were the base of the text of the first two books in the 1542 Juste editions[15] these 1542 editions see a return to "gothic" typography. The apparent rapidity of the production supports the probability that Rabelais did not supervise the production of the edition: although the additions to the text bear the mark of his orthographic practice[16] he was not in Lyon at the relevant time. Rabelais may not have understood what is now meant by "gothique" in terms of typography, but it is not fanciful to see the first two books as deliberate typographical anachronisms, certainly by the time of the 1542 Juste editions. These books are not, by the standards of 1542, attractive volumes. Comparison with other vernacular works of the period is instructive. Marot and Gratien Dupont, and other texts,

---

12. See for example: *Pantagruel*, chapter 8: "Le temps estoit encores tenebreux et sentant l'infelicité et calamité des Gothz, qui avoient mis à destruction toute bonne literature" (p. 243); *Pantagrueline Prognostication*, chapter 6, forseeing "force olyves en Languegoth" (p. 931), a pun on Langudoc repeated in the *Quart Livre*; dedicatory epistle to André Tiraqueau in *Jo. Manardi Ferrariensis medici Epistolarum medicinalium Tomus Secundus*: "Qui fit, Tiraquelle doctissime, ut in hac tanta seculi nostri luce, quo disciplinas omneis meliores singulari quodam deorum munere postliminio receptas uidemus, passim inueniantur, quibus sic affectis esse contigit, ut e densa illa Gothici temporis caligine plusquam Cimmeria ad conspicuam solis facem oculos attollere aut nolint, aut nequeant?" (a1ᵛ = Huchon ed. p. 979).

13. *NRB* 10 and 21.

14. *NRB* 13 and 24.

15. *NRB* 12 and 23; see Huchon edition, pp. 1231–1232 and 1058; S. Rawles, "La typographie de Rabelais", *Rabelais en son demi-millénaire*, Geneva: Droz, 1988 (Études rabelaisiennes 21), pp. 37–48.

16. Huchon ed., p. 1058; Huchon, *Rabelais grammairien*, Geneva: Droz, 1981 (Études rabelaisiennes 16), p. 109. Evidence that Rabelais had little to do with the production of these editions is also provided by the fact that they are illustrated – the editions with which it is certain that Rabelais was concerned are not illustrated.

including the *Disciple de Pantagruel*, were being printed from 1537 onwards in both Paris and Lyon in editions of very similar appearance and format by Denis Janot and Denis de Harsy respectively, but always in roman.[17] The Denis de Harsy editions of Marot and Dupont (among others) are indeed very similar to his editions of Rabelais under discussion here. While the production of Rabelais's fiction in bastard gothic type was not surprising in the 1530s, by 1542 the activities of Janot and Harsy had made the use of bastard gothic for *Gargantua* and *Pantagruel* far more noteworthy.[18] At a superficial aesthetic level, the summits to which the best typographical books, even in French, aspired by 1542, leave Juste's Rabelais editions far behind. Janot's emblem books, the *Amadis* translation of Nicolas de Herberay, and the early de Tournes productions were in a different aesthetic league. Juste could have printed in roman in 1542: Rabelais, or his printer, was deliberately maintaining the earlier typography as an adjunct of the Silenus imagery exploited in the prologue to *Gargantua*. Typographically we may well imagine that "la drogue dedans contenue est bien d'aultre valeur, que ne promettoit la boite." (p. 6).

The final significant reference to printing in *Gargantua* occurs in chapter 51, after the war when it is reported of Gargantua's prisoners:

> Aultre mal ne leurs feist Gargantua: sinon qu'il les ordonna pour tirer les presses à son imprimerie: laquelle il avoit nouvellement instituée. (p. 136)

The more or less consistent chronology of references to printing in the chronicles is maintained, in that the printing house is newly set

---

17. At least eight texts or groups of texts were printed by both men; see Rawles, "La typographie de Rabelais", p. 45.

18. Compare the typography of the Jean Lefevre translations of Alciato's *Emblemes*, as printed by Chrétien Wechel. From 1536 until 1539, the French translation which faces the *pictura* and the Latin text is in bastard gothic: from 1540 onwards it is in roman (1540) or italic (1542).

up in Gargantua's relative youth. It has been observed that Gargantua visited printers in the course of his humanist education, and a logical step for a forward-looking Renaissance prince (which Gargantua represents here) was to found his own establishment. The "punishment" may perhaps not have been as light as is at first sight implied, since pulling hand presses was hard physical work, but the prisoners were clearly being required to engage in worthwhile toil at the service of progress.

Evidence from the Learned Editions: Printers as Heroes...

Rabelais's introductions to his learned editions add to the evidence of his understanding of printing. The first learned edition to appear was probably the second book of *Epistolarum medicinalium* of Joannes Manardi, printed by Sebastian Gryphius in Lyon in 1532, with a dedication to André Tiraqueau dated 3 June, from which Rabelais's disapprobation of the gothic has been noted above. The edition of Hippocrates's *Aphorisms* is also from 1532, and its dedication to Geoffroy d'Estissac is dated 15 July. While not explicitly concerned with printing, the dedication gives a good insight into Rabelais's editorial practice and priorities. Having been unhappy with the texts available to him when he lectured on the *Aphorisms* and Galen's *Ars medica*, he was gratified to discover a much better text in a Greek manuscript, in which a number of problems were solved. He reflects in hyperbolic terms that accurate texts are vital, above all in medical texts:

> [...] uocula unica, uel addita, uel expuncta, quin et apiculus inuersus, aut præpostere adscriptus, multa hominum milia haud raro neci dedit. (p. 984)

He does not blame earlier editors, but the inferiority of their manuscripts. Gryphius, whose qualities he extols ("calcographus ad unguem consummatus", p. 984), had come across his work, and wanted to publish Rabelais's notes as part of a general project to print the ancient medical texts. Rabelais readily acceded to the request, but had to work hard on his notes which he had intended for personal use. Given Rabelais's insistence on an accurate text, there is a delicate irony in the fact that someone, perhaps Rabelais himself, corrected by hand a large number of the copies of the 1532 edition of the *Aphorisms* in which the word "morbo", had inadvertently been rendered as "modo".[19]

If the description of Gryphius was fulsome in the Hippocrates dedication, a greater accolade was perhaps intended in the dedication of the edition to Bouchard of the *Testament* of Cuspidius, also from 1532,[20] with the dedication dated 4 September. Here the reference to Gryphius's qualities is in Greek:

Περὶ τῶν κατὰ τὸν Γρύφιον τυπόγραφον εὐδοχιμώτατον, fac ut memineris. (p. 987)[21]

Rabelais's connection with the Gryphius printing house was evidently close in 1532 when these works were published, and he did not hesitate to praise the qualities of the humanist printer who rivalled the large Paris houses in influence, and in the quality of his work.

... Printers as Villains: Dolet, Diatribe and Condemnation

Notwithstanding his admiration for Gryphius, complaints against printers constitute most of the further significant references to printing in the remainder of the giant stories.

The publishing history of Rabelais between 1542 and 1546 is marked by problems of unauthorised editions, and more importantly, by the Sorbonne's condemnation of *Gargantua* and *Pantagruel*. The more explicit criticisms and satirisations of the Sor-

---

19. See *NRB* 105, especially fig. 105.4.
20. *NRB* 108.
21. Translated in the new "Pléiade" edition as: "Tâchez de penser *à ce qui concerne Gryphe, le fameux imprimeur*."

bonne and its theologians were removed or toned down in the so-called "definitive" texts of *Gargantua* and *Pantagruel* printed by François Juste in Lyon in 1542. These changes were not adopted by Etienne Dolet in his unauthorised editions of the same year, a fact which led to the publication of a pamphlet dated 1542 or 1543, found bound with some copies of the Juste edition, ostensibly from the pen of Juste's commercial successor Pierre de Tours, directing a blistering attack against Dolet.[22] The beginning sets the tone:

L'imprimeur au lecteur, Salut.

Affin que tu ne prennes la faulse monnoye pour la bonne (amy lecteur) et la forme fardee pour la nayve: et la bastarde, & adulterine edition du present œuvre, pour la legitime & naturelle: Soies adverty que par avarice a esté soubstraict l'exemplaire de ce livre encore estant soubz la presse, par un Plagiaire, homme encliné a tout mal. Et en desadvancant mon labeur, & petit profit esperé, a esté par luy imprimé hastivement: non seulement par avare convoitise de sa propre utilité pretendue: mais aussi, d'adventage par envieuse affection de la perte, & du dommaige d'aultruy. Comme tel monstre est né pour l'ennuy, & injure des gens de bien. Toutesfois pour t'advertir de l'enseigne & marque donnant a congnoistre le faulx aloy, du bon & vray. Saches que les dernieres feuilles de son œuvre plagiaire ne sont correspondantes a celles du vray original que nous avons eu de l'autheur. Lesquelles aussi, apres avoir prins garde (combien que trop tard) a sa fraudulente supplantation il n'a peu recouvrer. (f. 2^r–2^v)

Some of this diatribe may be put down to commercial anger. Dolet's work is said to have been hasty, to rival the "official" edition. It is implied that Dolet somehow abstracted Juste's copy from his shop ("a esté soubstraict l'exemplaire de ce livre encore estant soubz la presse"), although it is more likely that Dolet obtained a different copy of the Harsy editions as his copy, as implied by the final words of the extract: Juste had copies of the Harsy editions

---

22. *NRB* 25. The text is also reproduced in the curious edition of *Gargantua* and *Pantagruel* (*NRB* 26) also dated 1542, and based on Juste's texts of that year.

duly corrected or somehow authenticated by Rabelais, whereas
Dolet had unannotated copy. The reference to the end of this extract concerning Dolet's inability to undo his fraud presumably
concerns the fact that the Dolet *Pantagruel* appends the spurious
Voyage et Navigation de Panurge after the *Pantagrueline Prognostication*, in which the text of the *Navigation* begins in the middle of a
gathering.[23] Dolet is later accused of abusing his own Royal privilege,[24] and scorn poured on his Ciceronian interests: "Comment un
tel homme, qui se dict si savant: et si parfaict Ciceronian, se mesle il
de faire ces folies en francois?"

Rabelais should not be seen as the source of this diatribe. It was
clearly produced to reflect the interests of his printer – Dolet's
privilege really rankled. And while it shows that there was tension
below the surface of the commercial printing activity of Lyon,
Rabelais was not necessarily there to take part. It is ironic that the
pamphlet appears to have provided the title cited in the list of
works condemned by the Sorbonne.[25] Traumatic though the condemnation must undoubtedly have been for Rabelais, it does not
appear to have done much commercial harm. The condemnation
occured in March 1543, but Pierre de Tours appears to have forseen
future sales, *after* the condemnation, since he dated some copies of
his pamphlet 1543. If he was confident that sales would continue
the Sorbonne's ban cannot have been perceived as effective. None-

---

23. *NRB* 13. If this is the explanation, then Pierre de Tours's integrity should
perhaps be questioned, since he too produced an edition of the *Navigation* in
1543, albeit in a separate bibliographical unit (*NRB* 133), which shows some sign
of having been influenced by Dolet's edition! Nor, to judge from typographical
appearances, was Pierre de Tours averse to reproducing apparently unauthorised
editions of the *Tiers Livre*: a 1547 edition (*NRB* 72) appears to come from his
shop.

24. See Mireille Huchon, *Rabelais grammairien*, pp. 95–97; and Claude
Longeon, *Bibliographie des œuvres d'Etienne Dolet*, Geneva: Droz, 1980, pp.
xxviii–xxxi.

25. See Francis Higman, *Censorship and the Sorbonne*, p. 115, § A43, where the
title listed is: *Grandes Annales très-veritables des gestes merveilleux du grand Gargantua et Pantagruel Roy des Dipsodes*.

theless the ban cannot have pleased Rabelais. It was no doubt partly politically motivated, as the Sorbonne endeavoured to retain its influence. It was to legal expedients, and to powerful people that Rabelais turned in order to be able to continue publishing.

The Tiers Livre of 1546, and the Attempt to Achieve Legal Protection

Before 1545 Rabelais had no real legal redress when his literary work was plagiarised or otherwise unethically exploited: he had not sought a privilege to protect himself. However on 19 September 1545 he was granted a royal privilege for 6 years specifically protecting the production of his giant stories. This privilege is more interestingly worded than many: in particular it places Rabelais's fiction in an intellectual context which should influence the interpretation of the giant stories.[26]

The privilege (pp. 1362–1363) covers the whole of France, with specific mentions of royal officers in Paris, Rouen, Lyon, Toulouse, Bordeaux and Poitou, and "tous nos Justiciers, et officiers, ou leurs Lieutenans".[27] The legalistic syntax may imply the intervention of a third party: "De la partie de nostre aimé et feal maistre Francoys Rabelais docteur en Medicine de nostre Université de Montpellier, nous a esté exposé [...]". The "aimé et feal" formula is comparable with others (such as "nostre chère et bien aymée Louïze Labé"[28]) but the use of the adjective "feal" may be politically significant. The requester is not obviously someone with a commercial interest in

---

26. This privilege was superseded in 1550 (see below). For some useful comparisons with other privileges, see Kline, *Rabelais and the Age of Printing*, pp. 26–28.

27. Other privileges which I have managed to examine frequently cover the whole of France, but do not list the officers in such detail.

28. See Louise Labé, *Œuvres complètes*, ed. Enzo Guidici, Geneva: Droz, 1981, p. 206, in a privilege of 13 March 1554 (= 1555). Louise Labé, on the other hand, apparently made her application personally: "Reçue avons l'humble supplication de nostre chere et bien aymée Louïze Labé [...]". "Feal" is the adjective used to describe the philospher Trouillogan in the *Tiers Livre* itself.

the work.[29] The request mentions specifically the "deux volumes des faictz et dictz Heroïcques de Pantagruel, non moins utiles que delectables": *Gargantua* and *Pantagruel* are now claimed in his real name, and the Horatian "utile dulci" tag is attached again, having been used as early as 1534 in Hugues Salel's "dizain".[30] Then comes the complaint that: "les Imprimeurs auroient iceulx livres corrompu et perverty en plusieurs endroictz". This may be compared with the Louise Labé privilege which refers to putative versions of her works "iceus non encore parfaits" and then realises that printers will require financial assurances:

> [...] elle doute que les Imprimeurs ne se vousissent charger de la despence sans estre asseurez qu'autres puis apres n'entreprendront sur leur labeur.[31]

Whereas Rabelais's privilege concentrates on the intellectual damage which unauthorised "corruption" and "perversion" has caused, the Labé privilege concentrates on the interests of her printers. The emphasis on intellectual damage is underlined in the next clause, which implies that the *Tiers Livre* has been withheld from publication because of the danger of unauthorised diffusion: "[...] se seroit abstenu de mectre en public le reste et sequence des dictz faictz et dictz Heroïques". Rabelais is seeking a ten year privilege:

> Estant toutesfoys importuné journellement par les gens scavans et studieux de nostre Royaulme et requis de mectre en l'utilité comme en impression la dicte sequence.

As usual the "suppliant" seeks the right to restrict production and sale to persons of his choice.

The privilege is granted, in the following terms, for six years:

---

29. Privileges frequently mention the name of printers or booksellers who are seeking a privilege for an author.

30. "Si pour mesler profit avec doulceur / On mect en pris un aucteur grandement, / Prisé seras, de cela tien toy sceur [...]" (p. 211).

31. Ed. cit., p. 207.

21

Pour quoy nous ces choses considerées desirans les bonnes letres estre promeues par nostre Royaulme a l'utilité et erudition de noz subjectz, avons audict suppliant donné privilege, congé, licence, et permission de faire imprimer et mectre en vente par telz libraires experimentez qu'il advisera, ses dictz livres et œuvres consequens, des faictz Heroïcques de Pantagruel, commancans au troisiesme volume, avec povoir et puissance de corriger et revoir les deux premiers par cy davant par luy composez.

The terms about the penalties to printers in contravention of the terms of the privilege, are perfectly normal ("confiscation" and "amende arbitraire") as is the grant for a shorter period than was requested.[32] What is far from normal is the insistence on the intellectual and literary quality and utility of the works in question, and the placing in the mouth of François Ier of statements remarkably supportive of an author whose work had been condemned by the Sorbonne.

Rabelais would not necessarily have formulated the text of his own privilege, but presumably had some influence on its terms. The conclusion to be drawn is that Rabelais was increasingly aware of need to use the legal system in order to say what he wanted to say in his books. Further, even though privileges obviously set out to reflect the best possible light on the works they aim to protect, this one is more explicit than many about the reasons for seeking it, and about the nature of the audience which might be expected to benefit from continued publication. Rabelais's privilege of 1545 is a legal document, an expression of literary criticism, an indicator of the personal intellectual support he could command, a cultural manifesto, and to some extent a political statement about royal interest

---

32. See, for an early period, Armstrong, *Before Copyright*, pp. 118–125. Nearer Rabelais's time Denis Janot requested a privilege of four years from the Prévôt de Paris for Guillaume de la Perrière's *Theatre des bons engins*, and on 31 January 1540 n.s., was granted three years. A full study of privileges at this period is lacking. It would be interesting to know more about the officers responsible for signing and sealing the documents.

and power.[33] Were it not important for other reasons, the privilege of 1545 would still be a vital document in assessing the status of Rabelais as a serious and respected intellectual writer.

That Rabelais saw the need to enlist help from persons in high places in September 1545, and the dedication to Marguerite de Navarre of the *Tiers Livre* in 1546 is scarcely surprising: *Gargantua* and *Pantagruel* had been proscribed, and the proscription cried through Paris on 28 June 1545.[34] But despite the privilege and the support of patrons with the ear of the king, and no longer a young man, after the book was published he left France for Metz. The *Tiers Livre* was duly added to the list of books censured by the Sorbonne, on 31 December 1546. It was the only Parisian book to be added:[35] could it be that Rabelais was being singled out because of his patrons among the enemies of the Sorbonne? The 1545 privilege was unquestionably important in the publishing history of his work, but the system did not succeed in protecting him from his intellectual enemies, nor from pirate publishers,[36] even if the multiplicity of editions of the *Tiers Livre* indicates that the supression of his book was unsuccessful.

Printers as Imposters, Pantagruelion and a Technical Term

The prologue to the *Tiers Livre* contains a reference to printers' shortcomings as it discusses the metaphorical wine in the author's "barrel":

---

33. See, e.g., M.A. Screech, *Rabelais*, London: Duckworth, 1979, pp. 212–213.

34. Higman (*Censorship and the Sorbonne*, p. 62) suggests that no determination of the Sorbonne had had much effect until the publication of this edict on 28 June 1545. Only then did printers react to record the commercial difficulties the ban would cause them.

35. See Higman, *Censorship and the Sorbonne*, p. 62.

36. There were probably seven editions of the *Tiers Livre* printed between the two editions indisputably published with Rabelais's blessing. See *NRB* 29–35.

Et de la traicte (laquelle par deux præcedens volumes (si par l'imposture des imprimeurs n'eussent esté pervertiz et brouillez) vous feust assez congneue) leurs tirer du creu de nos passetemps epicenaires un guallant tiercin, et consecutivement un joyeulx quart de sentences Pantagruelicques. (p. 350)

This obviously reflects Rabelais's problems both with *Gargantua* and *Pantagruel* and the spirit of his complaint in the 1545 privilege, and presumably foresees the *Quart Livre*, the first version of which appeared in 1548.

This does not however imply a fundamental disillusionment with printing. In the "Pantagruelion" episode in the *Tiers Livre*, there is a clear reference, very much in the spirit of the references in the first two books. The reader is asked to consider, among other things, what would happen in various circumstances, for which Pantagruelion is said to be vital:

Ne periroit le noble art d'Imprimerie? De quoy feroit on chassis? (p. 507)

That Rabelais calls printing a "noble art" is significant. No other occupation or profession merits the epithet "noble" except the cooks hidden inside the "truye" in chapter 40 of the *Quart Livre*, "comme dedans le cheval de Troye" (p. 631 ff). Some measure of Rabelais's technical knowledge of printing may be indicated by the mention of the "chassis". The "chassis" in printing terminology is a "chase" in English – that is the metal frame into which pages of type are placed, and which, once the type is tightly held in by "quoins" ("coins" in French) are called "formes" (in both English and French). In a more general sense "chassis" in French can (and could) mean any kind of frame and it is not therefore certain that Rabelais had the item of printing equipment in mind, although the juxtaposition with a specific mention of the "noble art" may be suggestive.[37]

---

37. "Chassis" is defined by Cotgrave (*A Dictionarie of the French and English*

The Quart Livre: *Privilege and Patronage*

The shorter *Quart Livre* constitutes a problem in the sequence of editions.[38] It is difficult to believe that the printing of this incomplete text was authorised by Rabelais, on literary grounds if nothing else. A generally accepted view is that the incomplete manuscript was left with Pierre de Tours in Lyon as Rabelais passed from Metz to join Jean Du Bellay in Rome. But Pierre de Tours may have printed it without authorisation; at least one edition of the *Tiers Livre* may be attributed to his presses using an apparently unauthorised text, and exceptionally high levels of revision.[39] In the

---

Tongues, London, 1611) in the context of printing, as "a printer's Tympane". He may well have been influenced by an earlier definition in Claude de Sainliens's *The Treasurie of the French Tong* (London, 1580), cited in the *Oxford English Dictionary*: "Le Chassis, the tympane of a Printers press". These definitions reveal a misunderstanding of the technicalities of printing presses. In both French and English "tympan/tympane" means, and always has meant, a double frame, usually of metal, across both parts of which cloth or parchment is stretched, and between which packing material is placed. The whole tympan is hinged to the bed of the press, and paper is put on it, held in position by the "frisket" (from the French "frisquette"), and folded down onto the inked type for printing. See, e.g., Joseph Moxon, *Mechanick Exercises on the Whole Art of Printing*, edited by Herbert Davis and Harry Carter, 2nd ed., London: Oxford University Press, 1962, pp. 63–63; Annie Parent, *Les métiers du livre à Paris au XVIe siècle (1535–1560)*, Geneva: Droz, 1974, pp. 90–92. It is quite possible that Rabelais also misunderstood the distinction between chase and tympan – especially since a tympan used cloth or paper. The meaning could, perhaps more plausibly, be "sewing frame", which is the meaning assumed by Huchon in the only other place in which the word appears: *Quart Livre*, chap. 30, p. 609, note D. M.A. Screech (in his edition of the *Tiers Livre* (Geneva: Droz, 1964)) suggests that Rabelais intends a play on words here, using another sense of "chassis" recorded by Cotgrave: "a woodden, paper, or linnen window". It could be that this second meaning is what led Cotgrave and Sainliens to make their mistaken definition, for a printer's "tympane" is indeed covered with paper or cloth.

38. See *NRB* 40–44; Huchon, *Rabelais grammairien*, pp. 58–63.

39. *NRB* 32; see Huchon, *Rabelais grammairien*, pp. 54–56. For a general discussion of the problem of the shorter *Quart Livre*, see M.A. Screech, *Rabelais*, 1979, pp. 293–297.

absence of firm evidence, the shorter *Quart Livre* remains problematic. Nonetheless, its prologue reports a snippet of conversation:

> Vous dictes. Quoy? Qu'en rien ne vous ay fasché par tous mes livres cy devant imprimez. Si à ce propos je vous allegue la sentence d'un ancien Pantagrueliste, encore moins vous fascheray.
>
> > Ce n'est (dict il) louange populaire,
> > Aux princes avoir peu complaire. (p. 717)

Rabelais's books are again recognised as primarily printed artefacts; more significant is the translation from Horace which implies that Rabelais's books have received royal approbation. From the *Tiers Livre* onwards Rabelais, albeit caught in the political crossfire of rival court factions, increasingly counted on support from highly placed patrons in the publication of the giant stories, as witness the presence of royal privileges, the dedication "François Rabelais à l'esprit de la Royne Marguerite de Navarre", at the head of the *Tiers Livre* and the dedicatory epistle at the head of the full *Quart Livre* to Odet de Chastillon. This is of importance in considering his later attitudes to printing and publishing.

When Rabelais came to publish the 1552 editions of the *Tiers* and *Quart Livres* with Michel Fezandat in Paris he had a new privilege, dated 6 August 1550.[40] The beginning of the privilege text is not dissimilar to that of 1545. Obviously the king was now Henry II, but the wording still suggests someone acting on Rabelais's behalf: "De la partie de nostre cher et bien aymé M. François Rabelais [...]." If the word "feal" was significant in 1545, it was removed here for a perhaps more neutral epithet. However the full breadth of Rabelais's writing is here mentioned:

> icelluy suppliant ayant par cy devant baillé à imprimer plusieurs livres: en Grec, Latin, François, et Thuscan[41], mesmement certains volumes des

---

40. See Huchon edition, pp. 343–344.
41. Rabelais's Italian works have not been identified. For a discussion, see *NRB* 110.

faicts et dictz Heroïques de Pantagruel, non moins utiles que delectables. (p. 343)

The scope of the privilege is widened, and could include the learned editions and the almanacs. There is nonetheless a feeling that the giant stories are those most in need of protection: the terms of the complaint against printers is extended, both by the addition of the participle "depravez" and by the mention of other, presumably pseudo-Rabelaisian works, such as the *Navigation de Panurge,* or perhaps the so-called *Cinquiesme Livre* dated 1549.[42]

> [...] les Imprimeurs auroient iceulx livres corrompuz, depravez, et per-
> vertiz en plusieurs endroictz. Auroient d'avantaige imprimez plusieurs
> autres livres scandaleux, ou nom dudict suppliant, à son grand desplaisir,
> prejudice, et ignominie par luy totalement desadvouez comme faulx et
> supposez [...].

Rabelais is concerned to suppress the inauthentic works, and to reprint, duly corrected, the genuine books, as well as the continuation of them.

The rest of the text of the privilege is taken up with the details of the application of the privilege, which is this time granted for ten years. Copies are to be made, authenticated and distributed. With one important exception, it is a far less interesting document than the privilege of 1545, lacking the literary critical implications, and the overt indications of royal support. However, there is no doubt as to the importance of Rabelais's support. The final signature is immediately preceded by the clause: "Par le Roy, le cardinal de Chastillon præsent".

---

42. See *NRB* 130–148, and 111. A fact not noted in the *NRB* is that the orna-
mental capital C on A2[r] of this *Cinquiesme Livre* is also used on R2[v] of the *Tiers
Livre* dated 1552, purporting to be from the press of "Jean Chabin" of Lyon, who
also printed an edition of the *Quart Livre* dated 1552 (*NRB* 37 and 51). The date
of 1549 for the *Cinquiesme Livre* may not be accurate. See the review of the *NRB*
by Jeanne Veyrin-Forrer and Brigitte Moreau, *The Library,* 6th series, 11 (1989),
365.

This explicit and very obvious endorsement of Rabelais's application for a royal privilege is very unusual.[43] Odet de Chastillon was a major statesman and one of the most powerful men in France.[44] With his protection Rabelais might well feel that he was sufficiently protected to resist any pressure against anything he might wish to write. This endorsement of Rabelais's efforts to control his own literary destiny perhaps indicates clearly a realisation that legality, and moral right were, in the world of sixteenth century printing and publishing, perhaps best backed-up by the influence of powerful men. Rabelais did not live long after the publication of the *Quart Livre*, and his success in maintaining any kind of "copyright" cannot be fully measured. However the circumstances of the publication of the full *Quart Livre* in 1552 show that he achieved some success in warding off strong political and ecclesiastical opponents.

The complete version of the *Quart Livre* is fully protected by a powerful privilege, backed by a powerful man. Its bibliographic history goes on to emphasise the strong position in which Rabelais and his giant stories found themselves in 1552. It should be noted at the outset that two editions of the full *Quart Livre* were printed by Fezandat in 1552, both of which bear the "achevé d'imprimer" of 28 January. These editions are remarkable not so much for their differences as for their similarities.[45] The fact that the book was reprinted very quickly, regardless of the attempt to disguise the differences, argues strongly for a commercial success. There are, however, other factors which require analysis, especially concerning the timing of the various datable events involving this work.

---

43. But see also the notorious privilege granted to Etienne Dolet on 6 March 1538, which contains the clause: "Par le roy, Monseigneur le Cardinal de Tournon present" (Longeon, *Bibliographie d'Etienne Dolet*, pp. xxviii–xxx). If nothing else this ostensibly astounding support of Dolet reveals the complexity of the relationship between patrons and clients.
44. See, e.g., Screech, *Rabelais*, pp. 321–326.
45. See *NRB* 45–46, and the scrambled note, pp. 241–244; and Huchon, *Rabelais grammairien*, pp. 66–67: "Un souci de reproduction exacte a animé dans l'atelier de Fezandat l'impression de la seconde édition" (p. 66).

The "achevé" of the first edition is presumably correct. 28 January is also the date of the epistle to Odet de Chastillon which immediately follows the title.[46] The work was therefore available in Paris from February 1552. On 1 March 1552, despite the very obvious royal support embodied in the privilege of 1550, which is reproduced after the epistle to Odet de Chastillon, the Sorbonne considered the complete *Quart Livre*, and on 1 March 1551 (Easter style, i.e. 1552), the Parlement ordered sales to be suspended, and the work examined. On 8 April the Parlement decided to seek the king's opinion. Faced on the one hand by the privilege of 1550, and on the other by the clauses of the Edict of Chateaubriant on the fierce control of printing[47] they might well hesitate to back up the Sorbonne immediately. Assuming that the king was prepared to stand behind his 1550 privilege, a decision in Rabelais's favour was to be expected. The second edition was printed either as a bid to exploit the noteriety resulting from the Sorbonne's condemnation, or, perhaps more likely, as a result of a favourable response from the king. Some copies of this second edition contain *cancellans* leaves B2.7, in which the flattery of Henri II is reinforced by what is usually accepted to be a reference to his triumphal entry into Metz, an event which took place on 18 April. This implies that the earlier version of the second edition was available at the latest in mid to late April, and that the revision was made in late April or early May.

The evidence therefore is clear that Rabelais's privilege, and the other contact and support that he had from powerful patrons, up to and including the king, had borne some fruit. He had brought out his *Quart Livre* (and incidentally a revised version of the *Tiers Livre*) with Fezandat in 1552, and received juridical backing against

---

46. This also implies that the first gathering was the last to be printed, a very common practice in the 16th century. It was particularly important for the "achevé" to be given, because Rabelais's ten year privilege ran from that date.

47. See Higman, *Censorship and the Sorbonne*, pp. 64–66.

the Sorbonne's condemnation. It is impossible to know how much was due to the privilege. It is tempting to speculate that the patrons were in some ways worth more: while the books were successfully published, and the king's support successfully obtained, doubtless through the intermission of the patrons, the privilege did not prevent a rash of further editions of the *Quart Livre*. Four editions dated 1552 copied the first Fezandat edition, one of them deliberately imitating Fezandat's mark, and another, ostensibly Lyonnese used Parisian printing material.[48] It is impossible to know whether these editions appeared immediately after the first appearance of the full *Quart Livre* at the end of January, whether they were rushed into print to fill the gap when the Parlement suspended sales of the "official" edition on 1 March, or whether they merely exploited a generally lucrative market. But so far as Rabelais was concerned, the protection afforded in the realm of publishing was not sufficient to prevent unauthorised commercial exploitation of a "succès de scandale".

Problematic texts: the Soul, the Donkey and the Snake-Eater

The 1552 text of the *Quart Livre* (indeed, the epistle to Odet de Chastillon itself) provides the most problematic textual reference to printing, concerning a textual variant in the *Tiers Livre*, ostensibly troublesome in the 1546 edition of Chrétien Wechel, and sanitised in the 1552 text of the *Tiers Livre*.

In question are two sentences in the *Tiers Livre*, chapter 22, in which (as he has for the whole chapter) Panurge is expostulating against Raminagrobis:

> [...] Il a grefvement peché. Son ame s'en va à trente mille panerées de Diables. (p. 419)

---

48. Huchon, *Rabelais grammairien*, pp. 69–72. The editions in question are *NRB* 48–51.

Il est par la vertus Dieu hæreticque [...]. Son ame s'en va à trente mille charrettées de Diables. (p. 420)

Again in chapter 23 Panurge comments:

Ce sera œuvre charitable à nous faicte: au moins s'il perd le corps et la vie, qu'il ne damne son ame. (p. 420)

These quotations reproduce the text of the 1552 Paris edition of Michel Fezandat. The first edition of the *Tiers Livre* was printed, also in Paris, by Chrétien Wechel in 1546; in that edition, in both these instances, the word "ame" read "asne".

In the Dedicatory epistle to Odet de Chastillon in the 1552 editions of the *Quart Livre*[49] there is an outburst from Rabelais, clearly here writing as himself. He has been outlining the difficulties he has had over the publication of his works, and describes how François Ier, when Rabelais's works were read to him had found no fault, but evidently understood Rabelais's problems:

[...] avoit eu en horreur quelque mangeur de serpens, qui fondoit mortelle hæresie sus un N. mis pour un M. par la faulte et negligence des imprimeurs.[50] (p. 520)

Rabelais was not alone in blaming printers for mistakes and misrepresentations in editions of his work: complaints against printers are as old as printing.[51] Printers of the *Tiers Livre* reacted to the accusation. The 1546 Lyon edition,[52] the first surviving edition to

---

49. *NRB* 45–46.
50. Huchon, Pléiade ed., p. 520, note 6, cites the emblem of Alciato depicting Envy swallowing a snake. This is perhaps the place to point out that while the first edition of Alciato's *Emblemata* did indeed appear in Augsburg in 1531, Jean Lefèvre's French translation did not appear until 1536 (not 1534 as suggested by Huchon), when two editions were printed by Chrétien Wechel. 1534 is the date of the first Wechel edition of the Latin text on its own. See, e.g., Alison Adams, "The Translator's Role in sixteenth-century Editions of Alciati", *BHR* 52 (1990), 369–383.
51. Rabelais's privileges are cases in point, as is the attack in the *Tiers Livre* prologue (see above).
52. *NRB* 29.

appear after the Wechel edition, substitutes the word "traducteurs" for "imprimeurs" in the prologue, and this edition was at the base of a whole series of other unauthorised editions.[53] What matters here is to know whether or not the initial reading "asne" was indeed a printer's error. Two possibilities may be postulated: 1. The "mistake" was indeed a mistake, partly as a result of which the *Tiers Livre* got Rabelais into trouble; 2. The "mistake" was a deliberate joke on Rabelais's part, which he did not expect to cause trouble, but which turned out to be a contributory factor in the condemnation of the *Tiers Livre*, and which Rabelais therefore attempted to disavow by blaming Chrétien Wechel for the first occurence, and subsequent printers for its perpetuation.

It may be important to know how significant is the fact that "imprimeurs" in the plural are targetted. No explicit evidence is recorded in the usual sources, but the stemma established by Mireille Huchon[54] suggests that all the editions appearing before the 1552 Fezandat edition perpetuate the "error".[55]

The first interpretation would depend on an initial bad reading of copy: the slip could have been the result of a bad reading of the first minim of the *m* in "ame", a slip conceivably made more likely by the use of long *s*. In the same category would fall the possible confusion of the spelling "asme" with a long *s* in which a minim of the *m* was missed.[56] It is certainly possible that Rabelais should have reacted adversely to the error – if he was expecting trouble from opponents, or was genuinely worried by the possibility, then the argument in favour of this interpretation would be that he would not have used "asne" when ostensibly writing of someone's immortal soul. This interpretation is rendered less likely by the fact that "asne" is systematically repeated in each of the three relevant sen-

---

53. See the stemma in Huchon, *Rabelais grammairien*, p. 50.
54. Pléiade, p. 1358.
55. This is certainly the case in *NRB* 30 and 32.
56. The *Concordance* records no instance of this spelling.

tences. Sitting tantalisingly behind the advancement of this interpretation is the fact that there may have been a lawsuit between
Rabelais and the printer of the first edition of the *Tiers Livre*: a
legal minute, dated 27 February 1545 (Easter style, i.e. 1546), referring back to another document of 27 January, in which "M^c
Francoys Rathelays" recognises the "default" of which Wechel
complains in the now missing earlier document, and charging the
costs against "ledict defaillant".[57] "Rathelays" could well be a mis-
heard version of "Rabelais", but it is very difficult to know whether
this legal action in any way concerned the "error". It is not known
when in 1546 the Wechel *Tiers Livre* appeared; if Rabelais were
complaining of Wechel's incompetence, the action would presumably have been brought by him, rather than by Wechel.

The second interpretation, that the use of "asne" in 1546 was
deliberate, and later disavowed by Rabelais when the joke turned
bad on him, is supported by the fact that the "asne/ame" joke is
reputedly commonplace;[58] that the word is used by Panurge against
Raminagrobis, with whose evident criticism of the mendicants he
disagrees; and by the disparity Rabelais frequently exploits between
the utterances of Panurge and the other characters. If any Rabelais
character were to substitute "asne" for "ame" it would be Panurge.
It was disingenuous of Rabelais to suggest that the Raminagrobis
section of the *Tiers Livre* was offensive to his enemies only because
of the "asne/ame" question, when the episode contains such a full-
blown attack on the mendicant orders and on the "theology" of
repentence, to which he draws explicit and obvious attention by
placing the lengthy reaction to it in Panurge's mouth.

Rabelais's last active reference to printing therefore leaves a
slightly sour taste, and a typical enigma. The truth about the "asne/
ame" question may never be known, though the second interpreta-

---

57. See *NRB*, p. 172.
58. See, e.g., the *Édition critique*, p. 170, note 33; and L. Sainéan, "Rabelaesiana"
(suite), *Revue du seizième siècle* 1 (1913), 489–515, s.v. Asne (pp. 491–493).

tion seems the more plausible. Rabelais never returned to Wechel, despite his suitability as a humanist printer. Perhaps Rabelais caused Wechel more trouble than it was convenient for a printer to cope with. That could well be the conclusion to be drawn from the possibility that they had a full-blown legal dispute.

Conclusion

Despite strenuous efforts Rabelais never fully achieved control of his printed output (very few saleable authors of his period did). He operated in a milieu familiar with printers and printing, especially in the 1530s. There is some evidence that he understood the technicalities. He may well have gone to extreme lengths to correct some errors, typographical or intellectual. However disillusioned he became with printers, he was equally well aware that the diffusion of his works depended upon them. If this paper says anything new, it is on the basis of improved description and analysis of the editions, and of the relevant texts. These lead to the conclusion that Rabelais's chief understanding of the publishing world was that the structures pertaining to intellectual property depended as much, if not more on the power of patrons, than on the legal structures ostensibly in place to protect authors. Rabelais's patrons enabled him, eventually, to publish what he wanted to say with some freedom. His privileges did not prevent printers from exploiting blatantly the commercial potential of his work, an exploitation which consistently irritated him. But he never deviated from the view that printing was the vital force for intellectual expression and progress.

Glasgow University Library

Rabelais et la tradition des pronostications

Jelle Koopmans

Dans la zone obscure entre les siècles médiévaux et la Renaissance, il paraît y avoir une lutte entre l'art formel du Moyen Âge, caractérisé avant tout par ses genres, et l'art personnalisé de la Renaissance, caractérisé avant tout par les grands auteurs. Cette tension est présente sinon illustrée de manière exemplaire dans les rapports qu'entretiennent la pronostication joyeuse du Moyen Âge et la *Pantagrueline Prognostication* de François Rabelais. Où se situe l'art formel du Moyen Âge, où se situe l'écrivain Rabelais? La réponse à ces questions pourtant élémentaires soulève des problèmes inattendus.

Il est remarquable, qu'après "l'année Rabelais" 1994, qui a vu un véritable déluge d'éditions nouvelles d'œuvres rabelaisiennes, le sujet essentiel "Éditer Rabelais" soit resté un peu dans l'ombre. Faut-il encore éditer Rabelais comme un "Monsieur", un "grand écrivain"? Sinon, comment faudrait-il rééditer Rabelais? Il est également possible de comprendre la question d'une autre manière (et c'est ce que je compte faire), comme une juxtaposition de deux pratiques: celle des éditeurs de textes et celle des rabelaisants: que faudrait-il éditer pour comprendre Rabelais?

Mon approche part sans doute d'une autre manière d'écrire l'histoire littéraire. Multiplier les éditions de Rabelais puisque c'est un grand écrivain, et, par contre, ne fournir pratiquement aucune édition de bien des textes contemporains puisque ce ne sont pas de grands textes, offre une perspective qui paraît a priori erronée: en effet, c'est avant tout une façon de conserver, un peu artificiellement, un canon littéraire et en même temps un obstacle à notre compréhension de Rabelais. Voilà en partie l'opposition entre les genres et les auteurs: je compte parler du texte dans son anonymat, les rabelaisants en parlent le plus souvent comme texte d'auteur. Je

compte rompre une lance pour les genres et pour la littérature de
l'époque de Rabelais dans leurs rapports, étroits comme on le verra,
avec les œuvres de ce dernier. C'est qu'il reste, dans cette période
de "transition" entre 1450 et 1550 beaucoup de textes, voire de
genres, à découvrir et on ne peut plus suivre l'opinion d'un Philipot
qui voyait par exemple dans chaque farce présentant des traits rabelaisiens une œuvre inspirée de Rabelais et par conséquent postérieure à ses œuvres. Rabelais n'est pas unique et pourtant il l'est. Il
appartient à une culture littéraire spécifique à laquelle il a en même
temps donné son expression la plus complète, la plénitude des re-
coupements des genres de transition et une nouvelle littérature
humaniste.

Dans les lignes qui suivent, je me concentrerai sur la *Pantagrueline
Prognostication* et sur ses liens avec le genre de la pronostication
joyeuse et/ou satirique. La pronostication de Rabelais est un texte
fort difficile et elle a été diversement jugée. J'ai pourtant l'impression que ce texte fait problème: puisque c'est un texte rabelaisien,
on veut bien lui concéder le statut de "grand texte", de texte cano-
nique, mais les excuses du genre "conventionnel, mais pourtant..."
abondent. Et, on le verra, tous les beaux arguments allégués sous le
capitulum "mais pourtant" n'individualisent pas nécessairement la
Pantagrueline Prognostication, mais la placent au contraire au sein de
la tradition qui l'a fait naître. Cette tradition d'horoscopie joyeuse
doit être comprise avant tout dans son dynamisme; il ne s'agit pas
d'un genre théorique, mais d'un groupe de textes qui s'évolue. La
pronostication joyeuse n'est pas un genre fixe, mais c'est une *mou-
vance*. La pronostication de Rabelais est généralement considérée
comme une œuvre rabelaisienne, mais elle est tributaire d'une tradition; en même temps elle sera la base d'une tradition ou, pour être
plus précis, elle fonctionnera comme détonateur dans la tradition,
tout comme par exemple les parodies testamentaires de François
Villon n'inventent nullement le genre, mais deviennent par la suite
le point de référence par excellence pour les futurs testaments paro-

diques. La tradition des monologues parodiques présente d'ailleurs en général bien d'autres liens avec l'œuvre de Rabelais, liens que Bakhtine, partant de son parti pris d'une culture populaire mais ignorant les textes en question, ne pouvait qu'entrevoir. Et, s'il eût étudié les textes à fond, il aurait vu qu'il ne s'agit nullement d'une culture populaire, mais c'est là un autre point que je ne peux, malheureusement, traiter *in extenso* ici; les travaux du regretté Jean-Claude Aubailly et mes recherches menées avec Paul Verhuyck montrent cependant que le théâtre "profane" et "populaire" appartient en fait à une culture contestataire et oppositionnelle relevant en partie de groupes d'intellectuels marginalisés.[1] En fait, il faudrait envisager un jour de remettre sur le tapis, dans son intégralité, le problème "Rabelais et le théâtre"; jusqu'ici, les études ne sont guère exhaustives. Ainsi les liens étroits entre le monologue parodique comme (re)présentation dramatique et les types des monologues satiriques d'une part et les romans de Rabelais d'autre part n'ont pas encore fait l'objet d'une étude spécifique.[2] Comme premier pas, je me pencherai ici sur le sujet le plus "facile": la *Pantagrueline Prognostication* et les pronostications. D'abord, je présenterai brièvement les monologues dans le théâtre des XVe et XVIe siècle. Ces monologues appartiendraient au théâtre profane, bien que l'opposition entre théâtre religieux et théâtre profane ne fasse plus l'unanimité et paraisse bien être une invention du XIXe siècle, ce qui signifierait une rédéfinition des genres dramatiques des XVe et XVIe siècles. Plus en général, le problème des "genres" dramatiques à la fin du Moyen Âge paraît se compliquer de plus en plus. Je donne donc un bref aperçu des genres les plus importants du domaine des pièces à une voix.

---

1. J.-C. Aubailly, "Théâtre 'populaire' et rhétorique à la fin du Moyen Âge et au début du XVIe siècle", in M. Lazard (éd.), *Aspects du théâtre populaire en Europe au XVIème siècle*, Paris 1989, pp. 17–29; J. Koopmans & P. Verhuyck, *Sermon joyeux et truanderie (Villon – Nemo – Ulespiègle)*, Amsterdam, 1987.

2. J'ai essayé de poser quelques jalons dans l'article néerlandais "Rabelais en de monoloog", *Bzzlletin* 220 (1994), 45–51.

Les Monologues

D'après une distinction grossière, mais qui a le mérite de la simplicité, il y aurait deux groupes de monologues théâtraux: les monologues psychologiques, qui font avant tout la satire d'un type, et les parodiques, qui parodient surtout des structures textuelles. Dans le premier groupe, l'on rencontre les soldats fanfarons comme le *Franc-Archier de Baignolet*, les amoureux vantards comme le *Dépuceleur de Nourrices* ou le *Ramoneur de cheminées*, et les hommes à tout faire comme *Maître Aliboron qui de tout se mêle*. Le second groupe se compose des sermons joyeux comme le *Sermon de saint Velu*, des mandements carnavalesques comme la *Grande confrarie des saouls d'ouvrer et enragés de rien faire*, des testaments satiriques comme le *Grand Testament de Taste-vin, roi des pions*, et des pronostications joyeuses.[3] Dans la pratique, les limites entre les groupes sont floues: peut-on parodier un sermon sans mettre en scène le personnage du sermonneur, peut-on débiter des pronostications sans trancher de l'astrologue?

Le Genre de la pronostication joyeuse

Bien plus que les parodies de sermons et de mandements, les pronostications paraissent former une tradition européenne; ce côté "international" du genre reste pourtant encore mal dégrossi, et même sur un plan plus strictement "national", nous savons peu de choses de la pronostication. À côté de l'édition de la *Pantagrueline Prognostication*, les textes français n'ont guère été étudiés.[4] Aubailly

---

3. Voir surtout J.-C. Aubailly, *Le monologue, le dialogue et la sottie. Essai sur quelques genres dramatiques de la fin du Moyen Âge et du début du XVIe siècle*, Paris, 1976.

4. M. Screech (éd.), *La Pantagruéline pronostication*, Genève, 1974; G. Demerson (éd. & trad.), *Rabelais, Pantagrueline Prognostication*, Paris, 1994; C. Claude (éd. & trad.), *François Rabelais. Almanachs et prognostications*, Pantin, 1994; voir aussi M. Huchon (éd.), *François Rabelais, Œuvres complètes*, Paris, 1994.

consacre seize pages au genre d'après un échantillon d'une dizaine de textes; pour lui, il s'agit avant tout de montrer le potentiel dramatique de ces textes dans l'évolution du monologue vers le dialogue et la sottie. Il commente par exemple la *Grant et vraye prenostication pour cent et ung an composee par maistre Tyburce Dyariferos* de Jean d'Abondance (notons qu'il ne s'agit pas du *Diafoirios* de Molière, mais ce personnage, tout comme le père Ubu, prévoit foire générale en France), la *Prenostication d'Albert Songecreux, bisscain* par Jean de Pont-Allais et la *Grant et vraye pronostication pour tous climatz et nations... par le grand Haly Habenragel.*[5] Quelques textes qu'Aubailly ne mentionne pas: la *Prognostication et amples predictions a tousjours et jamais a commencer ceste presente annee Composee... par Mesaire Panthalamus*, la *Pronostication des pronostications composée par Caresme Prenant, docteur es deux facultés de Bachus et de Venus* ou la *Pronostication certaine veritable et infallible pour l'an mil cin cents cinquante six... par brave et venerable et discrette personne Me Eutrapel Mysozithe.*[6] L'étude de la pronostication française en est restée là, essentiellement;[7] le *corpus* n'a pas été délimité, il n'existe pas de bonne édition d'ensemble et le travail bibliographique sur les sources textuelles reste à faire. Il est symptomatique que dans sa – belle – édition de la *Pantagrueline Prognostication*, Screech mentionne le genre ("quelques textes dans le recueil de Montaiglon & Rothschild") pour ajouter tout de suite que la *Pantagrueline pronostication* s'isole, dans cette production, comme le chef d'œuvre absolu; il est encore plus symptomatique, et très screechien, qu'il donne ensuite en appendice des pronostications joyeu-

---

5. Aubailly, *Le monologue...*, pp. 78–93; éditions respectives: A. de Montaiglon & J. de Rothschild, *Recueil d'anciennes poésies françoises*, Paris, 1865–1878, VIII, 337–346; XII, 168–192; VI, 5–46.

6. Respectivement British Library 12331.b.14 (serait selon la *NRB* une édition du texte de Rabelais); BN Vélins 2931 pc.4; BN Rés pV377 (fragment de 4 ff.).

7. Si l'on ne compte pas l'édition des *Cons sauvages* que j'ai publiée dans *Le Moyen Français* 24–25 (1990), 107–130, et celle de la *Pronostication des prognostications par maistre Sarcomoros de Tartarie* de Bonaventure des Périers publiée par T. Peach dans *BHR* 52 (1990), 109–121.

ses latines.[8] Mes notes, prises dans différentes bibliothèques lorsque je travaillais sur les sermons joyeux, me suggèrent toutefois un *corpus* d'au moins 35 pronostications françaises, soit donc un *corpus* plus important que celui des sermons joyeux, considérés souvent comme modèles du monologue parodique. Pour le domaine néer-landophone, le matériel est mieux connu. Il y a quinze ans, un groupe de néerlandisants sous la direction de Herman Pleij a publié une édition de toutes les pronostications joyeuses en néerlandais sous le titre: *Il fera froid dans l'eau en période de gel.*[9] On y trouve sept pronostications qui ont souvent des liens avec des pronostica-tion en d'autres langues. Toutes ces pronostications prétendent avoir été composées ou présentées (oralement) par des pseudo-savants aux noms éloquents: Ulespiègle, Malfus Tête-de-Navet, Proposition Querelleuse, le seigneur Sans-Soucy de la paroisse de Misère, Tugrobel Transipalocin, Lieripe alias Faute-d'Argent, Maître Bourg-la-Faim (également de la paroisse de Misère). Je re-viendrai ultérieurement sur les pronostications néerlandaises et leurs rapports avec Rabelais. L'édition des pronostications néerlan-daises présente en même temps l'avantage de nous donner une "liste de pronostications d'autres pays" de 31 textes seulement (!) qui se borne malheureusement aux domaines allemand, anglais et français (avec les textes latins composés en Allemagne). Le domaine anglais a été étudié par Wilson;[10] les grands auteurs allemands, Pamphilus Gengenbach et Johann Fischart ont été commentés;[11] pour l'Italie, seule la pronostication de Pierre Aretin a reçu quelque attention:

---

8. J'ai constaté avec plaisir que les éditions récentes, comme celle de Mme Huchon, accordent une place importante aux rapports entre Rabelais et "le go-thique français".

9. H. van Kampen, H. Pleij *et al.* (éd.), *Het zal koud zijn in 't water als het vriest. Zestiende-eeuwse parodieën op gedrukte jaarsvoorspellingen*, La Haye, 1980.

10. F.P. Wilson, "Some English Mock Prognostications", *The Library* IVth Series 91 (1939), 6–43.

11. Voir K. Goedeke (éd.), *Pamphilus Gengenbach*, Hanover, 1856 (Amster-dam, 1966); H. Sommerhalder, *Johann Fischarts Werk, eine Einführung*, Berlin, 1960.

celles de *Misser Zambon*, de l'excellent astrologue *detto il Capricioso* et du parlement des animaux de la crèche restent à découvrir.[12] Pour le domaine espagnol, je ne dispose que d'une référence assez vague.

Pourtant la matière nous permet quelques remarques générales. D'abord, le genre est probablement né vers la fin du XVe siècle et a continué à fonctionner bien au-delà du XVIIe siècle.[13] La pronostication joyeuse existe, comme genre plus ou moins fixe, dès la fin du XVe siècle: en Allemagne, nous avons un almanach parodique de Hans Folz (1480);[14] l'auguste rhétoriqueur Jean Molinet († 1507) a même composé au moins cinq pronostications dont les deux premières à être datées sont de 1476 (une analyse des textes montre qu'il s'agit en fait de huit pronostications).[15] Avant tout, il ne s'agit pas d'un genre qui relève de la littérature dite populaire: certains grands auteurs s'y sont essayés, comme le rhétoriqueur Jean Molinet, le divin Aretin, l'imprimeur bâlois Pamphilus Gengenbach, et les humanistes français Bonaventure des Périers et Rabelais. En même temps, on trouve dans certains textes des traces de connaissances de grec ou d'hébreu. La pronostication de Haly Habenragel, qui daterait de 1480, l'an 6480 après le déluge, se veut proclamée au

---

12. *Judicio composto da Pietro Aretino flagello dei principe et quinto evangelista*, A. Luzio (éd.), Bergame, 1900; *Pronostico nuovo de Misser Zambon de val Brombana...*, [Venise?, 1540?], ex. Université de Chicago; *Pronostico perpetuo et infallibile composto per lo Excellente Astrologo detto il Capricioso*, Bologna [1584?], ex. British Library, Londres; *Pronostico delle fortune del'anno, novo, preditte dal parlamento delle Bestie la notte della Epifania* [Venise?, 1550?], ex. British Library, Londres.

13. Voir cependant, le calendrier parodique? joyeux? hérétique? crypté? en occitan du XIVe siècle, Nelli-Lavaud pp. 774–775.

14. H. Fischer (éd.), *Hans Folz, Die Reimpaarsprüche*, Munich, 1961, pp. 438–441.

15. *Prenostication des quatre vents*: N. Dupire (éd.), *Jean Molinet, Les Faictz et Dictz*, Paris, 1936–1939 (3 vols.), pp. 888–892; *Prenostication touchant les gouverneurs*: ibid., pp. 893–896; *De la guerre des grands 1476*: ibid., pp. 897–900; *Aultre prenostication 1476*: ibid., pp. 900–901; *Aultre prenostication de la Comette*: ibid., pp. 902–904; *Encoires prenostication 1497*: ibid., pp. 904–911; *Additions aux prenostications 1493*: ibid., pp. 912–914; *Kalendrier*: Montaiglon, *Recueil... VII*, 204–210.

mois de "Tuth, Almuharaz, Fordimech, Εκατομβαιομ vel Januarii";
Bonaventure des Periers choisit le nom "Sarcomoros" ("Fol de
Chair", donc fou de Carnaval[16]) et le nom "Eutrapel Mysozithe"
désigne le "Gai luron qui déteste la bière"; *mysaire Panthalamus*
combine l'écolier limousin avec le *thalamos* grec, le lit ou la chambre
à coucher. *Tubal Holoferne*[17] évoque le précepteur Tubal Holoferne
dans *Gargantua*. Son nom se composerait selon Screech de *Thubal*
"confusion, ignominie" et *Holoferne* "persécuteur de l'église"; Tubal
est également descendant de Caïn et Holoferne une victime prover-
biale des ruses féminines. Notons que, selon Rabelais, ce précepteur
consacra 16 ans et deux mois à lire le *Compost* (celui des bergers?)
et mourut en 1420. Bien que les pronostications de Molinet, politi-
ques et par conséquent incompréhensibles, soient encore des pièces
de rhétoriqueur, Haly Habenragel fait preuve dès la fin du XVe
siècle[18] d'enthousiasme pour l'humanisme: après avoir parlé des
querelles entre *reaulx et nominaulx*, il pronostique

> Mais il viendra que gens d'entendement,
> Gens vertueux à vray sçavoir donnez,
> Haront le bruit sus eulx certainement
> Qui leur fera souvent tordre le nez (p. 35)

et fait, tout comme Erasme, la satire des pauvres étudiants du collège de Montaigu (qui auront *Aquarius* en guise de petit vin). Au
collège parisien de Montaigu, fondé en 1314, un régime famélique a
été instauré, après la réforme de 1483, par l'austère gouverneur Jean
Standonck, partisan de la dévotion moderne. Jean Molinet a logé

---

16. En même temps, il s'agit probablement d'une allusion à John of Holywood
(Johannes de Sacrobosco), auteur du traité *La sphère*, Paris, milieu XIIIe siècle. À
noter que Pierre Fabri, dans son *Grant et vray art de pleine rhétorique* (repr. Genève, 1972) signale: "*sarcosmos* c'est mocquer son ennemy" (f. lxvjʳ).
17. Montaiglon, *Recueil...* XII, 144-167: date vers 1525; Huchon 1994, p. 1101
signale que Du Verdier donne 1478 comme date d'impression de cette pronostication (ce qui en ferait l'un des premiers textes français à être imprimés!).
18. Montaiglon date son texte autour de 1480; nous verrons qu'il ne peut être
antérieur à 1483.

dans ce collège, mais avant 1460, donc bien avant la réforme de Standonck. Erasme n'a pas eu ce bonheur: il y a séjourné de 1495 à 1496 et s'en plaint amèrement dans ses *Colloques*. Au sujet de ce collège sévère circulait un jeu de mots latin: "Mons acutus, ingenium acutum, dentes acuti."[19]

En fait, la pronostication est un genre immobile et conventionnel tout aussi bien qu'un genre extrêmement mobile et vivant. D'une part, l'immobilité du genre: il s'agit d'un réservoir de lapalissades que l'on retrouve à travers les traductions et les différentes versions en telle ou telle langue. Je donnerai une série d'exemples plus loin. D'autre part, il y a la possibilité d'adapter le matériel aux circonstances concrètes et à des fins satiriques: souvent la pronostication ne fait que décrire l'état actuel des choses. Ainsi Molinet prédit une situation politique existante sous le couvert de différents cryptogrammes, la pronostication néerlandaise Tête-de-Navet contient probablement une allusion à la captivité de François Ier (non reconnue par les éditeurs, et pourtant importante pour la datation) et Haly Habenragel parle des campagnes d'Italie contemporaines. Parfois la pronostication est donc satirique plutôt que joyeuse (tout comme le sermon joyeux n'est parfois nullement carnavalesque, mais plutôt satirique et par là sérieux en quelque sorte): l'inversion carnavalesque d'une structure textuelle cède alors le pas à une réactualisation sérieuse. Songeons à l'exemple de Haly Habenragel avec sa satire des troubles universitaires autour de 1480, qui cite également les "povres a Montaigu reclus". Habenragel veut parler du temps présent (c'est ce qu'il affirme explicitement dans son prologue). Cependant, Habenragel est-il l'auteur, ou l'autorité facétieuse à laquelle il faudrait attribuer cette pronostication? Le titre est explicite, mais ajouté plus tard par les imprimeurs; le texte est plus réservé à cet égard.

---

19. A. Campaux, *François Villon, sa vie, ses œuvres*, Paris, 1859, p. 49.

La Forme

Sur le plan de la forme, la pronostication fait également problème. Il existe des textes en prose, dès la fin du XVe siècle, et des textes versifiés, parfois en octosyllabes à rimes plates, parfois en décasyllabes à rimes croisées. En outre, la dramaticité du genre doit encore être étudiée: s'agit-il de textes à lire ou de textes à jouer. Selon Pleij, la pronostication est un texte à jouer qui parodie des textes imprimés. Aubailly par contre croit que ces textes furent "primitivement destinés à la lecture et répandus par le colportage" et ont "pu être déclamés à l'occasion de festivités joyeuses".[20] Le rôle de l'imprimé dans tout cela est difficile à déterminer étant donné les dates des premières pronostications (Hans Folz, Jean Molinet et peut-être Tubal Holopherne), mais c'est un facteur qui a dû jouer par la suite. Sans doute le succès du *Grand Compost et Kalendrier des Bergers* (1488) a influencé la tradition. Probablement, la parodie du personnage charlatanesque de l'astrologue, héritée de l'époque antérieure à l'imprimerie, s'est doublée d'une nouvelle structure textuelle, celle de l'almanach imprimé.

Il s'y ajoute l'opposition entre la rime et la prose, mais en français, comme en néerlandais, les pronostications en prose sont plus anciennes. La structure de la pronostication présente beaucoup de possibilités. Il n'y a pas de chapitres obligatoires: parfois les textes suivent les douze mois, ou les quatre saisons, parfois ils se composent de chapitres sur l'état des villes, sur les fruits croissant sur terre, sur le nombre d'or, sur le seigneur de l'année. Chez Rabelais, il y a l'énumération des enfants des planètes, structure qui se retrouve aussi, avant lui, chez le grand Haly Habenragel.

Troisième problème majeur: la dramaticité des textes. Les pronostiqueurs néerlandais s'adressent volontiers à une seconde personne, parfois sous forme de discussion; il y a eu des jeux du sot avec sa marotte, qui ont laissé plus de traces textuelles qu'en français. Pour-

---

20. Aubailly, *Le monologue...*, p. 78.

tant, la *Sottie de l'Astrologue* (1498) est une pronostication portée à la scène, tout comme le "Fastnachtspiel" (jeu de Carnaval allemand) qu'on a joué à Lucerne au début du XVIe siècle *Bracdica von seltsamen geschicht dis jars, calculiert durch doctor Roßschwantz von langen Lederbach.*[21] La sottie de l'*Astrologue* est également politique: Gemini désigne les frères d'Amboise; Mars équivaudrait au roi de France; Venus ferait allusion à Anne de Bretagne; Virgo figurerait Jeanne de France; la sottie exprime des craintes quant à une éclipse de Justice.

Pour ce qui est de la situation de jeu, le sermon et le mandement connaissent une intégration dans une situation festive donnée; là, la pronostication est plus problématique. A-t-elle été jouée pour le Nouvel An, pendant le cycle des Douze jours (nouveau style donc)?

De toute façon, l'origine exotique de la pronostication doit être assurée: traduite *ex ethrusco sermone* ou *ex barbaro*, celle d'Habenragel est *translatee d'arabien en langue françoise* et est vendue *à Callicuth cheux le seigneur de Senegua à l'enseigne dalz Cannibales*, Sarcomoros est *natif de Tartarie et secretaire du roy de Cathai*, Songecreux prétend être Biscayen. De même, on cite volontiers des autorités arabes comme Albumasar et Habenragel. La pronostication néerlandaise de Tugrobel cite Haly Halevragel; selon la note de Pleij, il s'agit de Haly Abenragel (Abu Hassan Ali Ibn Abir Ridshal 1016–1062), autorité arabe, avec un jeu de mots "obscur", mais en même temps, on a la pronostication française de Haly Habenragel. Si Rabelais cite Habenragel, cite-t-il l'autorité sérieuse ou la pronostication facétieuse? Parfois, les érudits ont signalé la tradition des pronostications comme contexte du texte rabelaisien. Récemment encore, Demerson compare la *Pantagrueline Prognostication* à celle de *Maistre Albert Songecreux, Bisscain* qu'il date de Noël 1527.[22] C'est que l'exemplaire de la Bibliothèque Nationale porte, d'une

---

21. E. Picot (éd.), *Recueil général des sotties*, Paris, 1902–1912, I, 195–231 ; A. von Keller (éd.), *Fastnachtspiele des 15. Jahrhunderts*, Stuttgart s.a., p. 1373.

22. Éd. Demerson 1994, p. 44.

main "assez ancienne" *proclamatum mense decembri 1527*. Or, la date de 1527 a été proposée par La Croix du Maine et Du Verdier comme date d'impression d'une pronostication composée par un certain Préel; cette pronostication "laquelle contient une représentation des Sots astrologues" n'est pas celle d'Albert Songecreux, mais la fort obscène *Pronostication des cons sauvaiges avec la manière de les apprivoiser* qui contient trois acrostiches (!) donnant le nom PREEL;[23] Habenragel aussi porte un acrostiche, pseudo-courtois: JEHANNE M'AMIE. Toujours est-il que Rabelais a dû connaître le texte de Songecreux: Songecreux, ce fut Jean de l'Espine du Pont Allais (l'acteur). Dans la bibliothèque de Saint-Victor, on trouve la *Pronostication que incipit Silve triquebille balata per M.n. Songecruyson*. Magister *noster* est à remarquer: Rabelais considère Songecreux comme son maître. Le type reparaît dans *Gargantua* chap. 20 (où Huchon note: "surnom du célèbre acteur [...] [qui] suivait la cour dans les années 1532–1534"). Il est à noter que l'acteur Songecreux aurait *dansé* sa pronostication; cela paraît renvoyer aux rapports entre le théâtre et la chorégraphie.[24]

Le pronostiqueur Tubal Holoferne paraît évoquer le précepteur de Gargantua, mais son texte daterait de 1525 à peu près (et Du Verdier cite même une édition de 1478). Il est possible que le personnage rabelaisien renvoie au pronostiqueur, car il est un pseudo-savant, qui, de plus, prend le parti de la brièveté: "court sermon et longue disnée" (vv. 17–24).

Les topoi du genre

Tout d'abord, quelques exemples montreront comment on a pu utiliser, dans les pronostications joyeuses, certains *topoi* propres au genre. Un premier topos: la *Prognostication des prognostications*

---

23. Cf. mon édition dans *Le Moyen Français*.
24. Voir mon "Les sots du théâtre et les sauts de la morisque à la fin du Moyen Âge", *Les Lettres romanes* 43 (1989), 43-59.

composée par Caresme-Prenant, docteur es deux facultés de Bacchus et de Venus nous apprend, après une invitation au festin ("viande preste") et un conseil aux garçons à marier, que les femmes et filles "iront en un quart d'heure de Paris à Bordeaux sans prendre la poste ny le relais et ne marcheront que des fesses, et s'en retournent ici par la voie de Naples". Dans les pronostications néerlandaises de Proposition Querelleuse et Bourg-la-Faim: "beaucoup de femmes iront à Bordeaux sans sortir d'Anvers".

Suivant un autre topos, les pronostications nous apprennent qu'après l'ancienne lune, il y aura la nouvelle lune: selon Abondance "Nous aurons nouvelle lune / Quant la vieille sera passée" (p. 342); Songecreux affirme "Mais nous aurons nouvelle lune / Quant la vieille sera passée" (vv. 147–148); Tête-de-Navet "Quant la lune disparaîtra, sans blague, il y aura une nouvelle lune" (vv. 50–51), de même Aelwaerich "Il y aura nouvelle lune après disparition de l'ancienne" (v. 91) et Ulenspiegel "Quand la vieille lune aura disparu, elle renouvellera" (v. 216).

On pourrait trouver un autre topos dans le contexte commercial explicité dans le texte même: Ulenspiegel "Coopt, leest, lacht ende wilt wel verstaen / Daer en cleeft gheen dertichhondert guldens aen" ("Achetez, lisez, riez et comprenez bien, cela ne vous coûte point trente cents florins" vv. 7–8). Lieripe "Coopt wonderlijcke grillen om cleyn ghelt" ("achetez merveilleux faictz à peu de frais" v. 5); dans les *Cons sauvages* "Qui veult ma science comprendre / Achepte des cons s'il n'en a" (vv. 25–26); au XVIIe siècle, Bruscambille affirme encore pronostiquer "pour attraper le vostre".

Ces quelques exemples suffiront à donner le ton du genre; penchons-nous maintenant plus précisément sur la présence de tels *topoi* dans la *Pantagrueline Prognostication*.

Voici un premier topos, qu'on trouve chez Rabelais dès la page de titre: le nombre d'or n'est pas dans la bourse des pauvres. Là, il paraît suivre Heinrichman (v. 1), repris par Tugrobel (v. 44); mais le passage est à rapprocher du texte d'Abondance: "Le nombre d'or trouver ne puis / Non plus que faisoye l'autre annee". Là, Habenragel est plus créatif:

Venant au point, j'ay trop grande doubtance
Que les aspectz attractifz saturniens
Le nombre d'or retirent hors de France
Par le moyen de ces caultz Italiens

Selon le *Kalendrier* de Molinet, "Du nombre d'or fera grant compte / L'usurier qui souvent le compte". D'après Songecreux, "Le nombre d'or de ceste annee / Est au coffre des riches gens".

La lapalissade de Rabelais veut qu'il y aura: "force raves en Limousin, force châtaignes en Périgord [...] force sables à Olonne, force poissons en la mer" (chap. VI); il semble que Rabelais reprenne Tubal Holoferne vv. 362–363 "[...] se terre produict grant fruict / En Lymosin aura des rabes / Dequoy il sortira grant bruyt"; cf. *Cons sauvages* 83–84 (1527) "il sera force de moustarde à Digeon et de vin a Beaulne". La sottie des *Menus propos* qui parle de la "desree de Lymoge" où l'éditeur cite *L'asne au coq* de La Salla et le *Divers rapportz* d'Eustorg de Beaulieu.[25]

Les jeux de mots où la botanique exprime les troubles psychiques se retrouvent un peu partout: chez Rabelais IV: le soucil et l'ancholie croistront plus que de coutume, avecques abondance de poires d'angoisse; dans Tubal Holoferne:

Nous aurons des fleurs ceste annee
Plus que tous les annees passees
Sur tous sera grant quantité
De soussis et menues pensees (vv. 364–367)

chez d'Abondance p. 340, "De mente, soucis, pensées aura entre violettes"; de même Haly Habenragel, qui prénostique "soucis, pensiez et mente".

---

25. Éd. Picot, *Recueil...*, I, 93.

L'éclipse de la lune signifie, dans nos textes, faute d'argent. Rabelais dit que "il y aura tant d'éclipses de soleil et de la lune que [...] noz bourses en patiront d'inanition"; au chapitre suivant, il annonce l'épidémie de Faulte-d'argent. Molinet traite le topos d'une manière fort originale dans son chapitre *De la dangereuse maladie de ceste annee*:

> Nous arons ceste annee plus grande esclipse de pecune que de lune et, a ceste cause, s'engendrera une maladie nommee podenaire [...] le souverain remede sera faire grande provision de vif argent, le porter sur luy et autour de luy et en oindre tresbien les palmes de ceux qui en seront entechiés (*Comète* p. 907)

Songecreux:

> Et si aurons eclipse de lune
> Selon le temps ou j'estudie,
> Mais encore plus de pecune
> Qui sera griefve maladie (XXXV)

La *Sottie de l'Astrologue*, après une plainte sur l'éclipse de Justice,

PRIMUS
Or revenon au principal.
Que court il?
L'ASTROLOGUE
            Eclipse de lune.
CHASCUN
Tousjours deffaute de pecune

Le topos se retrouve également dans Ulenspiegel v. 68 après le délire verbal *Eclipsis, mipsis, hipsis, pripsis, calipsis*; le passage est plus détaillé dans Tête-de-Navet vv. 41–42 (éclipse dans la cave et dans sa bourse); Aelwaerich signale, pendant le Carême, une éclipse *in buyckum ende in dermen* ("dans le ventrum et aux boyaux").

Un autre topos: les pays ne bougeront de leur lieu. Selon Rabelais chap. VI "Italie, Romanie, Naples, Sicile demeureront là où ils étaient l'an passé"; on peut comparer ce passage avec celui de

Bourg-la-Faim 166 "Les pays et les villes resteront où ils ont coutume de se trouver (par la volonté divine)".

D'après Rabelais, les aveugles ne verront que bien peu, les sourds entendront assez mal (chap. III); selon le *Judicio ove pronostico de mæstro Pasquino, quinto evangelista* d'Aretin, cité par Guicciardini: "Questo anno prossimo, i chieci verdranno poco o niente, i sordi udiranno mai" et autres semblables jeux inoffensifs.[26] La plaisanterie remonte au moins au XIVe siècle, car le mandement parodique *lettres d'ottroy* d'Eustache Deschamps parle dès 1385 de "tous ceulx qui sans œulx verront ces lettres et qui les orront sans oreilles, sours et muiaulx".

Suit, chez Rabelais, la prophétie selon laquelle les malades seront en pire état que ceux qui sont en santé; les pauvres en pire état que les riches: remarque qu'on retrouve chez Ringelberg, Starrenwadel et Tugrobel.

Selon Montaiglon, Rabelais emprunte surtout aux textes de Tubal Holoferne et de Songecreux: le premier chapitre reprend Holoferne vv. 29–36; au chapitre 2, *cordiers a reculons* se trouve déjà chez Songecreux vv. 267–268 (et est également à rapprocher de Habenragel p. 25: "*Cancer* auquel le soleil prend repoz / Le temps d'esté en faisant son decours / Regist tous ceulx qui sans aulcun propoz / Comme Cordiers profittent a rebours"); la maladie épidémique Faute d'Argent est signalée par Holoferne vv. 221–228; la grande sédition entre chatz et ratz reprend Songecreux vv. 233–234; en néerlandais, Tête-de-Navet voit une sédition entre les chats et les chiens, entre les corbeaux et le hibou. Albumazar, au chapitre 4, est également cité par Holoferne v. 26 et Tugrobel 38; les pucelles qui n'auront pas de lait aux mamelles du cinquième chapitre viennent de Tubal Holoferne v. 269 et de Sans-Soucy 100–101: "maechden en sullen gheen kinder draghen" ("les pucelles ne porteront pas d'enfants"). Les mules qui prennent les enfants aux talons reviennent

---

26. Éd. A. Luzio; cf. G. Apollinaire, *Les diables amoureux*, Paris, 1964, pp. 53–54.

chez Tubal Holoferne v. 67 et Songecreux v. 295. J'y ajouterais volontiers les enfants de Mercure chez Rabelais qui *seront fort sujets à faire banqueroute*: ils se retrouvent dans Sans-Soucy comme les *mercurialistes qui auront, à cause des travaux de Venus, faulte d'argent* (156).

Les *Idées dans la* Pantagrueline Prognostication

Ces exemples montrent suffisamment comment Rabelais renvoie à un genre établi. Cela signifie également qu'il est dangereux de croire trop facilement qu'il exprime avant tout ses propres idées et cela même sur un plan plus général. On pense à Jean Céard cité par Guy Demerson pour qui "la violence de la condamnation des 'folz prognosticqueurs' est le fait d'un homme convaincu de la valeur de l'astrologie et irrité de voir quels abus la déprécient".[27] Madeleine Lazard va même plus loin lorsqu'elle affirme: "les milieux humanistes s'en prenaient à l'astrologie judiciaire, qu'ils jugeaient sacrilège, puisqu'elle limitait la toute-puissance de Dieu."[28]

Ici, je me permets une digression, puisque l'on paraît croire, un peu trop à la légère, que les humanistes ont inauguré le combat contre les superstitions astrologiques du Moyen Âge. Dès 500 avant J.-C., à Babylone, on a défini les sept planètes et le zodiaque (12 fois 30°). Par rapport aux anciennes techniques divinatoires, l'astrologie devait être considérée comme un progrès énorme. L'astrologie, au Moyen Âge, désigne en premier lieu une série de croyances, mais en même temps l'art de dresser des horoscopes (sujet de controverse). Les éléments de cette science se trouvent dans Platon (*Timæus*, seul dialogue platonicien connu au Moyen Âge) et Aristote. Un source importante est le *Tetrabiblos* de Ptolémée, qui reconnaît que les pronostication astrologiques ne sont pas aussi certaines que les démonstrations astronomiques, mais qui affirme l'exis-

---

27. G. Demerson, *Rabelais*, Paris, 1991, p. 303.
28. M. Lazard, *Rabelais l'humaniste*, Paris, 1993, p. 105.

tence de forces célestes et la validité de pronostications astrologiques générales. Pour saint Augustin, les astrologues sont des imposteurs, mais il se concentre sur le libre arbitre qu'il juge plus important (car l'homme doit avoir la faculté de pécher). En général, on peut dire que le début du Moyen Âge fut plutôt hostile à l'astrologie. Le réquisitoire d'Isidore de Séville constitue une attaque d'importance contre l'astrologie:

> Astrologia [...] partim naturalis, partim superstitiosa est. 2. Naturalis, dum exequitur solis et lunæ cursus, vel stellarum certas temporum stationes. Superstitiosa vero est illa quam mathematici sequuntur, qui in stellis auguriantur, quique etiam duodecim cæli signa per singula animæ vel corporis membre disponunt, siderumque cursu nativitates hominum et mores prædicare conantur.[29]

Aux Xe–XIe siècles, ce sont avant tout la médecine et l'astronomie qui comptent; au XIIe siècle, c'est surtout l'astrologie (avec les mathématiques indispensables) qui importe. Dès cette renaissance du XIIe siècle, l'astrologie est souvent liée à la médecine. Le renouveau du XIIe crée la possibilité de pronostications astrologiques, mais Hugues de St.Victor par exemple n'admet que la partie "naturelle" de l'astrologie; d'autres font valoir que l'astrologie ne signifie pas qu'on voit aux astres, mais que l'on adore bien Dieu à travers les astres qu'il a créés. Le *Tetrabiblos* de Ptolémée est traduit entre 1130 et 1150, ainsi que, à deux reprises, l'*Introduction à la science astrologique* d'Albumasar (aristotélisation de l'astrologie). Dès la fin du XIIe siècle, les textes astronomiques les plus importants sont disponibles.

À partir du XIIIe siècle reparaît la tension entre l'astrologie aristotélicienne et le libre arbitre (essentiel dans la doctrine chrétienne

---

29. Lindbergh, *The Beginnings of Western Science. The European Scientific Tradition in Philosophical, Religious and Institutional Context, 600 B.C. to A.D. 1450*, Chicago/Londres, 1992, p. 158; M.C. Diaz y Diaz, J. Oroz Reta et M.-A. Marcos Casquero (eds.), *San Isidoro de Sevilla, Etymologías. Edicion bilingüe*, Madrid, 1982, III, 27, p. 456.

du péché et du salut). Chez François Bacon on voit apparaître une nouvelle philosophie où l'astrologie permet de prédire l'avenir. Saint Bonaventure combat le déterminisme astrologique et souligne la participation providentielle de Dieu dans chaque cas de cause et effet (cf. les deux premiers chapitres de la *Pantagrueline Prognostication*). En 1277, l'évêque de Paris promulgue une liste de propositions erronnées, e.a. que les cieux influencent corps et âme; que les événements se répètent tous les 36.000 ans. Dans sa continuation du *Roman de la Rose*, Jean de Meung défendra également le libre arbitre contre l'astrologie.[30] Il y a toujours des attaques contre les astrologues: pensons à Nicole Oresme qui écrira au XIVe siècle des livres entiers contre l'astrologie.[31] Vers le début de la Renaissance italienne, rien n'est encore clair: Pic de la Mirandole sera l'un des opposants les plus féroces de l'astrologie, mais Marcel Ficin l'étudiera avec bienveillance.

Cet exposé historique montre que la condamnation des "fols astrologues" dans la pronostication de Rabelais s'inscrit donc dans une tradition, patristique et médiévale. En même temps, elle est tout a fait typique des pronostications joyeuses *et* sérieuses.[32] On pense aux *Cons sauvaiges* "reprenant les sotz astrologues" où l'acteur est venu

Faulx astrologues contredire
[...]
Ces meschans astrologues chouchent
En escript le temps advenir
Et semble que aux planettes touchent
Du bout des doitz a les ouyr.

---

30. A. Strubel (éd.), *Guillaume de Lorris et Jean de Meun, Le Roman de la Rose*, Paris, 1992, vv. 17063–17128 & note p. 987.

31. *Tractatus contra judiciarios astronomos* (1349), *Livre des divinacions* (1356?), *Quæstio contra divinatores horoscopios* (1370).

32. Le pronostiqueur sérieux, tel un jongleur chantant une geste, commence par déprécier ses collègues pour mieux faire ressortir ses propres qualités.

On les deust tous vifz enfouyr
Ou les gecter en la riviere.

La *Pronostication générale* est très explicite:[33]

S'ensuist il que leurs confrairies
Rendent les bons chrestiens plus sages?
S'ils nous rapportoyent les messages
Des folies qu'ils ont inventees
Je les aurois pour redoubtees
Mais je doute et je tiens pour tels
Qu'ils ne soyent pas la haut montez
Parquoy, gentils astrologueurs,
Subtils, plaisans epilogueurs,
Si n'avez autre chose à vivre
Je vous pry, cachez vostre livre,
Car je doubte qu'il ne vault rien

et aussi:

Et ne fault qu'y ayez regret,
Messieurs les astrologateurs
Si je vous appelle menteurs.
En tel cas, je ne dis que bien,
Car qui devine ne sçait rien

et encore:

Quant tout sera bien ruminé
Cerché, compris, examiné,
Mis et compté sur le bureau
L'om trouvera plein tombereau
De pronostications,
Arrest, astrologations
Et d'almanachs plus d'une année
Forgez pour la presente annee.

_____

33. *Pronostication generale pour quatre cens quatre vingt dix neuf ans*, Montaiglon-Rothschild, *Recueil...* IV, 38.

54

Mais tout feuillete ça et la,
De quoy nous profite cela
Sinon d'un passe-temps Michault?
Car de dire qu'il fera chaud
Cest esté, qui ne l'entendroit
Et de dire qu'il fera froid
Cest hiver, chascun le sçait bien.

Sarcomoros (Bonaventure des Périers) nous promet dans le titre que son texte "descœuvre l'impudence des prognosticqueurs". La *pronostication de la Comète* de Molinet spécifie que les autres astrologues sont obscurs; lui, il parlera "ouvertement et sans crainte nulle"; dans la *pronostication de guerre* du même Molinet, il note que les autres parlent de Liège, de Louvain et de Bruxelles, pas de Valenciennes.

Maître Eutrapel Mysozithe, "docteur es craymoysissimes sciences de œnomantie et gelographie" (1556) commence son prologue "a tout amateurs" par:

Pource que par cy devant plusieurs se sont trouvez scandalisez et incornifistibulez des supputations faites par ceulx qui se donnent le tiltre d'astrologues [...] (A.iᵛ)

La condamnation se trouve également dans la *Nef des Fols* de Sébastien Brant au chap. 65; le bois gravé pour ce chapitre orne d'ailleurs la première impression de la *Pantagrueline Prognostication* ainsi que, dès 1524, la page de titre du *Judicio...* du divin Aretin.

Deuxième caractéristique du texte de Rabelais: les diatribes contre les curieux, ceux qui veulent avoir des nouvelles. Remarquons d'ailleurs que la série de questions "Qui bruit" etc. est tout à fait topique dans les sotties dramatiques. Mais chez Des Périers, on lit:

Dont vient cela que soit en prose ou en vers
Tu vas cerchant par tout, les yeulx ouvers
Si tu verras point choses nonpareilles
Et qu'a tous motz tu lieve les oreilles?
O curieux, jamais tu n'es a requoy

ou bien:

> Et tant tu es les nouvelles leschant
> Que tu prens tout, le bon et le meschant

Troisième point essentiel chez Rabelais: la place de Dieu. Ce qui singulariserait Rabelais dans la tradition, ce serait son point de vue évangélique (Screech): dans sa satire de l'astrologie judiciaire, il aurait voulu montrer que Dieu seul est le maître de tout: Rabelais chap. I (*Du gouvernement et seigneur de ceste année*) "Quelque chose que vous disent ces folz astrologues de Lovain, de Nurnberg, de Tubinge et de Lyon, ne croyez que ceste annee y aie autre gouverneur de l'universel monde que Dieu le créateur". Cette prise de position est rappelée dans le fragment de l'almanach (sérieux?) pour 1533; mais la *Prognostication générale* pose la question:

> Penseriez vous qu'on peust comprendre
> Par folles imaginatives
> D'estoilles courantes et restives
> Les secrets du grand gouverneur? (p. 37)

et:

> Mais je tiens et croy fermement
> Qu'il n'y a que Dieu seulement
> Qui cognoisse ce grand secret (p. 45)

Tubal Holoferne fait de même:

> Ceulx qui cuydent par leur science
> Tousjours juger vray sont deceuz
> Car la divine providence
> Du haultain juge est par dessus (vv. 29–32)

et:

> Nul ne sçait parfaictement
> Fors que Dieu qui en est le maistre (vv. 415–416)

La *Prognostication nouvelle et véritable composée par maistre Arnaud Mousang, grand matématicien du roy Artus et meilleur praticien de Venus* commence, après un dizain d'introduction, par:

> O vous lunaticques, affutez vos bezicles pour regarder ce qui en assurance viendra à ceste année. Et ne pensez que cecy soit follye, mais plustost de vous une vraye mocquerie, puis que tant desirez sçavoir les choses futures, comme ne vous fiant à la providence de Dieu, lequel voulez contrefaire.[34]

L'idée qu'avec un peu de bon sens, tout le monde peut pronostiquer et que seul Dieu peut percevoir l'imprévisible n'est nullement propre à la pronostication de Rabelais: on retrouve cette dénonciation dans la *Pronostication générale*:

> Toutefois si est la façon
> A mon advis trop glorieuse
> Et la matiere fort facheuse
> De vouloir sus Dieu entreprendre

et dans la *Pronostication des pronostications* où les prognosticateurs sont comparés à des crocheteurs du cabinet divin qui prétendent avoir vu tout ce que Dieu nous cache (vv. 145–151). Curieusement, il existe une pronostication néerlandaise sérieuse qui exprime la même idée; Willem de Vriese, Maastricht, 1555 affirme "J'en dirais bien plus, mais je ne veux m'occuper des secrets de Dieu, car *cor regis in manu Diu*" (le cœur royal est dans la main de Dieu).[35] Fischart, lui aussi, place l'astrologie entre l'homme et Dieu; il utilise l'image de l'écorce (astrologie) et du noyau (Dieu).[36]

Selon la description qu'Aubailly donne du genre de la pronostication satirique, la dénonciation suit l'ordre suivant: d'abord une attaque (contre les autres pronostications et contre les curieux);

---

34. Bibliothèque Nationale Rés Y2 2687, A.i^v.
35. Pleij–Van Kampen, *Het zal koud zijn...*, p. 206.
36. Sommerhalder, *Johann Fischarts Werk...*, p. 36; sur cette image *peau-es-cargne*, voir N. Dupire, *Jean Molinet, la vie – les œuvres*, Paris, 1932, pp. 80 sq.

l'argument (en fait, le domaine est réservé à Dieu) et la conclusion (recours à l'expérience sensible ou recours à l'imprécision). Ces parties sont combinées partiellement par Gengenbach:

> O gott, wie seer mich wunder nympt
> Das all welt ietz und dar uff gründt
> All jar zü wissen künftig ding
> [...]
> Gott und sein leer thünd sie vernichten

La Pantagrueline Prognostication *dans la tradition*

Rabelais utilise donc les poncifs de la tradition et il serait trop hardi d'affirmer telle ou telle filiation directe, mais son œuvre a connu une survie importante. L'Allemand Johann Fischart combinera sa pronostication avec celle de *Nasus* où notre texte devient la "grand-mère" de toutes pronostications "Aller Praktik Gross-Mutter".[37] Il est également significatif que la traduction du roman de Rabelais est annoncée par Fischart comme *nun aber überschrecklich lustig auf den Teutschen Meridian visirt* ("revisée extrêmement comiquement sur le méridien allemand") ce qui rapproche, dans la perception, le roman de la *pronostication*. L'inscription calendaire des romans rabelaisiens est, notons-le, ici un autre point intéressant.

La traduction anglaise *Pantagruel's prognostication certain true ans infallible for the year everlasting... set forth long since by that famous well wisher to the Mathematicks and Doctor in Physik, Francis Rabelais* date de 1650; en 1708 il y en aura encore une de Le Motteux. Gallitalo (Wieringa) donnera une traduction néerlandaise en 1682. Le texte le plus intéressant sous ce rapport, cependant, est la pronostication néerlandaise de Lieripe.

---

37. Goedeke, *Pamphilus*...; Sommerhalder, *Johann Fischarts Werk*..., p. 36.

Lieripe *et Rabelais*

Plus généralement, les pronostications néerlandaises présentent quelques liens avec la tradition française: Tugrobel, transipalocin se lit, de droite à gauche, comme Nicolas Pisnart le Borgut (où je lirais volontiers: "le Borgne") et se prétend traduit du français; en fait, il combine les textes latins de Heinrichmann et de Starrenwadel. Beaucoup de textes contiennent des mots ou des expressions françaises inexplicables à partir du néerlandais.

Cependant, une place à part est occupée par la pronostication de Lieripe. C'est que cette pronostication, datée de 1561, est en fait une traduction de la *Pantagrueline Prognostication*, mais toute référence à ce texte et à Rabelais ou Alcofribas a soigneusement été éliminée du titre et même du texte, exception faite pour l'occurrence où Lieripe remplace Empedocle par Pantagruel lui-même.

La *Pronostication de Lieripe alias Gheldeloos* (= faute d'argent) a été imprimée en 1561. Le nom Lieripe n'a pas été expliqué par les éditeurs. On songe à la bibliothèque de Saint-Victor où nous trouvons *Lyripipii Sorbonici moralisationes per M. Lupoldum* (c'est Lupoldus Federfusius, théologien à Cologne). Le *lyripipion* désigne une chape de docteur. Le texte néerlandais est une retombée d'un texte à jouer (traces de rime), qui a dû être une adaptation assez libre de la *Pantagrueline Prognostication*. On peut également y voir un jeu sur *Aelwaerich* (Proposition querelleuse) qui est calculé pour la ville de *Liere bi mi* ("pour Lier par moi"). Selon Pleij, il y a omission des chapitres "De l'eclipse de ceste annee", "De l'estat d'aulcuns pays", "Des quatres saisons de l'annee"; le texte néerlandais rajoute un petit poème d'introduction (imprimé en prose!) et change le titre d'où tous les renvois au texte rabelaisien ont été soigneusement supprimés. Or, ce que Pleij omet de signaler, c'est que c'est justement dans le chapitre sur le nombre d'or (*Van 't gulden ghetal*), chapitre en vers camouflés, que le traducteur réintègre beaucoup d'éléments du titre de Rabelais.

Les allusions trop "locales" ont été éliminées: César et Jean de Gravot;[38] l'histoire des contrôles de nouvelles effectués à la frontière par Pantagruel; les oreilles courtes en Gascogne; le passage sur Romulus et Pharamond comme premiers rois. Mais dans l'énumération des "enfants des Planètes", Lieripe prend sa revanche.

Quelques exemples de l'adaptation: là où Rabelais écrit: "Saturne sera retrograde, Venus directe, Mercure inconstant", passage non traduit dans Lieripe, Fischart donne: "Saturnus würd hinder sich gehen wie ein stättiger Esel, die Venus für sich wie ein vorhängig Roß, Mercurius schweiffen wie ein Neapolitanisch pferd tanzt".

Second exemple: Rabelais parle de "preneurs de Taulpes, usuriers, rachapteurs de rentes, tireurs de rivetz, tanneurs de cuirs, tuilliers, fondeurs de cloches, composeurs d'empruns, rataconneurs de bobelins, gens melancholiques", mais Lieripe renchérit: "mollevangers, teecsoekers, mesrapers, sindaelsnijders, labberaers, leuterers, leenaers, leurers, zeurers, woeckeners, financimakers, rentvercoopers, quadebetaelders, bystermakers, afleggers oft die maeyers ghedient hebben ende eyndelunghe alle melancolieuse ende truermoedighe menschen metgaders calle dienaers van Sinte-Reynuut; die en sullen dese jaerschare niet al hebben dat si juyste wel wilden";[39] Fischart se montre également assez créatif: "Kerchelzieher, Sawbrüer, Kämmetfeger, Mist, Most und Holztrüger, Hosenlepper, Schüchstepper, Todtengräber, Beltzweber, Würstler, Schuchlümmelträger, Hundschlager... Kuttelnwäscher, Winckelmesser, Spinnenfresser, Senffmenger und andere Melancholische dreckschleudige Unflätter".

Chez Fischart on trouve aussi des déformations, par exemple *lastrolugium* ("Laster", "calomnie" + "Lüge", "mensonge"). Lieripe parle d'*astrologeneers* (astrologues + *logeneers* "menteurs"), ce qui ne se trouve pas chez Rabelais, mais fait penser au mot-valise

---

38. Que je proposerais d'identifier comme autorité facétieuse; cf. Gravot-Chavigny dans *Pantagruel*, chap. 9.
39. Je renonce à la traduction de tels passages.

Progno-d'abus-tications chez Sarcomoros (v. 170). Cependant la tradition néerlandaise adore, bien plus que les textes français, de telles déformations, témoins le *doctoor* ("docteur") qui devient *sloctoor* ("avaleur") et *bottoor* ("cérambyx"); *calculé* devient *calvulé* (jeu sur *calf* "veau") et *spéculation* devient *héculation* "satire".

Les *nomina in -iere* de Rabelais sont remplacés par les fileuses et femmes aux courts talons qui préfèrent coudre plutôt que de filer (en néerlandais *naeyen* "coudre" veut dire "faire l'amour"); c'est d'ailleurs une citation empruntée à la pronostication d'Ulenspiegel. Le juron *foy de puceau* dans Lieripe ne figure pas chez Rabelais.

Averroès devient dans Lieripe *Alberoyt* "fauché" qui aurait parlé dans son *Colliget* (Lieripe: *Cobbenvie* "jeu de mots obscur" selon Pleij) de "faute d'argent dat's te segghen gheldeloos".

Parmi les enfants de Saturne, Lieripe cite encore les *hooldromers*, littéralement les "songecreux"! Caillette et Triboulet, les fols français de Rabelais, sont remplacés par Caspar de Laet et Thibaut, deux auteurs célébrissimes de pronostications sérieuses: Pleij se pose la question de savoir si Lieripe n'explicite pas ici un jeu de mots déjà présent dans le texte rabelaisien.

En général, les pronostications néerlandaises sont assez dramatiques et exploitent le procédé du monologueur jouant avec sa marotte. Pour le domaine français, ce procédé est bien moins présent dans les textes (mais on trouve chez Rabelais: n'est-il pas vrai, petit bonhomme? avec dans Lieripe la réponse: bien sûr).

Quelles sont les différences générales entre la tradition néerlandaise et la tradition française? À l'obsession sexuelle et monétaire s'ajoute la mythologie de Clippertand, Claquedent, et tout un monde du froid. Mais dans une pronostication sérieuse en néerlandais (Jean Thibault 1531), on nous apprend que beaucoup de filles de Venus qui aiment Mars feront leurs conjonctions.[40]

---

40. Pleij, *Het zal koud zijn...*, p. 118.

La prophétie

Cependant, la pronostication de Lieripe n'est pas la première trace rabelaisienne aux Pays-Bas. Avant Lieripe, il y a déjà eu en néerlandais une *Pantagruelsche prognosticatie metter prophetie* ("Pantagrueline Prognostication avec la prophétie") pour lequel un imprimeur gantois, Jan Cauweel, demanda un privilège le 31 décembre 1554. Il obtint un privilège pour deux ans, mais aucun exemplaire de ce texte n'a été retrouvé.

Toutefois, l'imprimeur anversois Jan II van Ghelen a dû réimprimer ce texte, c'est du moins ce qu'il affirme dans son édition du mandement joyeux *Nieuwe Ordinantie ende Statuten van Caleph Ringhelant* ("nouvelle ordonnance et statuts de Caleph Ringelant") de 1560.

En outre, l'Index de 1570 mentionne encore la *Pantagruelsche Prognosticatie*. Le texte de Rabelais a donc connu, à côté de Lieripe, une certaine fortune aux Pays-Bas.

Pour la *Prophétie* non retrouvée, Pleij avance que ce titre couvre un texte autonome, car Rabelais n'aurait pas écrit un tel texte. Tout ce que nous savons de cette *prophétie*, c'est l'explication de quelques termes-clefs que l'imprimeur Jan II van Ghelen donne peu après dans son édition de la *Nieuwe Ordinantie Ende Statuten van Caleph Ringhelant*. Plus précisément, il parle des *verborghen secreten en de wonderlijcke misteriën* ("secrets cachés et merveilleux mystères"), puis il nous dit que:

– *de zake effect te sorteren op d'eynde van december* ("l'affaire qui sortira son effect à la fin décembre") signifie la nuit de Noël;

– *seker secte van volcke* ("une certaine compagnie d'hommes") signifie quelques joueurs errants qui étudient le livre du Bois ("bois de la Croix") qu'on appelle le trictrac;

– *vremde ghedrochten* ("étranges monstres") signifie les dés qui sortent de leur poche et pour lesquels ils blasphèmeront le nom de Dieu;

– *conningen* ("rois") signifie le jeu de cartes qu'ils jouent jusqu'à ce que le chant du coq leur avertisse qu'il est temps de s'arrêter;

– *ongheboorenen kerstenen hooge verheven* ("chrétiens pas encore nés qui sont élevés") désigne la cloche qui nous convoque à la (ker)messe.

Ces clefs suffisent, selon Jan van Ghelen, à expliquer la prophétie.

La prophétie perdue serait donc à interpréter, selon l'imprimeur, comme une allégorie du jeu. On peut noter, par ailleurs, que Van Ghelen a donc réimprimé un texte qui – apparemment – ne fut pas compris du public! On a un cas analogue avec la pronostication de Jean Tybault qui se compose d'un texte d'une page, totalement incompréhensible, suivi d'une *déclaration*.[41] La *practica de Nemo* de l'imprimeur bâlois Pamphilus Gengenbach se présente également comme un texte obscur, suivi d'un chapitre "Comment il faut comprendre cette *practica*" et il y explique le premier chapitre comme une allégorie du jeu de cartes, le second chapitre évoquerait le jeu des dés, le troisième les feux de Carnaval et de la Saint-Jean, le quatrième chapitre parle du jeu des quilles...

Cependant, l'explication que donne Van Ghelen de la *Prophétie* évoque irrésistiblement, dans ce contexte, l'énigme trouvée *es fondements de l'abbaye des Thelemites* de la fin du *Gargantua*, et qui est également une allégorie du jeu. Dans les œuvres de Mellin de Saint-Gelais, le poème s'appelle *énigme en façon de prophétie*. Il paraît même assez certain que la prophétie néerlandaise imite Rabelais. Mais on peut aller plus loin.

Il est possible de retrouver les termes cités par Van Ghelen dans le texte même de Rabelais: *de zake effect te sorteren op d'eynde van december* reprend *cet hiver prochain il sortira* (vv. 12–14); *seker secte van volcke* reprend *une manière d'hommes* (v. 14); *vremde ghedrochten* pas retrouvé; *conningen* reprend *les grandz de noble lieu saillis* (v. 25); *ongheboorenen kerstenen hooge verheven* ne se retrouve pas

---

41. Montaiglon, *Recueil...*, XIII, 12–27.

tel quel dans le texte de Rabelais, mais peut traduire *chacun en son tour doit aller hault* (v. 30).

Il y a donc eu des éditions de Lieripe avec une *prophécie*; l'Index tend à montrer l'existence d'une *Ur-Lieripe* et la *prophétie* reprendrait l'*Énigme en prophétie*. Cette possibilité est corroborée par les faits suivants.

La *Pronostication merveilleuse sur le temps present et advenir* Lyon 1583 donne le texte de l'*Énigme en prophétie* qui est lui-même (sauf le premier et les dix derniers vers) de Mellin de St-Gelais. En Angleterre, le registre signale au 6 avril 1592 *Gargantua his prophesie* par John Wolf. Wilson commente: sans doute pas Mellin de St-Gellais (car trop bref et trop obscur), mais la prophétie néerlandaise et le texte français de 1583 tendent à infirmer cette conclusion.

Conclusion

La croisade contre la superstition astrologique qu'a entamée la pronostication joyeuse paraît rester vaine: le *Kalendrier des Bergers* est encore réédité en 1633; Nostradamus publie ses prédictions après presqu'un siècle de parodies. On continue à publier des almanachs pour plusieurs années (19 dans les *Pronostications géneralles pour dix-neuf années commençans depuis l'an 1651 et finissant en l'année 1669 Contenant ce qui est dénoncé advenir pendant les années susdites, tant pour la température de l'air que plusieurs autres accidens comme perte de biens terriens, maladies, affluence et affaires du monde selon la connaissance des Egipciens et des Arabes, par Me François Commelet, natif de Bassigny).*

Au terme de ce tour d'horizon, il faut poser la question de savoir ce que ces faits sur la pronostication nous apportent pour le problème "éditorial". Il y a eu un véritable déluge d'éditions nouvelles de Rabelais, malgré l'assez grande invariance des textes, mais aucune édition des pronostications françaises n'existe. L'auteur, le "Monsieur", est bien mieux représenté que le genre. Il me semble cependant qu'une édition critique de la *Pantagrueline Prognostication* (et des *Fanfreluches* et *Énigmes*) au sein d'un recueil complet des pronostications joyeuses des XVe et XVIe siècles pourrait sérieusement avancer notre compréhension de ce texte encore mal dégrossi. Et en cela, nous rejoignons le problème central: à mon avis, une édition complète et intégrale des pronostications joyeuses (comparées éventuellement aux pronostications sérieuses, et que j'appelle de mes vœux) pourrait nous aider à mieux comprendre le texte rabelaisien et nous permettre d'arriver, pour une première fois, à mieux peser l'importance de la *Pantagrueline Prognostication*. Et une telle "lecture contextuelle" me paraît également possible pour les romans de Rabelais, replacés dans un cadre de sotties, de farces et de romans populaires: donc, que faut-il éditer, comment? Ce qui reste certain, c'est qu'à l'avenir, les aveugles ne verront que bien peu...

Université d'Amsterdam

Imitating Rabelais in Sixteenth-Century Flanders: The Case of Eduard de Dene

Dirk Geirnaert

1. Introduction

In his article "Rabelais au Pays de Brueghel",[1] Marcel De Grève brings together all the traces of Rabelais known to him, that could be found in Dutch literature of the 16th century. This did not yield a very rich harvest. First, De Grève collected the Rabelaisian names "Alcofribras" (sic), "Nascorqui" and "Rabbicolio", found in an adaptation of the *Roman de Renard*, printed in Antwerp in 1564. Furthermore, he mentioned the *Index Librorum Prohibitorum* of 1570, which contained an appendix, especially intended for the Low Countries, with Latin, French and Dutch book titles; in this appendix, which names Rabelais or his works no less than five different times, one of the Dutch forbidden books reads: *Prognosticatie van Pantagruel. Gandavi by Cauwel 54*; this is most probably a (now lost) Dutch translation of the *Pantagrueline Prognostication*, printed in Ghent by Jan Cauweel in 1554. According to De Grève, the greatest demonstrable influence of the Chinonean however, is to be found in a small corpus of satirical works, which played a part in the religious strifes of those days and date from the last quarter of the century. In these works it is obvious indeed, that the authors (among them Philips of Marnix of Saint Aldegonde and his Jesuit opponent Johannes David) must have been acquainted with the

---

1. M. De Greve, "Rabelais au pays de Brueghel. Réflexions sur la popularité de Rabelais dans les Pays-Bas du XVIe siècle", *BHR* 17 (1955), 154–187. On pp. 185–203 of his *L'Interprétation de Rabelais au XVIe siècle* (Geneva, 1961) De Grève incorporates most of this article, mainly without adding new facts or conclusions to those he already presented in 1955.

work of Rabelais. Mainly on these grounds De Grève concludes that, to discover the influence of Rabelais in the literature of the Low Countries, one has to look for evidence not in the popular literature built on the comic and buffoonery, but in humanist and, in particular, protestant literature, which spread and promoted the new evangelical doctrine, and in books and booklets of a catholic origin, taking up a stand against the aforementioned works and ideas (p. 187).

In my contribution, I will show that this view of Rabelais in the Low Countries of the 16th century is not complete. To support such a statement, I will present a study of textual material that does not fall under the categories De Grève considers to be the most probable ones in order to trace Rabelaisian influence. In defence of De Grève I must admit, that he could not have used most of this material, because at the moment he carried out his research, the greater part of the texts I consider were not yet available in scientific editions.

2. The first trace

In the year 1545 one of Bruges's town clerks, Eduard de Dene, had run into problems. In his town De Dene was not only a famous and esteemed writer (a "rederijker", a rhetorician or "rhétoriqueur"), but he was also a notorious fancier of the fast life, who loved to spend his time and money enjoying the local nightlife. In 1545, he came up against a large amount of debts which he was not able (or willing) to pay. He was brought to court and sentenced to spend a couple of days in prison. This event did not encourage him to change his lifestyle and although the urban authorities, who were after all his employers, reprimanded him several times during the following years, he continued on the wrong tracks. Three years later, in 1548, he overstepped a limit once again, as we still can read in the official documents about his case. In that year the authorities were once again informed about him squandering his money on drinking and gambling. Accusations of a bad behaviour towards his wife aggravated all these complaints, and he had to face trial a second time. On October 19th judgement was pronounced: the court urgently advised him to avoid pubs and all bad company, and to live in peace with his wife, as a good husband should. Apart from these severe words, he was no longer allowed to control his own finances: he was ordered to leave all the financial management of his affairs to his wife.[2]

He must have taken these unpleasant experiences with the judicial authorities very badly. Some ten years later, in 1559, he wrote a biting and sarcastic ballad, in which he mercilessly criticizes the local lawyers and judges. On several occasions in his poem he calls them "ghekleede beesten" (animals in dress), implying that they were stupid and easy to bribe. This nickname in fact may present the earliest resonance of Rabelais preserved in Dutch literature, possibly providing an echo of words Pantagruel uses when he tests his own knowledge in discussions at the Sorbonne (*Pantagruel*, chap. 10). Here Pantagruel debates with "les seigneurs de la court" (the professors of law and medicine, counsellors, lawyers...), all of them men of great learning and all of them wearing robes, indicating their education and profession. In these discussions, Pantagruel throws in their faces "qu'ils n'estoient que veaulx engiponnez" (p. 251),[3] and it seems very inviting to consider De Dene's "ghekleede beesten" to be a Dutch adaptation of Pantagruel's "veaulx engiponnez".

This is not just a wild guess nor wishful thinking on the part of someone in search for traces of Rabelais in Dutch literature. In a line following one of the verses containing De Dene's sarcastic paraphrase of judges and lawyers, the ballad itself offers some contextual support for a Rabelaisian interpretation:

---

2. De Dene's judicial problems are described and documented in L. Scharpé, "Eduwaerd de Dene", *Het Belfort* 10 (1895), 5–17 and in A. Schouteet, "De Brugse rederijker Eduard de Dene", *West-Vlaanderen* 70 (1963), 213–219.

3. References are to Rabelais's *Œuvres complètes*, Mireille Huchon (ed.), Paris: Gallimard ("Bibliothèque de la Pléiade"), 1994.

de zulcke mach men wel ghecleede beesten nomen,
min gheacht dan de *Pantagruelsche dromen*. (stanza 6, ll. 20–21)[4]

*["such people one really can call animals in dress, less respected than the
Pantagruelian dreams"]*

This last line proves in any case that De Dene knew Rabelais or at
least the figure or name of Pantagruel. He probably also knew the
Pantagrueline Prognostication or its Dutch translation of 1554, the
Prognosticatie van Pantagruel: it does not seem unreasonable to
hypothesize one of these two works to be De Dene's source of inspiration for the expression *Pantagruelsche dromen*, an expression
he obviously uses to indicate worthless fabrications of the imagination. In former days, dreams ("dromen") were often considered to
be portentous, and when the word is preceded by the adjective
"Pantagruelsch", one is consequently easily inclined to link this
expression with the divinations of "Maistre Alcofribas", from the
Pantagrueline Prognostication. The predictions given in the latter are
worthless too, offering nothing but pseudo-prophesies without any
further use, because they are either nonsensical or merely state the
obvious.

Until now this explicit and rather fascinating trace of Pantagruel
has remained unnoticed in Dutch research on Rabelais. This is less
strange than it may appear. De Dene (Bruges, ca. 1506–1578) was a
very productive writer during his lifetime, but until recently he was
mainly remembered for two accomplishments, that we can detach
from his own creative work as a rhetorician: in 1562 he was the editor of Anthonis de Roovere's poetical works (a fellow townsman of
De Dene, who died in 1482 and who is often considered to be one

---

4. For the edition of De Dene's texts, see note 7. The expression "pantagruelian
dreams" is not to be connected with the *Songes drolatiques de Pantagruel*, a work
that only appeared in the mid sixties of the 16th century; nor should it be linked to
the *Songe de Pantagruel* by Habert: nowhere in Habert's work is there occasion
given to a connotation as pejorative and satirical as De Dene seems to attribute to
the words here.

of the most important Flemish poets of the 15th century) and in 1567 he wrote the texts for the emblematical fable book *De warachtighe fabulen der dieren* ("the truthful fables of the animals"), which were for the greater part inspired by Corrozet's *Les fables d'Ésope Phrygien*. Each of these two books constituted a new phenomenon in Dutch literature. De Dene's edition of Anthonis De Roovere was the first Dutch collection of poetry that was printed simply and solely for aesthetic reasons (i.e. out of respect and admiration for the literary merits of the author) and the fable book of 1567 is often considered to be the first emblematic work in Dutch, the first example of a literary form which gained immense popularity during the 17th and 18th century.[5]

In spite of these two remarkable achievements, literary historians have paid far too little attention to De Dene's other creative work, although this is often verse which is fairly above average quality. Round 1560, probably feeling that he was coming to the end of his active life or of his literary career, De Dene made a collection of his poems in a manuscript, comprising of 466 folios, which he finished on Christmas Eve 1561, as he states on the last page of the codex.[6] He called this impressive collection his *Testament rhetoricael* (his rhetorical last will) and it is interesting to note, that the influence of Francois Villon's two *Testaments* is obvious, not only in the title, but also in structure, tone and atmosphere. In 1980, a modern edition of this huge manuscript, consisting of three volumes, was completed at the University of Ghent.[7] Nevertheless, De Dene's work remains rather inaccessible, because the three volumes only

---

5. See D. Geirnaert and P. Smith, "Tussen fabel en embleem: *De warachtighe fabulen der dieren* (1567)", in: *Literatuur* 9 (1992), 22–33.

6. According to a chronogram at the beginning of the manuscript (Ghent, U.L., ms. 3330, f. 2ʳ), he had already started the initial preparations for this collection in 1557.

7. Eduard de Dene, *Testament Rhetoricael*, W. Waterschoot and D. Coigneau (eds.), *Jaarboek "De Fonteine"* 26 (1976), 28 (1979) and 30 (1980).

contain the diplomatic edition of the text: the indispensable fourth volume with comment, glossary and registers, never appeared.[8]

3. Lieripe

Reading De Dene's *Testament rhetoricael*, one may discover that his *Pantagruelsche dromen* is not the only trace of Rabelais in his work. In his contribution to this present volume, "Rabelais et la tradition des pronostications", Jelle Koopmans deals at length with *Lieripe* (Antwerp, 1561), another Dutch translation of the *Pantagrueline Prognostication*. To all appearances, De Dene must have had a copy of this pseudo-prophecy, because he seems to have incorporated parts of this text into one of his moralistic poems, dealing with carnal love and unfaithfulness in marriage:

Vleesschelicke liefde [...],
onder Asmodeus standaert oock tryumpherende [...],
onder dese zyn veel disciplen bevonden
als: *hoereirders, boeleirders, Susannabouven,*
putiers, roffyaenen vul oncuussche gronden,
coppelaers, coppelessen die meneghe bedrouven,
pattynwachters die tswerckx vulbrynghen vertouven [...],
nachthulen, overvlieghers die gheerne prouven
omme jonghe *zoldermeeryekens* besprynghen [...];
ten hende: *pockenaers, jobpenaers, vortericx* groot
in tgasthuus ligghende, matten hooren zynghen.
Keertter of, laet hu ander wysheyt omrynghen
dochters ende jonghelynghen:
want de wysheyt des vleeschs, dat es de doodt. (*Test. rhet.*, 283ʳ⁻ᵛ)

---

8. Recently this situation has improved a little. In november 1994 a new anthology of Dutch poetry came out, covering the 12th up to and including the 16th century, and adding a translation in modern Dutch to each of the selected poems; from De Dene's *Testament rhetoricael* some 20 pieces were extracted and translated: G. Komrij (ed.), *De Nederlandse poëzie van de 12de tot en met de 16de eeuw in 1000 en enige bladzijden,* Amsterdam: Bert Bakker, 1994; De Dene's work can be found on pp. 908–957.

["Carnal love [...], / also triumphant under the banner of Asmodeus [...]: / under this banner a great number of followers is gathered, such as: hoereirders *[...]* roffyaenen,[9] / full of immoral motives, coppelaers, coppelessen, / who bring sorrow to many,* pattynwachters, / waiting until the deed is done *[...],* nachthulen, / flyers in the night, / who love to mount young zoldermeeryekens *[...], / and finally:* pockenaers, who are in the hospital, / the only thing they still can do is to lie and / listen to the singing of the matins. / Young ladies, young men, turn away from it / and let another kind of wisdom be your guide: / because the wisdom of the flesh, that is death."]*

Here the words in italics (roman in the translation) show a plain link with one of the many enumerations given in *Lieripe*:

Van Venusvassalen, als *hoereerders, boeleerders,* buggers, boeven, hoeren, hoerjagers, *putiers,* venusjankerkens, camercatten, *soldermerytkens, coppelers, coppelerssen, roffyanen, nachtuulen, platijnwachters, susannesboeven, pockeners, jobpeners, vorterics,* heesschaerders, lepelvysters, tavernmaerten, naeysters, cort gehielde vroukens ende alsodanich volcxken, die liever [...] naeyen dan sy spinnen, al hadden si 't vlas om niet: die sullen dit jaer al van haers gelijcke in grooter estime zijn. (*Lieripe*, ed. Van Kampen a.o. (1980), ll. 230–236)

[Paraphrase:[10] "in this year, once again there will be many different servants of Venus, the goddess of love: people who visit the whores (hoereerders), *adulterers* (boeleerders), *pimps* (putiers, roffyanen), *prostitutes* (soldermerytkens), *matchmakers or marriage brokers* (coppelers, coppelerssen, platijnwachters), *night owls* (nachtuulen), *dirty old men* (susannesboeven), *and people who are suffering from all kinds of sexual diseases* (pockeners, iobpeners, vorterics)."]*

The similarities between the two fragments are too striking to be merely a matter of coincidence and I suppose that De Dene, if one may assume he wrote his poem sometime during the summer of

---

9. For a translation of the Dutch words in roman, see the fragment and its paraphrase below.
10. In this paraphrase, I confine myself to the words in italics.

1561, borrowed his servants of Venus from the long enumerations in *Lieripe*.[11]

There is, however, a second explanation of the resemblances between *Lieripe* and De Dene: that maybe they both refer to an earlier Dutch version of the *Pantagrueline Prognostication*. After all, there must have been at least two other Dutch translations or adaptations: as already mentioned, the *Index librorum prohibitorum* of 1570 contained a *Prognosticatie van Pantagruel*, printed in 1554, and in 1560, the Antwerp book printer Jan van Ghelen published a booklet, entitled *Pantagruelsche prophetie annex ende met de Pantagruelsche pronosticatie*.[12] So, it is not unthinkable that both *Lieripe* and De Dene found their servants of Venus in one of these now lost editions.

4. De Dene's "Long Farewell" and his testation to Hanno

Together with the expressions "ghekleede beesten" and "Pantagruelsche dromen", the longer quotation given above indicates that De Dene must have been interested in Rabelais and Rabelaisian literature. Nevertheless, one also has to admit that all of this offers, in fact, nothing but an indirect and second-hand influence of the Chinonean on De Dene. There are, however, direct connections too, without the use of any intermediary, between the French and the Flemish author. To discover these lines, one has to take a closer look at the only poem by De Dene that has achieved some reputation and popularity among modern scholars.[13] This poem, called

---

11. As can be deduced from the dates he now and then gives in the margins of his *Testament*, De Dene probably wrote his poem sometime in August 1561; *Lieripe*, with 1561 as year of publication printed on its frontispiece, most likely appeared at the beginning of that year.

12. See H. Van Kampen, H. Pleij *et al.* (eds.), *Het zal koud zijn in 't water als 't vriest. Zestiende-eeuwse parodieën op gedrukte jaarvoorspellingen*, The Hague, 1980, pp. 162–163 and 208.

13. For editions and studies, see D. Coigneau, "Eduard de Dene en zijn Testament Rhetoricael (1561), III, Overzicht van de inhoud", *Jaarboek "De Fonteine"*

"Mijn langhen Adieu" ("My long farewell") which was written in
April 1560, is one of the longest pieces he ever wrote (17 stanzas, in
total some 300 lines). De Dene obviously must have meant it to be
a final and resolute conclusion of his *Testament*. It is indeed a ballad, with which he bids farewell to everyone and to everything,
including his literary work: several of the subjects he deals with in
his *Testament* are once again reviewed in this poem. A good example of this method of referral is stanza 14:

Adieu an alle Epicurieneghe studenten
in de duumdicke besmoutte bibebrarie:
Horologium quo eundi (noch niet in prenten);
adieu an dat edel boucxken, bughender knie,
Albaribdim gotfano, en de ghuene die
De myfeldose der trufatoryen gheerne lesen;
Le boutinet des vicontes der gheluferde partie,
adieu an dat voluumken van menich ghepresen;
an 't *Mierenest der futselynghen* naer desen,
an 't *Kempkeilcordelet van Penitentien*,
den *Raescops calengier* moet oock adieu wesen [...];
dan esser noch een boucxken uut reverentien
voor de buckvysteghen end' zom ruud, plomp, loer:
Tartaretus de modo caccandi vul sentencien;
adieu, eer ick reise naer Adams moer. (*Test. rhet.*, 443ᵛ)

["*Farewell to all the followers of Epicure,* / *studying in the "bibebrarie",*
with the grease an inch thick on it: / *they study* Horologium *[...] (not yet*
available in print); / *on my knees I bid farewell to the noble booklet* /
Albaribdim *[...], and to all of those* / *who enjoy reading* de myfeldose
[...]; / *farewell to* Le boutinet des vicontes *of the castrated gang (or: of the*
wretched souls), / *farewell to this booklet, praised by so many;* / *hereafter, I*
must also say farewell to / 't Mierenest *[...], to* 't Kempkeilcordelet *[...]* /

19–20 (1972), p. 210; the most recent study to pay attention to the poem is F.
Willaert, "'Slaepers van Vuerne, hebt oock uwen toer'", in: P. Vanleene, *Veurne,*
uitgelezen stad. In de voetsporen van 25 befaamde schrijvers, Veurne, 1993, pp.
11–19.

and to the Raescops *[...]; / finally, we still have a small book, / a mark of honour for those who fart like a billy-goat, and for other rude, most impolite persons: /* Tartaretus *[...], full of wisdom; / farewell, before I travel to the mother of Adam."]*

In these lines De Dene says goodbye to all Epicureans, studying in a dirty "bibebrarie"[14], a collection of books which includes some rather peculiar texts such as *Horologium quo eundi, (noch niet in prenten)* ("not yet printed") and the *Raescops calengier* ("the Calendar of the 'raescops'"). In this last title, "raescops" is both the Middle Dutch word for "fools" and the anagram of "scaepers" ("shepherds"), offering in that way a reference to the well-known (serious) work *De scaepers calengier* ("Le calendrier des bergers"), a widely read work of the day.

One obviously can conclude that we have in stanza 14 a small collection of fictitious titles. This observation, together with the humour and the play on words in these titles, leads us easily to the most famous fictitious list of books in the 16th century, namely the "Librairie de St. Victor" in the seventh chapter of *Pantagruel* and sure enough, the last title De Dene gives us (*Tartaretus, de modo caccandi*) is also mentioned by Rabelais in his impressive list (see appendix I, no. 25). The idea of associating these two booklists will indeed prove to be a happy one, for Rabelais is abundantly present on the pages of De Dene's *Testament* to which stanza 14 refers. The fact is, that this stanza, together with the following one, is a reflection of the folios 121–123, where De Dene leaves some literary work to the local guild of archers where he was one of the members. These pages constitute his legacy to Hanno, the guild's jester or fool. As an introduction to his testamentary gift he says:

Hanno, huerlieder zotien, moet oock hebben wat:
[...] omdat hy brocteur es inde filosofollie

---

14. A contraction of the Latin word "bibere", "to drink", and "librarie", "library".

weet ick hem boucken, een *cleen groote* pertie,
daerof datter diveerssche veel int ghetel is
inde *duumdicke besmoutte Bibebrarie*
van meester Megaston Rondibellis;
dat hy der naer hurcke te wyle hij wel is,
eerse van *musen, ratten, motten* worden *verzwolghen*.
Dit zyn de principale die hier naer volghen.

[*"Hanno, their jester, should also receive something: / because he is broctor (doctor, DG) in philosofolly (philosophy + folly, DG) / I know some books for him, / a small great collection, / of which a great and diverse number may be found / in the bibebrary – under grease an inch thick – / of master Megaston Rondibellis; / that he may listen to this while he is still well, / before those books be devoured by mice, rats, moths. / The most important ones are as follows."*]

After these introductory words, he gives an enumeration of no less than 71 fictitious titles (see Appendix II). Megaston Rondibellis, the owner of this greasy but also most curious collection of books is of course to be identified with the doctor "maistre Rondibillis" who appears in the *Tiers Livre*, chap. 29–33, and who advises Pantagruel's friend Panurge on, among other things, the question of whether to marry or not; as for some other additional Rabelais reminiscences here, one may consider it rather striking that the words in italics (roman in the translation) seem to accumulate some references to the end of the first chapter of *Gargantua*,[15] where finding the genealogy is described: the illogical combination of "small" and "great" (De Dene) is also present in the words "grand" and" petit" (Rabelais); in a way, "bibebrarie" and "Hic bibitur" bear

---

15. "Icelluy ouvrans en certain lieu signé au dessus d'un goubelet, à l'entour duquel estoit escript en lettres Éthrusques, *Hic bibitur*, trouverent neuf flaccons en tel ordre qu'on assiet les quilles en Guascoigne. Des quelz celluy qui au mylieu estoit, couvroit un *gros, gras, grand, gris joly, petit, moisy livret*, plus mais non mieulx sentent que roses. En icelluy fut ladicte genealogie trouvée [...]. À la fin du livre estoit un petit traicté intitulé, 'Les Fanfreluches antidotées'. *Les ratz et blattes ou [...] aultres malignes bestes avoient brouslé le commencement*, le reste j'ay cy dessoubz adjousté, par reverence de l'antiquaille" (pp. 10–11).

some resemblances on formal level; the greasy books of Rondibellis's library represent perhaps an echo of "un gras, [...] moisy livret" in Rabelais; the devouring of the books by "mice, rats and moths" (De Dene) and the statement "Les ratz et blattes ou [...] aultres malignes bestes, avoient brouslé le commencement" (Rabelais) may be each other's counterparts. In § 7, where a search is made as to which edition of Rabelais De Dene must have used, I will briefly return to these borrowings (whether or not obvious and convincing), for the moment I would like to focus attention on the titles in the library of Megaston Rondibellis, and on a comparison of De Dene's and Rabelais's list.[16]

5. Books borrowed from the Library of Saint-Victor

When we take De Dene's list with his 71 books in Appendix II, we see that the collection must be divided into two parts: a first group (title nos. 1–30) with mainly Latin books and a second one (nos. 31–71) with titles in vernacular languages (Dutch, French and German). A second preliminary observation is that not all of the 71 titles are borrowed or adapted from Rabelais. In the first (*Somme der ganscher theologastrie*), one may still recognize Thomas of Aquino's *Summa Theologiæ*, obviously in combination with a reference to the "theologastres" ("les théologiens du ventre", "les penseurs de la panse"), a concept of some standing in humanist (and protestant) circles and which replaced the pejorative term "theologisti" for some time; De Dene even might have been familiar with works such as *La Farce des Théologastres*, or with the *Speculum Theologastrorum* by Louis de Berquin; of these titles, the latter is the most attractive one for this hypothesis, for if De Dene did

---

16. The first to show the immediate influence of Rabelais's book list on De Dene's was the Brugean historian A. Dewitte, who published this important discovery in his article "De litteraire bronnen van Eduard de Dene", *Hæc Olim* 19 (1969), pp. 17–24. Dewitte was able to connect 13 of De Dene's titles with those found in the book list of the "Library of Saint-Victor" (pp. 22–23).

indeed know this book, it may also have given rise to the first part
of the next title on his list, *Speculum Lupanarizantium*.[17] No. 3
(*Iuramentum gansmachtidis*) contains a latinized flemish swear-
word: "gans macht" is a corruption of "(by) God's might" and a
very common disguised oath in De Dene's time; the title as a whole
may be simply translated as "the curse of 'by God's might'". Also
worth mentioning is no. 14 (*T introiuit in tabernaculo Lachrimanti
Oculo*), which is the beginning and motto of Jean Molinet's *Sermon
joyeux de Saint Billouard*;[18] the nearly unpronounceable first part of
no. 16 (*Inhonorificabilitudinationibus suffi*) is a variation of the
word that medieval scholars often considered to be the longest
word possible.[19] "Crommentaria" in no. 24 (*Crommentaria Locquebaudi*) is a combination of the Dutch word "crom", "crooked", and
the Latin "commentaria", "comments"; "Locquebaudi", the second
part of the title, is the genitive of "Locquebault", "smooth talker,
flatterer" or "someone who acts as if he is important", a word De
Dene may have found in French farces or in the work of Jean
Molinet.[20] No. 36 (*Den rechten wech naer Leedrobt*, "the straight
way to Leedrobt") is a reference to *Den rechten weg nae t'Gast-huys*,
a free version in Dutch of Robert de Balsat's *Le droict chemin de
Lhospital* and a well known moralizing text in the Low Countries of
the 16th century;[21] De Dene replaced "t'Gasthuys" by "Leedrobt",

17. For the *Lupanarizantium* see below, § 6; for more information about the
"théologastres", see C. Longeon, *La Farce des Théologastres*, Geneva, 1989.
18. For this "sermon joyeux", see J. Koopmans (ed.), *Recueil des Sermons
Joyeux*, Geneva, 1988, pp. 111–132.
19. See M. Hermann, "Honorificabilitudinitatibus", *Euphorion* I (1894),
283–293; and W. Braekman, "Twee nieuwe traktaten uit de vroege zestiende eeuw
over de Nederlandse spelling", *Verslagen en Mededelingen van de Koninklijke
Academie voor Nederlandse Taal- en Letterkunde* 1978, pp. 294–387, in particular
p. 317.
20. For more information on "Locquebault" (and more textual evidence), see
Godefroy's and Huguet's dictionaries, and Tissier, *Recueil de Farces*, II, Geneva,
1987, p. 202; I would like to thank Jelle Koopmans for his help in this matter.
21. H. Pleij, *Het gilde van de Blauwe Schuit. Literatuur, volksfeest en burger-
moraal in de late middeleeuwen*, Amsterdam, 1979, p. 161 and 183.

a word you have to read backwards to see that it means "tbordeel" (the brothel or whorehouse). No. 37 we have already deciphered as *De scaepers calengier*.

Many of the titles, however, can indeed be found in Rabelais. For the sake of clarity and efficiency, the identical or corresponding titles of De Dene and Rabelais have been placed aside one another in the table below; by collecting the most important differences and resemblances in the titles, we may gain insight into De Dene's working method and to evaluate his adaptations.

DE DENE	RABELAIS
1. Lourdardus de vita Briguardorum (5)	Lourdaudus, de uita et honestate braguardorum (107)
2. Tartaretus de modo Caccandi (6)	Tartaretus, de modo cacandi (25)
3. Decrotatorium Scholarium (11)	Decrotatorium scholarium (24)
4. de Brodicorum vsu usque in prolio (12)	De brodiorum usu et honestate chopinandi, per Siluestrem prieratem Tacospinum (16)
5. Ars honeste petandi / in Ebrietate (13)	Ars honeste pettandi in societate, per M. Ortuinum (12)
6. De Calcaribus Remouendis / decades .xi. per magistrum Albericumedas de Rozata (15)	De calcaribus remouendis decades undecim, per m. Albericum de rosata (56)
7. maneries Ramanandi (=a) / et scopandi fundamenta (17)	a) Maneries ramonandi fournellos, par M. Eccium (83)
8. (?) clique clacqui (=a) incerto auctore (=b) (18)	a) Le *claque*dent des marroufles (68) / Le *Trictrac* des Frères Frapars (106) / La *nicquenocque* des questeurs cababezacée, par frere Serratis (95) b) Cullebutatorium confratriarum, *incerto autore* (73)
9. Poiltronismus Rerum italicarum / auctore malistro bruslefer (20)	Poiltronismus rerum Italicarum, autore magistro Bruslefer (77)

10. Questio subtilissime Vtrum Chymera / in vacuo bombinans / possit comedere / Les secundas intentionas (22)

Questio subtilissima, Utrum Chimera in uacuo bombinans possit comedere secundas intentiones? et fuit debatuta per decem hebdomadas in concilio Constantiensi (52)

11. Tarraballationes broctorum drominorum colbibentium Aduersus (= a) Lyrippipium (= b) de obiectis hymeneis artibus et Rumpturis in mægdinalibus (= c) (30)

a) *Tarraballationes doctorum Coloniensium aduersus* Reuchlin (111)
b) *Lyripipii* Sorbonici moralisationes, per m. Lupoldum (108)

12. Mostaertpot der Penitencien (32)

Le moustardier de penitence (13)

13. De zwynghelzwaf der duudsche pottaidge Broederen (34)

Les potingues des evesques potatifz (110)

14. Den Libbezacq der Weycasen (48)

L'esperon de fromaige (23)

15. Der Crevitsen Schemynckeldans mommerye (53)

La mommerie des rebatz et lutins (116)

16. Tmierenest der futselynghen (58)

Formicarium artium (15)

17. Den tinteletin der Ionghferlynghen (62)

Les cymbales des dames (112)

18. De parsse der Aermen Bedelaers (69)

La rustrie des prestolans (49)
[Wieringa 1682:[22] "De onbeleeftheit der deurwachtende Beedelaers"]

19. Tpensecraem der mackelyfuen (71)

Le tripier de bon pensement (30)

(Key: the first column contains De Dene's titles, the second those of Rabelais. The number between brackets refers to the place of the title on its list. A question mark between brackets indicates that a genetic relationship between the two titles is not certain: it may be open to discussion as to whether De Dene was inspired by formations as "trictrac" or "nicquenocque" or by the word "claquedent", to create his "clique claqui" in no. 8).

22. *Alle de geestige werken van Mr. Francois Rabelais, Genees-heer [...]. Met groote vlijt uyt het Fransch vertaelt door Claudio Gallitalo* [= N.J. Wieringa], Amsterdam, 1682. This book was the first complete translation of Rabelais in Dutch.

In nos. 1, 2, 3, 6 and 9, De Dene hardly changes anything.[23] In nos. 4, 5 and 7 he leaves out the names of the authors. Also in nos. 10 and 11 he removes important information: he does not mention the Council of Constans in 10, nor the theologians of Cologne and their opponent Reuchlin in 11. He sometimes makes significant changes in the text: in no. 4 ("brodiorum" → "brodicorum"), in no. 5 ("in societate" → "in ebrietate") and especially in no. 11 ("doctorum" → "broctorum drominorum", "Coloniensium" → "Colbibentium", "Reuchlin" → "Lyrippippium"); now and then he also adds new elements: "usque in prolio" (no. 4), "scopandi fundamenta" (no. 7).

No. 12, 14, 16, 17 and 18 are mere translations in Dutch of some Rabelais titles, De Dene does not seem to have changed or adapted them any further. This does not mean that they are easily recognizable, because in his translations, De Dene does not always choose the most straightforward and obvious Dutch equivalents for the French (Latin) words.

No. 12 and 16 do not need any comment: they are direct translations, offering no problems. Nos. 14, 17 and 18, however, may require some explanation. The word "libbezacq" in no. 14 is the old Dutch word for the "lebmaag", the fourth stomach of a cow which contains rennet, used to make milk coagulate in order to transform it into cheese.[24] Rabelais, combining in his title "éperon" (spurr) and "fromage" (cheese), apparently took the word "éperon" to indicate the rennet, the coagulant of milk in the process of cheese-making: in the same way as one uses spurrs to hurry a horse, one

---

23. Although, with reference to no. 6, I wondered why he changes the name Albericum into "albericumedas"; it may be pure coincidence, but looking at the name "albericumedas", it suddenly struck me that thanks to De Dene's addition of a few letters, the name could be transformed into the *rabelais*; having made this observation, however, I must admit that I do not know what to do with the letters c-u-m-e-d that still remain after this transformation.

24. See *Woordenboek der Nederlandsche Taal* (*WNT*, the Dutch counterpart to *Oxford English Dictionary*), s.v. "Leb" (I); "weycase" – whey cheese, cheese made from skimmed milk and/or whey (see *WNT*, s.v.).

also uses rennet to hasten the cheese making process. In De Dene's no. 17, the word "Ionghferlynghen" means "noblewomen, ladies" or in French: "dames"; "tinteletin", the first part of the title, is obviously intended to be an onomatopoeic formation, rendering the tinkling sound of little bells, and in this way, it refers to the "cymbales" of the Rabelaisian title. By using this particular word however, De Dene also demonstrates that he recognized the sexual connotation of the French title: up until now the Dutch word "tinteletin" (or its cognates "tinteletene" and "tintelteelken") has only been found in a couple of 16th-century poetical writings, always in a sexual and obscene context, and always referring to the sexual organs or sexual intercourse; these interpretations correspond wonderfully with the one that is suggested by Sainéan, who points out that "cymbales" also means "testicules".[25]

For title no. 18, a more indirect approach must be taken, because most French commentaries on Rabelais's *La rustrie des prestolans* are in fact of no great help in combining it with De Dene's no. 18: Lefranc interprets it as "le sens primitif, la grossièreté des prestolets (diminutif de prêtres)", Mireille Huchon reads it as "Le plat rustique des prestolets". Consideration, however, of the version as it is found in the first *Dutch* translation of the complete Rabelais (made in 1682 by the Frisian Wieringa),[26] makes it easier to connect De Dene and Rabelais here. Wieringa translates *La rustrie...* with "De onbeleeftheit der deurwachtende Beedelaers (the impoliteness of the beggars, waiting at, or guarding the door)", interpreting "prestolans" not as a diminutive of "priest", but as a derivation of the Latin root word "praestolari", "to wait (for)". His translation obviously comes rather close to De Dene's text. The title of the latter indeed means "the great need or want of the poor beggars",

---

25. For "tinteletin" etc., see J.J. Mak, *Rhetoricaal Glossarium*, Gorcum, 1959, pp. 418–419. The sexual explanation of *cymbales* can be found in Sainéan's *La Langue de Rabelais*, II, 305.

26. See note 22.

but it can also be rendered as "the urgent pressing, the continuous insisting by the poor beggars", a translation in which the first part parallels Wieringa's "impoliteness". A most remarkable observation to make here is that Wieringa's translation of "prestolans" ("deurwachtende Beedelaers") also calls to mind the Dutch word for "bailiff", "deurwachter" or "deurwaarder" (literally: "the guard of the door"). One is inclined to believe that his translation offers a satirical paraphrase of the name of this judicial servant. If this is true, Wieringa joins some contemporaries of his, in interpreting "prestolans": according to the comment on this title in the *Édition Critique*, Cotgrave's and Oudin's 17th-century dictionaries explain "prestolan" as "bailli" or "intendant". Although Lefranc labels this explanation as "controuvée" (others do not even mention or use it), it might be far less contrived than he supposes, because I think that this interpretation of "prestolan" as "bailiff", may also be present in De Dene's no. 18: the word "Aermen" can be an adjective, but it may be interpreted as a substantive as well, and in that case one can translate the title by: "the urgent pressing, the continuous asking by those who are begging from the poor people". "Those who are begging from the poor people" may be another satirical wording for "bailiffs", and then De Dene's title bears a great resemblance to Wieringa's translation of *La rustrie des prestolans*.

Nos. 13, 15 and 19 seem to be a few free adaptations in Dutch of Rabelais's text and probably may be paraphrased respectively as: "The mushy mixture (?) of the German brothers in drink",[27] "The masquerade in the lobster and ape dance (?)" and "The lazy-bones' tripe stall".

The above analyses lead us to the following conclusions concerning De Dene's fictitious booklist in general, and his adaptation or

---

27. "Pottaidge broederen" ("brothers in drink") probably may be considered a variation of the more common Dutch word "drinkebroer" ("drinking brother"), a paraphrase for a drunk.

DIRK GEIRNAERT

translation of the titles taken from the "Library of Saint-Victor" in particular.

1. As has been shown by the explanation of the titles 1, 3, 14, 16, 24, 36 and 37 at the beginning of this section, it is clear that the non-Rabelaisian titles of the list share the same breeding ground as the Rabelaisian ones: (1) both categories often show a common basis in their creative and humorous way of handling language and (2) no. 14 can be connected with the genre of the "sermon joyeux", nos. 1 and 24 perhaps with "farce", both being types of literature that must also have had a great appeal for Rabelais.

2. Rabelais's Latin titles remain in Latin in De Dene's text (see the table, nos. 1–11) and French ones are translated into Dutch (12–19); there is one exception to this rule: no. 16.

3. In the Rabelaisian titles, De Dene avoids or changes real names of authors or institutions (Eccium, Reuchlin, Cologne, the council of Constans). He obviously does not want to mention names that belong to persons or institutions that play any part whatsoever in the theological debates of the day; we probably may broaden this observation: selecting his books from the "Librairie de St. Victor" for his own list, De Dene deliberately seems to put aside the numerous titles in which Rabelais ridiculed or criticized religious and philosophical persons or topics. Did he think he could not risk this, because it would have been too dangerous for him? Or did he perhaps consider these titles and references simply to be too highbrow to be understood by Hanno, the addressee of his booklist? I will return to this in the final conclusion.

4. De Dene gives the impression that he tried to heighten and intensify Rabelais's comic effects by making certain changes: "brodiorum" → "brodicorum" (probably to be considered a latinization, based on the Rabelaisian title, for "loaves of bread"), "in societate" → "in ebrietate" ("in drunkenness"), "doctorum" → "broctorum drominorum", "Coloniensium" → "colbibentium"; the same effect is attained by his addition of new elements: "usque in pro(e)lio" ("until the attacking (of the food)") and "scopandi fundamenta" ("(man-

84

ners to) wipe your buttocks").[28] It is obvious that the comic effect of these changes will even be greater when the addressee, reader or listener, is able to recognize the original words, hidden behind the comic transformations. If this ever was the case, we even can say that De Dene's changes of the text increased the extent of intellectual play in the titles.

5. His translations in Dutch are capable of rivalling Rabelais's original titles: they are not simple, verbatim translations, and they give the impression that he tried to give a literary equivalent rather than a literal one, without choosing the easy way.

6. Six other Rabelaisian titles

The "Library of Saint-Victor" is not the only Rabelaisian key to De Dene's fictitious collection of books. The means to discover the other ones is the observation that in his writings, the Flemish author regularly proves to be a real lover of language and its possibilities, and that he often shows himself to be a writer with a keen ear and eye for what one can do with language, and one who has a great creative talent in the field of the vocabulary.[29] It goes without saying that as such, De Dene must have felt a great admiration for Rabelais and his immense creativity in language, a creative power of which the proof can be found on nearly every page. With regard to the games Rabelais often plays with the phenomenon of language, his works contain two passages that really stand out above the rest. We need not be surprised that it is exactly in these two passages,

---

28. The second part of this title calls to mind chap. 13 of the *Gargantua*, where the little Gargantua impresses his mother Grandgousier by his great ingenuity in thinking up all different kinds of "des torche-culs". However, this does not automatically imply that De Dene refers back to this passage: the general conclusion that 16th-century humour often is synonymous to scatalogical humour, makes it unnecessary to see a genetic relationship between this title and chap. 13 of the *Gargantua*.

29. For a further support of this characterization, see also D. Coigneau, *Refreinen in het zotte bij de rederijkers*, III, Ghent, 1983, pp. 575–582.

the language lover De Dene discovered elements (expressions, words or word combinations) that he thought he could incorporate in his booklist.

The first passage I refer to, is chapter 6 of *Pantagruel*, the chapter where Pantagruel meets "le Lymousin qui contrefaisait le langage français". This "Lymousin" is a student from Limoges who studies in Paris, and who consequently seems to adhere to the principle that intellectuals have to avoid all plain and understandable language. He himself indeed only speaks with bookish, learned and pedant terms, all of them fabricated derivations from Latin: "Paris" he calls "Lutèce", "argent" should be "pécunie", "jour" is "diecule", "se promener" is changed into "deambuler" and "la langue française" into "le vernacule Gallicque". In this way, the student tries to keep the conversation going and to give a description of his life in Paris. Pantagruel does not understand a word of what he is saying, and in the end he gets so angry, that he seizes the poor student by the throat and nearly chokes him.

Without any doubt, De Dene's attention must have been drawn to the linguistic accomplishments of this passage: not only because of the creative play with the vocabulary, but also because of the fact that the student speaks the same way as the rhetoricians from the Low Countries sometimes did. Their writings are also often full of difficult and artificial derivations from Latin or French words that make their poems strange and unnatural pieces of literature, at least from the point of view of a 20th century reader. De Dene most probably recognized patterns and techniques that, being a rhetorician, he too at times worked with, and in any case three, perhaps four, of his titles may be traced in the words of the Limousin. In no. 23 (*Euticopion de seignor Myssaire*), the words "seignor Myssaire" are the words with which "le Lymousin" adresses Pantagruel in his fourth answer; the lengthy no. 42 (*De Vrbane quadriuie (a) der latiale verbocinatie (b) verclaersende de nocturne inquinamenten (c) der Venereicque (d) ende Nectareique (e) collusien*) is an amalgamation of four elements found here in Rabelais (a to d inclusive), three of them taken from the second and one from the third answer of the student. When Pantagruel asks him how he and his fellow students pass their time in Paris, the Limousin answers:

"Nous deambulons par les compites et *quadriviers de l'urbe* (a), nous despumons la *verbocination Latiale* (b) et comme verisimiles amorabonds captons la benevolence de l'omnijuge [...] sexe feminin, certaines diecules nous invisons les *lupanares*, et en ecstase *Venereique* (d) inculcons nos veretres [...]. Et si par forte fortune y a rarité ou penurie de pecune en nos marsupies et soyent *exhaustes de metal ferruginé*, pour l'escot nous dimittons nos codices [...]."

À quoy Pantagruel dist. "Que diable de langaige est cecy? Par dieu tu es quelque heretique."

"Seignor non" dist l'escolier, "car libentissiment dès ce qu'il illucesce quelque minutule lesche du jour [...] j'absterge mon anime de ses *inquinamens nocturnes*(c). Je revere les olimpicoles [...]." (pp. 232–233)

This passage not only contains the materials for title no. 42, but also for no. 60 (*Les exhaustes de metalferrugine*) and (partially) for no. 2 (*Speculum Lupanarizantium*). No. 60 forms a part of the words with which the student explains how he copes with financial problems, and when "le Lymousin" dwells on the students visiting the whorehouses, he probably also supplies us with the second part of title no. 2: as can be found in the concordance on Rabelais,[30] the student's second answer is the only place in the work of Rabelais where the word "lupanare" (a French form of the Latin "lupanar", "house of ill repute") is used. Moreover, according to Godefroy's and Huguet's dictionaries, it is also the only place in the whole of French literature from the Middle Ages and the 16th century where this word occurs. So, it does not seem illogical to suppose that De Dene formed his *Lupanarizantium* on the basis of "les lupanares" found here, in the sixth chapter of *Pantagruel*, at least, if he himself did not take it from some Latin source. Following a similar line of

---

30. J.E.G. Dixon and J.L. Dawson, *Concordance des Œuvres de François Rabelais*, Geneva, 1992; for the first part of this title, see the beginning of § 5.

reasoning, we may discover where De Dene got his *Nectareique* (42e) from (it does not appear in the Limousin student's answers). According to the above mentioned dictionaries, the only place in old French literature where this word is found is the first chapter of *Pantagruel*, where Pantagruel praises Noah to be "le sainct homme (auquel tant sommes obligez [...] de ce qu'il nous planta la vine, dont nous vient celle nectaricque, delicieuse [...] liqueur, qu'on nomme le piot)" (p. 218). This obviously must have been a eulogy which appealed to the bon vivant and tippler that De Dene was. In these circumstances, again one may conclude that it certainly would not seem to be too far fetched to link up the praise of Noah and the vine in chapter 1 of *Pantagruel* with part (e) of title no. 42.

A second passage where Rabelais plays with the possibilities of language in an even more elaborate and impressive way, is chapter 9 of *Pantagruel*, where Pantagruel meets Panurge for the first time. In this meeting, Panurge proves to be an astonishing polyglot, and he shows this multilingualism by answering Pantagruel in thirteen different languages: besides three non-existent languages ("jargons"), he uses German, Latin, Greek, Hebrew, Italian, Spanish, Basque, Scottish, Danish and Dutch, albeit a rather poor Dutch.

For his no. 26 (*Albaribdim gotfano*), De Dene took the initial words from Panurge's second answer, spoken in one of his "jargons". No. 27 (*horas garlino Analiscomenon eme athios*) is taken from the Greek answer Panurge gives, and no. 29 (*La cornamusa que non suena*) is taken from the beginning of the Italian answer.

Having identified the chapters 6 and 9 of *Pantagruel* (and chapter 1 praising Noah and the vine) as additional sources for De Dene's booklist, a new and important conclusion can be added to the ones already made: as far as one can see, De Dene borrows the material from Rabelais for the titles in his booklist only and entirely from *Pantagruel*: he took nothing from *Gargantua*, nothing from the *Tiers*, *Quart* nor *Cinquième Livre*.[31]

---

31. Rabelais's fifth book may of course be excluded immediately: it first ap-

7. The Rabelais edition used by De Dene[32]

An interesting spin-off from this last conclusion is that it allows us to answer with fairly great accuracy, the question of which of the many Rabelais editions De Dene must have had on his desk when composing the catalogue of his fictitious library. The fact that he seemingly confines himself to *Pantagruel*, may be an indication that the edition he had, simply did not contain one or more of the other books: it is rather hard to accept that the Rabelais lover De Dene, having at his disposal not only *Pantagruel*, but *Gargantua*, the *Tiers* and/or the *Quart Livre* as well, would not have punctuated his booklist with material from those treasure houses too. In other words, because of the absence of these borrowings, I am very much inclined to believe that we most likely can restrict the quest for the edition used to the nos. 1–13 of the *New Rabelais Bibliography* (NRB),[33] representing all the editions known which contain nothing but *Pantagruel*.

To visualize the relationship between these editions, I use the stemma given below (fig. 1), for the greater part based on 1. the data from the critical apparatus of Lefranc's *Édition Critique*, 2. the filiation Mireille Huchon gives in her *Rabelais Grammairien* and 3. the information found in the *NRB*.[34]

1. When we review the variants in the chapter about the "Library of Saint Victor" (*Pant.* 7), it is clear from the start that *NRB* 1, 3, 6 and 7 cannot have been used by De Dene, because the booklists in these editions do not contain all the Rabelaisian titles the Flemish author gives.

---

peared after De Dene finishing his *Testament*.

32. This paragraph is based on research I conducted in close and most fruitful cooperation with Paul Smith.

33. S. Rawles and M.A. Screech, *A New Rabelais Bibliography*, Geneva, 1987.

34. See M. Huchon, *Rabelais Grammairien. De l'Histoire du Texte aux Problèmes d'Authenticité*, Geneva, 1981, p. 100; *NRB* 10–13 also contain the *Pantagrueline Prognostication*, 13 also adds *La Navigation de Panurge*.

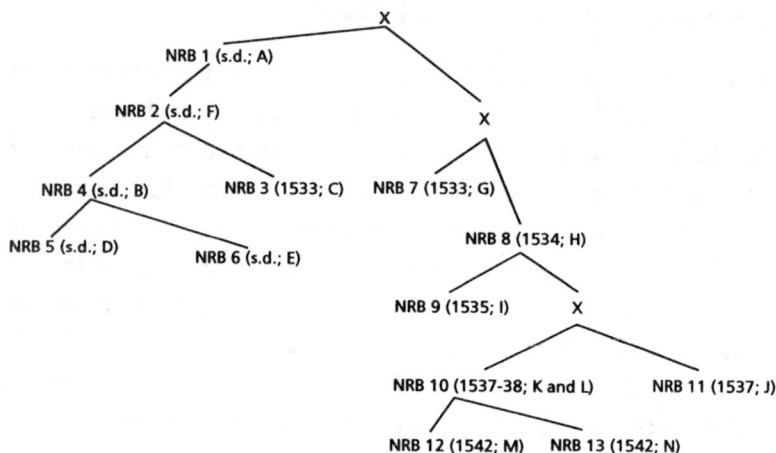

Figure 1

2. A second observation, based on the apparatus criticus of the *Édition Critique*, is that the spelling "nectareicque" (instead of "nectaricque"), given by De Dene in his no. 42, is only to be found in *NRB* 1, 7, 8, 10 and 11; the spelling "seignor" (instead of "signor"), used in De Dene's no. 23, occurs only in *NRB* 8, 10 and 11.

3. De Dene's title no. 27 (*Horas garlino Analiscomenon eme athios*) provides a greater clarity in the choices we have to make. The word "athios" in this title is a spelling error for "athlios", an error that only occurs in *NRB* 10 and 13.[35]

Combining these data, it would seem quiet safe to assume that *NRB* 10 was the edition with which De Dene worked.

A problem that remains, however, is the presence of the name "Megaston Rondibellis", taken from the *Tiers Livre*, and the other Rabelais borrowings (assuming they are worthy of such a label indeed – see above, the end of § 4), taken from *Gargantua*. Never-

---

35. And in *NRB* 38, an edition directly connected to *NRB* 13. We would like to thank Prof. Mireille Huchon who was so kind to check several Rabelais editions she has at her disposal, and who informed us on the presence of this spelling error.

theless, there may be a rather simple explanation, because all these borrowings are only to be found in the lines *preceding* the booklist, not in the list itself. These lines constitute introductory verses, that are most probably no part of the list as such, but that De Dene must have written afterwards. When composing his *Testament Rhetoricael*, De Dene connected the different poems he includes by means of short introductory texts, offering him the opportunity of inserting the testamentary element (he often names the dedicatee here) and of revealing the main idea of what follows. In this way, these introductory verses should mostly be regarded in the first place as a technical means the writer adds, the moment he prepares one of his poems to fit in his *Testament*, which is often long after the real creation of the literary work in question. So, my hypothesis is that De Dene, creating his list of fictitious books (long) before the composition of his *Testament*, had nothing but *Pantagruel* to draw from; later on and having become a devotee to Rabelais even more, he also had become familiar with the Frenchman's other works and so he was able to extend the already existing list with the name of the owner and with a general description of the books, perhaps based on a passage he found in *Gargantua*.

8. Final conclusions

In this article, I have tried to present material from Rabelais, found in the work of Eduard de Dene, a 16th-century rhetorician from Bruges. I began with the phrases "ghecleede beesten" and "Panta-gruelsche dromen" from a ballad of 1559, in which De Dene attacks the local judicial establishment. I also discovered in his writings traces of the *Lieripe*, the Dutch translation of the *Pantagrueline Prognostication*, and finally I dealt with his fictitious booklist, for a significant part based on what he found in *Pantagruel* 6 ("Le Lymousin"), 7 ("La librairie de Saint Victor") and 9 (Panurge).

Apart from the findings we have already made purely on the level of the text and of De Dene's working method, this research also leads to some more general conclusions.

First: one probably may assume that around 1560, Rabelais's work must have had some following in Bruges and that De Dene was not just an isolated supporter of the Chinonean. It would have been far from effective and rather a waste of effort for him, if Hanno, the adressee of the booklist, would not have been able to recognize the hidden meanings and the real sources of the titles. De Dene's work could only be appreciated, if the adressee participates in the intellectual game, which consequently means that Hanno must also have been acquainted with the work of Rabelais. Furthermore, De Dene, being the "factor"[36] of the Brugean Chamber of Rhetoric he belonged to, most likely presented his literary ideas and knowledge, together with his own creations, to his fellow rhetoricians; it is obvious that, by doing this, he also must have disclosed the work of Rabelais to at least some of the other members in the Chamber.

Secondly: De Dene gives us the earliest texts in the Low Countries (conserved up to now) with an incorporation and creative adaptation of material from Rabelais. He is probably also the first author outside France to offer such a demonstrable influence of Rabelais: in Germany the first translation of Rabelais was in 1572 with Fischart's *Aller praktik Grossmutter*, a translation of the *Pantagrueline Prognostication*. And in England we even had to wait 20 years longer: the translation *Gargantua and his prophesy* did not appear until 1592.

But apart from the matters of chronology and of a possible Brugean audience for Rabelais, there is a third and perhaps even more important reason to recognise De Dene to be a most interest-

---

36. With rhetoricians, the "factor" was the person who was responsible for the literary products of the guild, and sometimes for the literary education and training of its members too.

ing imitator and follower of Rabelais. To state the obvious first: one can roughly say that Rabelais can be read on at least two different levels. In the first place one can read his *Gargantua*, his *Pantagruel* etc. as literary masterpieces, full of creative innovations in the domain of language and linguistic performance. One can also read his books mainly as brilliant satires in the political, religious, scientific and public domain; this constitutes a second approach.

De Dene (together with the translator of the *Lieripe*) seems to me to represent the first approach. They both bring their translation, or incorporation and adaptation of Rabelais, working and writing from a great sense of admiration for him and his literary and linguistic talents. De Dene (and the translator of the *Lieripe*) obviously had great pleasure in the astonishing elements they frequently discovered in Rabelais, and from this, they were inspired in their work. This does not mean that they were blind to the satire, on the contrary. De Dene as well as the translator of the *Lieripe* avoid mentioning the name of Rabelais. They also avoid mentioning any other name or fact that plays a part in the religious and political fights and discussions of the day. They obviously seem to have realized that it might have been dangerous to read, translate or adapt Rabelais. This carefulness, however, did not keep them from giving literary expression to their feelings of admiration for and enjoyment of the writings of their great French precursor.

In the Low Countries in the second half of the 16th century, however, their approach to Rabelais was unable to gain a permanent following, and in my opinion, it could not even survive. This period was a very turbulent one, with enormous political and religious changes and everyone who was somebody and who carried some weight in society, had to take a stand. In such a situation, literature with humour was used as a weapon in political and religious fights, it was given a function in the events of the day, and very often it became synonymous with mockery and satire.

This change in the function of humorous literature had of course consequences for the way people read and used Rabelais. They welcomed his books for the great satires they were, and writers used them as examples and sources for their own satirical works. So, Rabelais is present, one way or another, in Philips of Marnix of Saint Aldegonde's *Le Tableau des différens de la Religion* (posthumously published in 1605), or in the original Dutch text, *De biënkorf der H. Roomsche Kercke* (1569) and especially in the catholic reactions to this work, written at the end of the century (the anonymous *Antirabotenus* and the *Christelijcken Bie-corf der H. Roomscher Kercke* by the Jesuit Johannes David).[37] But this approach demeaned the work of Rabelais and in fact, impoverished it, because it reduced Rabelais to being pure satire and it paid too little attention in particular, to the literary merits of the work. This reduction and one-sidedness in the approach towards Rabelais subsequently made it rather easy to replace him by home-grown satirical products such as the anonymous *Die historie van Broeder Cornelis* or the other works I have just mentioned. This is probably one of the main reasons that Rabelais's work never made a real break through in the literature of the Low Countries, in spite of the early and promising start with *Lieripe* and De Dene. It was the one-sidedness in reading and using Rabelais that, in the end, prevented him from becoming influential and this may have been even more important than the fact that the catholic authorities put his works in the Index.

Perhaps this sketch of how people in the second half of the 16th century read and used humorous literature may be rather generalized, but if this hypothesis is indeed correct in its essence, it places De Dene (and *Lieripe*) in an even more important and unique position. For a long time since then, there were no other Rabelais translators or imitators in Dutch literature, who enjoyed Rabelais in a similar way and who created their own literature out of pure amusement and sheer admiration for Rabelais, and his great literary

---

37. For further information on these works, see the above mentioned study by M. De Grève, *L'Interprétation de Rabelais*, pp. 191–193.

achievements. The work of the first Dutch writer who shared the same attitude, did not appear until 1682, the year the first complete translation of Rabelais was made by the above mentioned Frisian Wieringa.

This says much for De Dene's fine taste: he must have had a good nose for good literature and we may conclude that De Dene and the translator of *Lieripe* seem to be the only writers in the Low countries in the 16th century who fully understood the adage Rabelais wrote in his "avis aux lecteurs" of *Gargantua*: "Mieux est de ris que de larmes escripre, Pour ce que rire est le propre de l'homme".

Institute of Dutch Lexicology, dep. WNT, Leiden

Appendix I

Les beaulx livres de la librairie de sainct Victor

1. Bigua salutis.
2. Bregueta iuris.
3. Pantofla decretorum.
4. Malogranatum uitiorum.
5. Le peleton de theologie.
6. Le vistempenard des prescheurs (composé par Turelupin).
7. La couillebarine des preux.
8. Les hanebanes des evesques.
9. (Marmotretus) de baboinis et cingis cum commento Dorbellis.
10. Decretum uniuersitatis Parisiensis super gorgiasitate muliercularum ad placitum.
11. L'apparition de saincte Geltrude à une nonnain de Poisy estant en mal d'enfant.
12. Ars honeste pettandi in societate (per M. Ortuinum).
13. Le moustardier de penitence.
14. Les hoseaulx, alias les bottes de patience.
15. Formicarium artium.
16. De brodiorum usu et honestate chopinandi (per Siluestrem prieratem Tacospinum).
17. Le beliné en court.
18. Le cabat des notaires.
19. Le pacquet de mariage.
20. Le creziou de contemplation.
21. Les fariboles de droict.
22. L'aguillon de vin.
23. L'esperon de fromaige.
24. Decrotatorium scholarium.
25. (Tartaretus) de modo cacandi.
26. Les fanfares de Rome.
27. (Bricot) de differentiis soupparum.
28. Le culot de discipline.
29. La savate de humilité.
30. Le tripier de bon pensement.
31. Le chauldron de magnanimité.
32. Les hanicrochemens des confesseurs.
33. La croquignolle des curés.
34. (Reuerendi patris fratris Lubini prouincialis Bauardie) de croquendis lardonibus libri tres.
35. (Pasquili doctoris marmorei) de capreolis cum chardoneta comedendis tempore papali ab ecclesia interdicto.
36. L'invention saincte croix à six personaiges jouée par les clercs de finesse.
37. Les lunettes des Romipetes.
38. (Maioris) de modo faciendi boudinos.
39. La cornemuse des prelatz.
40. (Beda) de optimitate triparum
41. La complainte des advocatz sus la reformation des dragées.
42. Le chatfourré des procureurs.
43. Des poys au lart cum commento.
44. La profiterolle des indulgences.
45. (Preclarissimi iuris utriusque doctoris Maistre Pilloti Racquedenari) de bobelidandis glosse Accursiane baguenaudis repetitio enucidiluculidissima.
46. Stratagemata Francarchieri de Baignolet.
47. (Franctopinus) de re militari cum figuris Teuoti.
48. De usu et utilitate escorchandi equos et equas (autore M. nostro de Quebecu).

49. La rustrie des prestolans.

50. (M.n. Rostocostojambedanesse) de moustarda post prandium seruienda, lib. quatuordecim (apostilati per M. Vaurrillonis).

51. Le couillaige des promoteurs.

52. Questio subtilissima, Utrum Chimera in uacuo bombinans possit comedere secundas intentiones? et fuit debatuta per decem hebdomadas in concilio Constantiensi.

53. Le maschefain des advocatz.

54. Barbouilamenta Scoti.

55. Le retepenade des cardinaulx.

56. De calcaribus remouendis decades undecim (per m. Albericum de rosata).

57. (Eiusdem) de castrametandis crinibus, lib. tres.

58. L'entrée de anthoine de Leive es terres du Bresil.   •

59. (Marforii, bacalarii cubentis Rome) de pelendis mascarendisque cardinalium mulis.

60. Apologie d'icelluy contre ceulx qui disent que la mule du pape ne mange qu'à ses heures.

61. Pronostication que incipit Sylui Triquebille (balata per m.n. Songecrusyon).

62. (Boudarini episcopi) de emulgentiarum profectibus eneades nouem (cum priuilegio papali ad triennium et postea non).

63. Le chiabrena des pucelles.

64. Le culpelé des vesves.

65. La cocqueluche des moines.

66. Les brimborions des padres Celestins.

67. Le barrage de manducité.

68. Le clacquedent des marroufles.

69. La ratouere de theologiens.

70. L'ambouchouoir des maistres en ars.

71. Les marmitons de Olcam à simple tonsure.

72. (Magistri n. Fripesaulcetis) de grabellationibus horrarum canonicarum, lib. quadraginta.

73. Cullebutatorium confratriarum (incerto autore).

74. La cabourne des briffaulx.

75. La faguenat des Hispaignols supercoquelicanticqué (par frai Inigo).

76. La barbotine des marmiteux.

77. Poiltronismus rerum Italicarum (autore magistro Bruslefer).

78. (R. Lullius) de batisfolagiis principium.

79. Callibistratorium caffardie (actore M. Jacobo Hocstratem hereticometra).

80. (Chault couillons) de magistro nostrandorum magistro nostratorumque beuuetis, lib. octo gualantissimi.

81. Les petarrades des bullistes, copistes, scripteurs, abbreviateurs, referendaires, et dataires (compillées par Regis).

82. Almanach perpetuel pour les gouteux et verollez.

83. Maneries ramonandi fournellos (par M. Eccium).

84. Le poulemart des marchans.

85. Les aisez de vie monachale.

86. La gualimaffrée des Bigotz.

87. L'histoire des farfadetz.

88. La belistrandie des Millesouldiers.

89. Les happelourdes des officiaulx.

90. La bauduffe des thesauriers.

91. Badinatorium sophistarum.

92. Antipericatametanaparbeugedamphicribrationes merdicantium.

93. Le limasson des rimasseurs.
94. Le boutavent des Alchymistes.
95. La nicquenocque des questeurs cababezacée (par frere Serratis).
96. Les entraves de religion.
97. La racquette des brimbaleurs.
98. L'acodouoir de vieillesse.
99. La museliere de noblesse.
100. La patenostre du cinge.
101. Les grezillons de devotion.
102. La marmite des quatre temps.
103. Le mortier de vie politicque.
104. Le mouschet des hermites.
105. La barbute des penitenciers.
106. Le trictrac des freres frapars.
107. (Lourdaudus) de uita et honestate braguardorum.
108. Lyripipii Sorbonici moralisationes (per m. Lupoldum).
109. Les brimbelettes des voyageurs.
110. Les potingues des evesques potatifz.
111. Tarraballationes doctorum Coloniensium aduersus Reuchlin.
112. Les cymbales des dames.
113. La martingalle des fianteurs.
114. Vireuoustatorum nacquettorum (per f. Pedebilletis).
115. Les bobelins de franc couraige.
116. La mommerie des rebatz et lutins.
117. (Gerson) de auferibilitate pape ab ecclesia.
118. La ramasse des nommez et graduez.

119. (Io. Dytebrodii) de terribiliditate excomunicationum (libellus acephalos).
120. Ingeniositas inuocandi diabolos et diabolas (per M. Guinguolfum).
121. Le hoschepot des perpetuons.
122. La morisque des hereticques.
123. Les henilles de Gaietan.
124. (Moillegron doctoris cherubici) de origine patepelutarum et torticollorum ritibus, lib. septem.
125. Soixante et neuf breviaires de haulte gresse.
126. Le godemarre des cinq ordres des mendians.
127. La pelletrie des tyrelupins, extraicte de la bote fauve incornifistibulée en la somme angelicque.
128. Le Ravasseur des cas de conscience.
129. La bedondaine des presidens.
130. Le vietdazouer des abbés.
131. (Sutoris) aduersus quendam qui uocauerat eum fripponnatorem, et quod friponnatores non sunt damnati ab ecclesia.
132. Cacatorium medicorum.
133. Le rammonneur d'astrologie.
134. Campi clysteriorum (per §. C).
135. Le tyrepet des apothecaires.
136. Le baisecul de chirurgie.
137. (Iustinianus) de cagotis tollendis.
138. Antidotarium anime.
139 (Merlinus Coccaius) de patria diabolorum.

Desquelz aulcuns sont jà imprimez, et les autres l'on imprime maintenant en ceste noble ville de Tubinge.

Appendix II

Zot Vanden ardchieren

Hanno [...] moet oock hebben wat
[...] omdat hy brocteur es inde filosofollie weet ick hem boucken [...]
inde duumdicke besmoutte Bibebrarie van meester megaston Rondibellis [...].

Boucken inde filosofollie

1. Somme der ganscher theologastrie
2. Speculum Lupanarizantium
3. iuramentum gansmachtidis
4. Bribbelamentum Vetulorum Vetula-
rum
5. Lourdardus de vita Briguardorum
6. Tartaretus de modo Caccandi
7. Lapsimarsorium Iapsandi
8. Horologium Quo eundi
9. fierenbras super sartatecta Cusina-
rum
10. Eit de molgie Musque Robi
11. Decrotatorium Scholarium
12. de Brodicorum vsu usque in prolio
13. Ars honeste petandi / in Ebrietate
14. T Introiuit in tabernaculo Lachri-
mante Oculo
15. De Calcaribus Remouendis / decades .xi. per magistrum Albericumedas
de Rozata
16. Inhonorificabilitudinationibus /
suffi
17. maneries ramanandi et scopandi
fundamenta
18. clicque clacqui incerto auctore
19. Senechdochalia / sui ineptitudine
philosoforum
20. Poiltronismus Rerum italicarum /
auctore malistro bruslefer
21. Caputium magistri Johannis lollar-
di
22. Questio subtilissime Vtrum Chymera in vacuo bombinans possit comedere Les secundas intentionas
23. Euticopion de seignor Myssaire
24. Crommentaria Locquebaudi
25. Messyre cathapulta Iouis Super
domicilia smirmagh
26. Albaribdim gotfano
27. horas garlino Analiscomenon eme
athios
28. Athamusculus hyppocrytarum
29. La cornamusa que non suena
30. Tarraballationes broctorum drominorum colbibentium Aduersus Lyrippipium de obiectis hymeneis artibus et
Rumpturis in mægdinalibus

Walssche duudsche ende Vlaemsche Boucken
Die ouerhoop thende zult mueghen zoucken

31. De missewech Van hemeldycke
32. Mostaertpot der Penitentien
33. De gheconfyte Vastendagh.
34. De zwynghelzwaf der duudsche
pottaidge Broederen
35. Der Baghutten preickstoel
36. Den Rechten Wech naer Leedrobt

37. Raescops Calengier
38. Tcabinet Der Oudbollegher Dyng-
hen
39. Tvergheef der maegdelicker ver-
fommelynghe
40. Tmaneloop van fouterghem
41. Codicille der Nieuwe pompelbeeu-
wers
42. De Vrbane quadriuie der latiale
verbocinatie verclaersende de nocturne
inquinamenten der Venereicque ende
Nectareique collusien
43. Troozeblad in tbaghynenhoueken
44. De sommer potz felten Witdagh
45. A Dar Narren cofphen
46. Tkemkeilcordelet Van pacientien
47. Der platbroucx nastlynghghordel
48. Den Libbezacq der Weycasen
49. Broodcoorf der SmickelBrocken
50. Lucerne der schaerwaecke
51. Myffeldoze der Trufatoryen
52. Den pilgrem Drabbeduere

53. Der Creuitsen Schemynckeldans
mommerye
54. Der olden fafphen Souf
55. het Salueatis Magistri nostri
56. Le boutinet Des Vicontes
57. Tmarmuzet Der houelynghen
58. Tmierenest der futselynghen
59. Garderobe des finesses
60. Les exhaustes de metalferrugine
61. Tbreuier der narren Copscheerers
62. Den tinteletin der Ionghferlynghen
63. TWeyghernietien der cueckenmol-
len
64. De groote Blaffe Van Wondeghem
65. Tspectacle Van kyckicx Eerde
66. Der galactipoten slabbedouck
67. Het adulatoir der fleeuwerfletsyng-
hen
68. Tlaborinth der superstitien
69. De parsse der Aermen Bedelaers
70. De Vernufte Blazenbalgh.
71. Tpensecraem der mackelyfuen

Ende veel meer andre cleen Copulaetiens
hoe doude pupstekers hebben gheRueselt
de zydweghe Lasciuie straetiens
met vulle vaetiens // zeere DuerNueselt.

Rabelaisian Apocrypha and Satire in early Canada: the Case of Robert Hayman

Anne Lake Prescott

By the mid-1590s Rabelais's name was rapidly becoming well-known to sophisticated English readers, particularly to those in the universities, court, and law schools.[1] The soberly respectable might disapprove, yet the atmosphere of religious skepticism and moral infamy that sometimes hovered around the name "Rabelais", however unfairly, rendered it all the more useful to those who wanted at least for the moment to present themselves – or their adopted literary *personæ* – as smartly urbane, as too risqué to please Puritans, too aware of the Continent to appear rustic, too worldly-wise and sexually astute for Petrarchism, and too disabused (or perhaps too manly) for the higher reaches of Neoplatonism. Not surprisingly, then, Rabelais and his name appear in the satirical verses and plays

---

1. My book on Rabelais's English reception is forthcoming from Yale University Press. For earlier studies, see Huntington Brown, *Rabelais in English Literature*, Cambridge, Mass.: Harvard University Press, 1933; reprinted New York: Octagon Books, 1967; and Marcel De Grève, *L'interprétation de Rabelais au XVIe siècle*, Geneva: Droz, 1963. Rabelais's name was recognizable by the better-read even before 1590 and soon became widely known even if his works were not widely read. The publication of Randle Cotgrave's French-English dictionary in 1611, which takes about five hundred words from Rabelais (identifying most of them with a "¶Rab." after the entry), made reading him much easier. The distribution of knowledgeable English references suggests that he was best appreciated in a fairly restricted circle of scholars (e.g., John Selden and Francis Bacon), playwrights (e.g., Ben Jonson and Jasper Mayne), courtiers (e.g., John Harington), writers projecting a swaggering or ironic *persona* (e.g., John Donne), and well-bred clever gentlemen (not least James I). Many others must have read and enjoyed Rabelais, but the practical-minded, the "Puritan", and gentlewomen were not likely to say so in print. Some English writers, if seldom the better informed, called Rabelais an atheist, Lucianic mocker, or drunken lout.

that became fashionable as the Elizabethan vogue for Petrarchan sweetness began to fade.

Yet the same libertine or scandalous air that made "Rabelais" rhetorically desirable could require a satirist or playwright to move carefully. To praise Rabelais might undermine a satirist's speaker's affectation of self-righteousness, for example, even though mere condemnation would look unsophisticated or conventional. Ambivalence was often in order. Thus in his set of verse satires, *Virgidemiæ* (1598), Joseph Hall can refer to "wicked Rablais dronken revellings" and yet elsewhere in the same volume more festively imagine Pantagruel being toasted in Hades by the shade of a recently deceased tosspot.[2] Everard Guilpin's *Skialetheia* (1598) notes Rabelais's "durtie mouth discourse", but only so as to suggest that the English write "ten times worse".[3] In John Donne's "Satyre IV", a reworking of Horace's Satire I.9, it is a shabby and faintly diabolical hanger-on at court who (doubtless thinking of *Pantagruel* 9) admiringly mentions Panurge among the world's "Good pretty linguists", but it was Donne himself who reworked the library of Hugh of St. Victor as his own savage "Courtier's Library". Perhaps the best indication of English nervousness when thinking about Rabelais is the way Edmund Spenser's friend, Gabriel Harvey, could publicly attack Thomas Nashe in his quasi-Menippean pamphlets for adopting a Rabelaisian style and yet, in his more private marginalia, praise the same Rabelais for his comic wit.[4] Any investigation of Rabe

---

2. *The Collected Poems of Joseph Hall*, ed. A. Davenport, Liverpool University Press, 1949, II.i.57 and III.vi.

3. *Skialetheia, or A Shadowe of Truth, in Certaine Epigrams and Satyres*, ed. D. Allen Carroll: Chapel Hill: Univ. of North Carolina Press, 1974, p. 60, "Satyre Preludium" 51–52.

4. Harvey's *New Letter of Notable Contents* (1593; sig. B3), for instance, says of the hated Thomas Nashe that "the sweet Youth haunted Aretine, and Rabelays, the two monstrous wittes of their languages", and was well acquainted with the latter's "French Pockes". In the margin of his copy of *Detti et Fatti del Guicciardini* (now at the Folger Library in Washington), though, Harvey writes: "In jest, Rabelais: in earnest, Bartas singular" (f. 54ᵛ). That Harvey may have

lais's English reception among the intellectual elite, then, must take into acount both the ambiguities of his reputation and the rhetorical circumstances in which his name appears.

Whom, in any case, did English satirists and pamphleteers mean by "Rabelais"? The question is complicated by the proliferation in early modern Europe of texts that bore some relation to Rabelais's works but were not, or not primarily, by his own hand. It may be difficult for us to recapture the exact textual expectations or associations that the name "Rabelais" elicited. Whatever our current investigations into authorship's meaning for the Renaissance, our views usually remain entangled in notions of self-expression and literary property that impede a full grasp of just how, in practical terms, writers, printers, and readers sorted out concepts of originality, borrowing, collaboration, and theft – or to what extent they cared to sort them out at all. It is true that Rabelais acted to protect as well as to revise his creations. But *Gargantua et Pantagruel*, chronicles recounting the adventures of the pre-Rabelaisian Gargantua, and para-Rabelaisian texts such as *Les navigations de Panurge* engage in a mutual borrowing, an intertextual recycling of words and episodes, as dizzying as the circulation of debts Panurge praises in the *Tiers livre*. It is not just that a number of writers tied their own productions to his more famous name. During his lifetime, and I assume sometimes with his passive permission, the works of others were published together with his own and in such a manner that a reader could be forgiven for thinking them his. In some cultural sense, at least, they were indeed "his". After all, the first installment of his chronicle claimed to be by the anagram "Alcofribas Nasier" and was thus, or so one could argue, in its own way para-Rabelaisian – like the children of his body it became fully Rabelaisian only after a deliberate act of naming and legitimation.[5]

---

meant some of his annotations for selected eyes does not mean he wanted to see them in print.

5. Later sixteenth-century editions of Rabelais's *Œuvres* present an extreme

With the important exception of a now lost translation of *Les Croniques admirables du puissant roy Gargantua* (ca. 1534), probably made some time in the late 1560s and evidently widely read, in only two cases (so far as I know) did English writers pay much attention to this set of pseudo- or semi-Rabelaisian texts. One was *Les songes drolatiques de Pantagruel* (1565), a collection of grotesque figures that Ben Jonson and Inigo Jones consulted for several court masques. The other was a pair of poems on two women by François Habert sometimes printed with Rabelais's works. I have elsewhere explored the impact of the *History of Garagantua* (as it was probably called) and the *Songes;*[6] here I will describe how Robert Hayman – satirist, epigrammatist, and one of Canada's first settlers – translated Habert's verses a generation after such satire had been in vogue and why they suited the satirical and yet energetically idealistic imagination of this hopeful but unsuccessful colonist.

Hayman was for a time the unofficial "governor" of Newfoundland's Harbour-Grace plantation. His taste for Rabelais may have been a relic of his youth at Lincoln's Inn, when verse satire was becoming fashionable with citified and self-consciously daring young men, or perhaps he had read Rabelais when studying at Poitiers. Hayman was also an admirer of the once satirical but now respectable Bishop Joseph Hall, Dr. John Donne (likewise once the author of satires), Ben Jonson (whose copy of Rabelais's works is now in the British Library), William Vaughan (who in his own extensive writings called Rabelais diabolical but who read him any-

---

version of the inherently collaborative nature of most published work. For some theoretical implications, see Jack Stillinger's urbanely literate *Multiple Authorship and the Myth of Solitary Genius*, New York and Oxford: Oxford University Press, 1991. Multiple or collaborative authorship, to say nothing of writer's mutual borrowing or the out-and-out mendacity of printers, makes following the dynamics of translation even more problematic if the translation is supposedly of a single "author".

6. "Reshaping Gargantua", in *L'Europe de la Renaissance: Mélanges offerts à Marie-Thérèse Jones-Davies*, Paris: Touzot, 1989, pp. 477–91; and "The Stuart Masque and Pantagruel's Dreams", *ELH* 51 (1984), 407–30.

way), and the satirical moralist George Wither. He wrote each of these friends verses published in 1628 when, newly returned from the Americas, he saw his collected epigrams, *Quodlibets*, into print. By now, to be sure, Hayman was well into middle age: whatever his half-hearted stabs at the satirist's traditional defensiveness (I name no names, I cure abuses, I must speak out, and so forth), and whatever some intermittent briskness and his praise of "the divinely witty, John Dun" (IV.9), his lines seldom show the satirical outrageousness of the late 1590s.[7] They are, though, worth reading, if only to see how they treat topics not unconnected with Rabelais's reception: grotesque and classical bodies, the feminine, and what many still call the New World. Since Hayman played a role in settling that world, his mental geography is of some interest. And, of course, it is pleasant to imagine one of North America's first settlers in the dank salt air of Canada's east coast warming himself and perhaps others with writing verses and reading Rabelais.

After four books of epigrams and translations of selected verses by the great Neolatin epigrammatist John Owen and sundry others, *Quodlibets* concludes with a pair of poems on two very different old women. The first, a nearly hysterical reproof addressed to a decrepit bawd who somewhat resembles the hag in Horace's appalling twelfth *Epode*, is "A rayling Epistle, written in French by that excellently witty Doctor, Francis Rabalais: Wherein though I follow him not verbatim; yet whoso can compare them, shall find I have done him no wrong" (sig. G4ᵛ). The other salutes a virtuous

---

7. Gillian T. Cell's entry on Hayman in *Dictionary of Canadian Biography* I, Toronto: University of Toronto Press, 1966, remarks that his light duties as governor gave him ample time to compose poetry; he also figures in the Introduction to Cell's *Newfoundland Discovered: English Attempts at Colonisation, 1610–1630*, London: The Hakluyt Society, Second Series 160, 1982). As in a sense the earliest Canadian poetry, *Quodlibets* has received some literary attention, although the articles by M.H.M. MacKinnon, Allan Pritchard, and Robin Endres cited in David Galloway's article for the *Dictionary of Literary Biography* 99 ("Canadian Writers Before 1890", ed. W.H. New; Detroit: Gale Research, 1990) note the translations in passing and assume that Rabelais wrote the originals.

elderly lady: "Another Epistle of the same witty Author, Francis Rabelais, in praise of a grave Matrone; translated as the former" (sig. H1ᵛ). The translations are quite faithful by Renaissance standards, the only "wrong" done Rabelais being the belief that he wrote these poems.[8] Hayman cannot be blamed, however, for the pair (which in effect form a double blazon of the sort popular in France earlier in the sixteenth century) had often been published in Rabelais's *Œuvres* ever since the 1584 Lyon edition, the title pages claiming these "Epistres à deux Vieilles de differentes mœurs" for the author. As I have said, they are really by François Habert, author also of the pseudorabelaisian *Songe de Pantagruel*, and were first printed in the 1551 edition of his *Sermons satyriques du sententieux poete Horace*.[9]

Hayman evidently enjoyed the rhetoric of disgust, the oddly pleasurable art of being repellent. In reworking the first epistle he makes the poem even more vivid, exaggerating the hag's sins and ugliness even as he nudges the verse closer toward an older personification allegory, or at least toward a metaphoric style mixing the concrete and the abstract that recalls one Elizabethan manner. Habert had called his old bawd, "Vieille qui fais de ton lict ung bordeau", but Hayman has her sin while "senting each bed with lust, where thou hast l[a]ine", as though lust were itself the fluids it can produce; in his translation, that is, immoral motions of the heart become a physical smell. So too, whereas the French woman's

---

8. Brown, *Rabelais*, p. 80, briefly mentions Hayman's misattributed translations and says they show the "liberties that have been taken with the name of Rabelais by educated dolts". He is right that neither epistle "bears the remotest resemblance to any portion of Rabelais's extant works", but even the editor of the 1823 *Œuvres* thought that one recalls the Sibyl of Panzoust (*TL* 17) and the other celebrates Marguerite de Navarre; I quote this edition. Hayman was not a dolt, and his error in attribution is understandable.

9. Habert's authorship is noted by Pierre-Paul Plan, *Les Éditions de Rabelais de 1532 à 1711*, Paris, 1904, no. 109 (Lyons, 1584); I quote the title page as given in *A New Rabelais Bibliography: Editions of Rabelais before 1626*, ed. Stephen Rawles and Michael A. Screech, Geneva: Droz, 1987, no. 72.

ugliness is "l'imaige et le pourtraict / De ce qui est dedans ung creux retraict", in the English version she is "crusted in evil", and "Sinne, and want of grace, / Are ditched in the wrinkles of thy face." Her head, Hayman tells her, "hangs down through thy sinnes weightines, / Thy body doubles with thy wickednes". She herself is "the patterne of all villanie", and with no warrant in the French original, devils now fly around her like fallen *putti*. At times Hayman is a little more squeamish: he ignores what seems to be her intestinal trouble ("Vieille qui fais [je veulx bien qu'on le sache] / D'ordure plus que ne faict une vache") and once even inserts a modest blank:

> Thou damn'd damn'd Bawd, that do'st procure thy meales,
> By tempting wenches to turne up their...[10]

Not that Hayman is prissy, for he can also write: "Thou that hast piss'd away thy unknowne shame: / Thou that hast entertain'd each one that came".

The old woman practices sorcery, of course – aged whores were regularly supposed to resort to sorcery, and Habert remembers Horace's Canidia as well as more recent witch lore.[11] Hayman retains her power to affect the sun and moon and also her devil's teat, but for good measure he says she delights "foule Toads to foster; / And alway say'st the Divels Pater noster." And he adds an accusation some would call particularly Protestant: "Thou [...] did'st

---

10. The missing word may be "tails", for "heels" would suggest flight; Hayman loosely translates the dreadful couplet "Vieille, qui n'as aultre dieu que Bacchus, / Qui de putains renverse les bas culs" (cf. the pun on "Bacchus" and "bas culz" in *CL* 45).

11. The Renaissance saw a surge of brutal poems on old women that add new venom to the misogyny of their classical models. For French examples and the suggestion that an anti-Petrarchan agenda helped make them popular, see Jacques Bailbé, "Le thème de la vieille femme dans la poésie du seizième et dudébut du dix-septième siècles", *BHR* 26 (1964), 98–119, which mentions Rabelais's Sibyl and Habert's diptych. See also my "*Translatio Lupæ*: Du Bellay's Roman Whore Goes North", *Renaissance Quarterly* 42 (1989), 397–419.

never take delight to worke." Not only a whore and witch, a "patterne" of female excess and craft, the creature likes to laze off; no wonder she prefers a horizontal vocation. Hayman's epistle, then, is indeed an exercise in "rayling", and even the parting threat is fifty percent worse than Habert's:

Thou bunch-back-bug-beare-fac'd, splay-foot, Cat-hand;
Thou rough bark'd-stinking Elder, worse then damn'd;
Thou, about whose scurfe-head the Devils flutter;
Thou viler vild, then I have words to utter:
Amend thy lewd life; or I sweare to thee,
For one ill-favour'd word, I'le give thee three.

Habert had merely offered her two for one.

The good "vieille" is another sort of woman entirely. Without the old whore's grotesque "bunch-back" and splayed foot to disfigure her "sweet grace and forme", with no smells (not even perfume) that might cloud her body's perimeters or ugly parts that merge the human with the animal, and certainly with none of the French hag's bowel problems, she is seemly and contained: a classical and shapely "paragon", "hansome, proper, neat, and faire". She is sexually shut to all but her husband, and unclosed to him only "for procreation, / And for thy Husbands recreation".[12] If her heart, ears, and hands remain open and her feet swift it is to aid the poor and suffering. She reads much, but never looks on "love-toyes" (the French has "vieulx romans et livres dissolus"). Drinking wine rather than hot aphrodisiacs, setting a wholesome tale with no "luxurious cates", this "Christian Palace / Wherein the Holy Ghost doth take his

---

12. To adopt the terms of Mikhail Bakhtin in *Rabelais and His World* (trans. Helene Iswolsky, Cambridge, Mass., 1968), the bawd's body is carnivalesque because open and grotesque, not closed and "classical". Bakhtin tends to overlook carnival's negative valence where women are concerned, though; see Mary Russo, "Female Grotesques: Carnival and Theory", in *Feminist Studies/Critical Studies*, ed. Teresa de Lauretis, Madison: University of Wisconsin Press, 1986, pp. 213–229.

solace" makes all honest men "truly, heartily in love" with her.[13] As the bawd is a "patterne" of evil, so this well-born wife is an "Extract of good women". She is more domestic than her aristocratic French counterpart as she bustles about, putting plasters on the ill with her own hands and mixing remedies from her knowledge of kitchen herbs; in sum, she is a gracious gentlewoman, whom the speaker addresses with no impertinence as "Sweet-heart".

Hayman's two satires are minor works, and yet as the governor attended to subduing the Canadian wilderness he almost certainly had *Gargantua et Pantagruel* with him. Why not translate some of the "real" Rabelais's pages? Because he thought of himself as a verse satirist, I assume, and also, perhaps, because there is a subtextual similarity between the two epistles and some epigrams expressing Hayman's attitudes and passionate hopes for the new colony. If not Rabelais himself, then a "Rabelais" generated by a French printer's error, mendacity or (conceivably) inside information helped one moderately clever if sometimes discouraged colonist think or feel his way around certain submerged parts of the colonial myth recently manufactured by Walter Ralegh and others.[14]

Habert's epistles themselves have nothing to say about America; yet Hayman's liking for them and his description of their supposed author as an "excellently witty doctor" can be further understood by reading his verses on Newfoundland. Perhaps he knew that his friend Donne, with a complexity of feeling not found here, had

---

13. Habert, though, had called her a Christian "Pallas" [Athena], not a "palais".

14. Although I disagree with how he treats the specifics of the Bower of Bliss (*Faerie Queene* II.xii), my discussion owes much to Stephen Greenblatt's chapter on Spenser in *Renaissance Self-Fashioning From More to Shakespeare*, Chicago: University of Chicago Press, 1980, as well as to Peter Stallybrass, "Patriarchal Territories: The body Enclosed", in *Rewriting the Renaissance: The Discourses of Sexual Difference in Early Modern Europe*, eds. Margaret W. Ferguson, Maureen Quilligan, and Nancy J. Vickers, University of Chicago Press, 1986, pp. 123–42. As Stallybrass says, "Within the dominant discourses of early modern England, then, woman's body could be both symbolic map of the 'civilized' and the dangerous terrain that had to be colonized."

many years earlier called a mistress his "America", his "new-found-land", his "kingdome safeliest when with one man man'd"; Hayman's own hope, though, was to encourage many men and even women to man his own beloved, his own Newfoundland, by investing funds and work.[15] For Hayman, as for Ralegh, the New World could seem a wild female inviting attentive taming; there is pathos in thinking of Ralegh's Guiana as a young unspoiled female "who hath yet her maidenhead", for the analogy's logic suggests unavoidably that as men come into her, attracted by her innocence, and as traffic increases and her trade prospers, she will turn from virgin to something like Habert's sordid first "vieille".[16] But there is a major difference between Ralegh and Hayman: Hayman does not see Newfoundland as a virgin whose manhandling is both a violation and an investment. Rather, she is a grotesque body (a sort of Gargamelle, perhaps) in need of smoothing, re-shaping, and new clothes. She is now a younger and nicer version of Habert's hag, but if we take her in hand she could be the sober and fruitful ma-

15. Donne's "kingdom", though, like his bed in "The Sun Rising", escapes the public world of colonialist enterprise even as his imagery invokes that world. Cf. M. Thomas Hester, "Donne's (Re)Annunciation of the Virgin(ia Colony) in *Elegy 19*", *South Central Review* 4 (1987) and, for a reading that avoids the reductiveness into which some New Historicism is tempted, Achsah Guibbory, "'Oh, Let Mee Not Serve So': The Politics of Love in Donne's *Elegies*", *ELH* 57 (1990), 811–33. Hester and Guibbory find in Elegy 19 an ambivalence concerning the female body and its government that his friend Hayman also expresses – not by ambiguous and witty turns but by translating "Rabelais"'s double blazon. There is no reason to think he did so under Elizabeth, though: unlike Donne's "roving hands" that only a mistress can "license", Hayman's sea-roving voyagers have male permission.

16. Louis Montrose cites Ralegh's "proleptically elegiac sympathy for this unspoiled world"; see "The Work of Gender in the Discourse of Discovery", *Representations* 33 (1991), p. 12. I quote Ralegh's *Discovery of Guiana* (1596), in *Selected Prose and Poetry*, ed. Agnes M.C. Latham, London: The Athlone Press, 1965, p. 165. Guiana has been "never sacked, turned, nor wrought, the face of the earth hath not been torn, [...] the graves have not been opened for gold, the mines not broken with sledges"; yet Ralegh's aim is to encourage the English to rival and replace Spanish colonizing. Shortly after publishing *Quodlibets* Hayman himself set off for Guiana, where he died of a fever in 1629.

tron of the second epistle, giving pleasure and babies, and, although closed to despoilation (Hayman denies that colonists seek quick wealth), open with food and succor. Furthermore, although *Quodlibets* is in some ways a promotional brochure, by now the gender dynamics of colonialist discourse so often noted nowadays are no longer complicated by the fact of a female ruler (the recent fact of a sexually ambiguous king is another and perhaps more relevant matter). Nor does Hayman seem to be calling the New World to redress the Old, as the Newfoundland projects of the 1580s seem to have done, for he wants his plantation's landscape to be *more* like modern, well-tended England, and he implicitly invites settlers to be good husbands – shrew-tamers like Shakespeare's Petruccio, not rapists like Rome's Tarquin.[17]

Hayman begins his invitation to support and admire his plantation by addressing his prefatory epistle to Charles I, "King of Great-Britaine, France, and Ireland, etc. Emperour of South, and North Virginia, King of Britaniola, or Newfound-land, and the Iles adjacent, Father, Favourer, and Furtherer of all his loyall Subjects and right Honourable and worthie Plantations". A poem by his friend William Vaughan contrasts the reality of Newfoundland to the "Castles in the Aire" of Old World writers; they fantasize, whereas Hayman is *practical*: he "digs new grounds and roots up trees", teaching how to "cut off suites and strife" by giving British energies something useful to do. George Wither, more poetically adopting the not uncommon *translatio fluminis* topos, as one might call it, says that Hayman shows how rivers other than the Po and

---

17. In "Exchanging the New World: Production and Reproduction in the Newfoundland Enterprise", *Medievalia et Humanistica* 19, pp. 69–95, Shannon Miller describes how Humphrey Gilbert and others imagined that through plantation and trade in "Newfoundland" (which then included parts of what is now the United States) England might exchange its – and its queen's – idle infertility for male vigor and plenty. I thank Professor Miller for commenting on my essay; she observes, for instance, that Hayman's interest in landscape is at odds with the plantation's actual focus on fisheries.

Thames can inspire song.[18] Especially striking is an image of an
iguana, a "West-Indian Guane", who utters an anagram of "Robert
Hayman": "Harm I bare not." This is in some ways a pictorial and
Americanized version of the satirist's traditional disclaimer, just as
Hayman is careful to call the "rayling" Rabelais a doctor. But he
also implies that the New World will not bite, whatever its alarm-
ingly alien fauna and the losses that have led some investors to re-
consider ("Shall one disaster breed in you a terror?" asks epigram
II.93; "Yet let your Honor try it once again, / With wise, stayd,
carefull honest-hearted men", he urges Henry Cary, Viscount
Falkland in II.92).

To encourage the public, Hayman reverts on a number of occasions to Newfoundland's virtues. He has two contradictory arguments. The first is that this part of the world is right now a desirable place to live, a New World Eden: it may lack England's
"cloaths, company, buildings faire", but in it you may live free of
taxes, lawyers, bad news, fear, and the need to dress up (II.117);
nor do the plague and pox strike (II.88). Even women like it
(II.80), and as for the temperature, "Winter is there, short, wholesome, constant, cleare, / Not thicke, unwholesome, shuffling, as 'tis
here" (II.81). Food? Rumor has it that Newfoundlanders rough it
with stinking otter, fox, and crow. This is unfair: in truth they have
venison, partridge, and fish "thats cleane, and neatly drest" (II.103).
Nor do colonizers cause harm, for unlike ambitious courtiers they
aim only to make things grow, not to usurp or replace:

Yours is a holy just Plantation,
And not a justling supplantation.[19]

---

18. Hayman in turn compliments Vaughan. Because Vaughan's *Golden fleece*
(1626) was signed "Orpheus Junior", he imagines his friend's trip to America:
"Let Dolphins dance before you in the floods, / And play you, Orpheus Junior, in
her woods" (II.87).
19. II.86a. Hayman reassures us that his satire is likewise loyal and unjustling:
"I doe not, nor I dare not squib the State: / Such oultrequidant sawcines I hate"
(II.1).

Like the iguanas of the West Indies, in other words, harm they bear
not. Is Hayman uneasy? What whispers from the back of his mind
made him associate – albeit through denial – planting Englishmen in
the Americas with supplanting others? One hardly needs to have
read Freud on denial to sense some queasiness or notice how the
issue has been whisked from the Canadian forest home to the mor-
ally familiar scrambles of the Stuart court.

In Hayman's alternative mythology, Newfoundland is unkempt:
its land needs what a modern scientist would call terraforming, and
its "rude" inhabitants need civilizing. The place needs, in fact, to be
more like England, itself once "unlovely" but now tidied up. Some
day Newfoundland, too, will have its bottoms dried, its contours
shaved, and its stones rearranged:

> Strange, not to see stones here above the ground,
> Large untrencht bottomes under water drown'd.
> Hills, and Plaines full of trees, both small and great,
> And dryer bottomes deepe of Turfe, and Peate.
> When England was us'd for a Fishing place,
> By Coasters only, 'twas in the same case,
> And so unlovely 't had continued still:
> Had not our Ancestors us'd paines, and skill (II.100).

Perhaps inevitably, therefore, Hayman explicitly figures Newfoundland as a body. Epigram II.94 begins with an allusion to Alci-
biades's praise of Socrates in Plato's *Symposium* (the same passage
from which Rabelais borrows in the prologue to *Gargantua*), moves
to a provocative claim that he has seen beggars well-endowed under
their rags, and then, still playing with notions of inside and outside,
represents his colony as a slut capable of looking like a lady if given
the right "husbandry":

> 'Tis said, wise Socrates look't like an Asse;
> Yet he with wondrous sapience filled was;
> So though our Newfound-Land look wild, salvage,
> She hath much wealth penn'd in her rustie Cage.

> So have I seene a leane-cheekes, bare, and ragged,
> Who of his private thousands could have bragged.
> Indeed she now lookes rude, untowardly;
> She must be decked with neat husbandry.
> So have I seene a plaine swart, sluttish Jone,
> Looke pretty pert, and neat with good cloathes on.

Most of *Quodlibets* has nothing to say about colonizing, but Hayman's lines on Newfoundland indicate one reason he liked Habert's poems and did not mind praising Rabelais in a collection of verse hoping to attract the benevolence of the wealthy and influential. "Rabelais"'s smelly hag – lazy, malformed, and promiscuous – is a violently imagined version of what Hayman feared and disliked; like the uncultivated wilderness and its peoples she is "rude", being sexually overcooked but culturally raw. The sober matron is, as we say, cultivated: she is busy but settled, so to speak, and loyal to her cultivator and the cultivator's God. In their original Horatian and later Rabelaisian context, the epistles by Habert do not read like imperialist allegory (nor in her own cultural terms is the wise matron unattractive), but translating "Rabelais" was not quite a diversion from Hayman's concerns as governor of the Harbor-Grace plantation. It is remarkable to see Rabelais, of all people, associated with this set of preferences, this longing to see the grotesque body and the untended land made to shape up.

Yet we would be wrong, I think, to read Hayman as just one more thoughtless colonizer on the make: the very energy with which he attacks his hag, together with his affection for Newfoundland even while she still looks like Socrates, hints at a countering fascination with wilderness and misbehavior, with undrained bottomlands and unfelled forests, with the exotic "West Indian Guane" that inhabits the New World but speaks English anagramese. When Hayman was little, he reports, Francis Drake called on his father. This "Valiant, just, wise, milde, honest, godly" man met the boy "walking up Totnes long Street" and asked him who he was. Hearing that he belonged to his old friend's house,

"The Dragon" [a pun on "Drake"] who on "our Seas did raise his Crest / And brought back heapes of gold unto his nest" gave the boy a kiss, a blessing, and "A faire red Orange". Along with his more practical and self-interested motives for encouraging English colonial investment, Hayman had the romantic and exciting memory of England's Devonshire "dragon" and an orange that must have seemed, in his memory, like golden fruit from the Western isle of the Hesperides. Perhaps, then, he thought his Rabelais "witty" not just for sneering at dirty old women in verse but for inventing Panurge and for sending him and his friends, likewise impelled by desire and curiosity, on a voyage even stranger than that which Hayman had taken across the North Atlantic.

What might the effect of these translations have been on the later reception and translation of Rabelais in England? What sort of atmosphere around the name "Rabelais" did his verses on the two elderly women help establish? There were to be no editions of *Quodlibets* later in the century, but Hayman knew a number of writers and it is hard to imagine his poems going unread by his friends. His double blazon would have encouraged them to think of Rabelais as not just comic but satirical, and not just satirical but specifically capable of writing in the railing and often misogynist manner of some Roman and much Elizabethan verse satire. Furthermore, like the Rabelais of twentieth-century scholarship, this "Rabelais" has an indirect connection with the New World: not so much in terms of exploration, of Lucianic island-hopping, as in terms of a subtextual (or subliminal) set of metaphors and analogies that turn the body into landscape and *vice versa*. Hayman's Rabelais, in other words, suits Hayman's literary interests and cultural mythology: he is not the evangelical Pantagruelist, the learned humanist, the logorrheic vulgarian, the Lucianic mocker, or one of several other Rabelais available in the England of 1628, but the doctor whose sharp "rayling" couplets might both amuse now aging English satirists like Jonson and Hall and cut through the sexual and moral grotesquerie of corrupt flesh. A dishonest or misleading

115

French title-page (or perhaps one should say the permeable perimeters of early modern authorship), together with his own expectations and preferences, gave this translator just the Rabelais he wanted.

Barnard College, Columbia University

La première et la dernière traduction de Rabelais en anglais: les versions de Sir Thomas Urquhart et de Donald Frame

Alex. L. Gordon

Comment présenter au public les ouvrages de Rabelais? Difficile même de son vivant, une "énigme" pour La Bruyère, "extravagant et inintelligible" pour Voltaire, l'auteur de *Pantagruel* semble intimider des lecteurs éventuels. Faut-il donc l'annoter, l'affubler de commentaires historiques et littéraires, moderniser même son français vétuste? Autant de questions que doivent se poser des éditeurs français. Pour les traducteurs en langue étrangère, les problèmes s'aggravent. Comment rendre en anglais, par exemple, les richesses de cet auteur à la fois si savant et si populaire? Le défi est de taille, mais il a été relevé six fois, d'abord par le gentilhomme écossais, Sir Thomas Urquhart (1611–1660), et tout récemment par le professeur américain, Donald Frame (1911–1991).[1] Plus de trois cents ans séparent ces deux auteurs, et le Rabelais de Frame n'est plus celui d'Urquhart. Entre le dix-septième siècle et la fin du vingtième, la langue et la culture des lecteurs anglophones ont beaucoup changé. Répondant à des attentes différentes, Urquhart et Frame composent chacun un Rabelais à son goût, mais les traductions qu'ils donnent au monde portent aussi la marque de leur époque.

Les traducteurs

De tempérament fantasque, érudit et voyageur, Urquhart a mené une vie mouvementée. Sa curiosité intellectuelle semble sans bor-

---

1. En dehors des traductions d'Urquhart et de Frame, on note celles de W. F. Smith (Londres, 1893); Samuel Putnam (New-York, 1929); Jacques Le Clercq (New-York, 1936); et J. M. Cohen (Londres, 1955).

nes. Parmi ses ouvrages, on note *The Trissoteras* (1645), traité fort obscur sur la trigonométrie; *Pantochronocanon* (1652), chronologie qui retrace le lignage des Urquhart jusqu'à Adam; *Ekskubalauron* (1652), œuvre composite et bariolée qui brasse des récits personnels, historiques et patriotiques; et *Logopandecteision* (1653), étude touffue sur la possibilité d'une langue universelle. Ces livres, d'un intérêt historique, sont éclipsés par la grande traduction de Rabelais qui parut à Londres en 1653.[2] Cet ouvrage ne contient que les deux premiers volumes des chroniques des géants, mais Urquhart a laissé en manuscrit la traduction du *Tiers Livre* que Pierre Le Motteux, huguenot exilé à Londres, a éditée et fait publier en 1693.[3] Par la suite Le Motteux a repris la tâche d'Urquhart en traduisant le *Quart Livre* et le *Cinquième Livre*. Réunissant ces traductions à celles de son prédécesseur, il fit paraître en 1708 la première version intégrale anglaise des récits rabelaisiens. Le succès de la traduction fut immense, et les réimpressions foisonnent à travers les siècles, la dernière datant de 1994.[4] Malgré sa prolixité et quelques incorrections, l'ouvrage d'Urquhart a mérité tous les éloges. Charles Whibley l'appelle "a translation, unique in its kind, which has no rival in profane letters".[5] Il fait écho a bien des sentiments en déclarant que cette traduction n'en est presque pas une, "rather it is the English Rabelais",[6] un ouvrage proprement anglais.

---

2. *The First Book of the Works of Mr. Francois Rabelais...*, Londres: Baddeley, 1653.

3. *The Works of F. Rabelais, M.D...*, Londres: Baldwin, 1693.

4. *Gargantua and Pantagruel*, translated by Sir Thomas Urquhart and Pierre Le Motteux, with an Introduction by Terence Cave, New-York/Toronto: Knopf, 1994. Toutes nos citations d'Urquhart renvoient à cette édition. En cas d'ambiguïté, on fait précéder le numéro de page par la lettre U. La traduction d'Urquhart contient de nombreuses expressions en italique. Nous les reproduisons telles quelles.

5. Voir l'édition d'Urquhart procurée par Whibley, Londres: Nutt, 1900, p. lxxix.

6. *Ibid.*

En abordant la version de Donald Frame,[7] nous traversons l'Atlantique et nous passons du château aristocratique à la faculté contemporaine. Spécialiste de la littérature française du XVIe siècle, Frame est surtout connu pour ses travaux sur Montaigne et pour sa traduction admirable des *Essais* (1958). Auteur d'un livre sur Rabelais, le professeur américain rêvait depuis longtemps de donner une version anglaise de ses œuvres. Consacrant sa retraite à ce travail, il l'a terminé dans des conditions de santé difficiles. Malheureusement il n'a pu apporter à sa traduction les dernières retouches de sorte que l'ouvrage qui porte son nom a dû être mis au point par des amis et des éditeurs. Évidemment ceux-ci ne connaissaient pas aussi bien que l'auteur les détails de ses manuscrits. De là un certain nombre de négligences qui parsèment le livre mais qui ne devraient pas porter préjudice à la qualité de la traduction. En fait, dans son introduction à la dernière réimpression d'Urquhart, Terence Cave loue chaleureusement Frame;[8] pour sa part, Gillian Jondorf, dans un compte rendu, décrit le livre comme "a heroic achievement [...] likely to be 'the best we have in [American] English' for some time".[9]

Corpus et appareil critique

Les éditeurs de Rabelais doivent faire face d'abord au choix du corpus. Faut-il reproduire tout ce que nous connaissons de la plume de l'auteur? Faut-il inclure des ouvrages dont l'authenticité est contestée comme celle du *Cinquième Livre*? Urquhart et Frame répondent de façon différente à ces questions. L'Écossais ne s'intéresse qu'aux récits fictifs de Rabelais. Son ouvrage se présente ainsi

---

7. *The Complete Works of François Rabelais*, Berkeley and Los Angeles: University of California Press, 1991. Nos citations de Frame sont indiquées dans le texte entre parenthèses. En cas d'ambiguïté, le numéro de page est précédé par la lettre F.

8. Voir l'édition citée à la note 4, p. xxxviii.

9. *French Studies* 47 (1993), 441.

comme n'importe quel autre texte romanesque destiné aux amateurs de lecture. Chez Frame, c'est certes le récit des géants qui est privilégié, mais le traducteur inclut aussi les autres écrits de Rabelais, tant en latin qu'en français. Il suit à cet égard l'exemple de Guy Demerson dont l'édition des *Œuvres complètes* (1973) contient le texte sur lequel il a fondé sa traduction.[10] La différence entre les deux corpus souligne les changements qui se sont produits dans l'horizon d'attente du lecteur entre le dix-septième siècle et le nôtre. De nos jours nous avons assisté en particulier à la poussée des études universitaires. Pénétrés de l'esprit scientifique, nous cherchons des connaissances solides et nous aspirons à l'exhaustivité. L'époque est bien révolue de la liberté désinvolte d'un Urquhart.

L'appareil critique de nos deux traducteurs se comprend à la lumière de l'évolution générale de la critique rabelaisienne.[11] Celle-ci s'est progressivement enrichie depuis la publication par Rabelais lui-même de la "Briefve Déclaration" qu'il donna en appendice au *Quart Livre* et où il expliqua bon nombre de termes nouveaux. Le maître fut suivi par des interprètes de tendances variées dont on ne peut citer que quelques noms phares: Pierre Le Motteux, le continuateur d'Urquhart qui, dans son introduction à la traduction anglaise, donna l'impulsion à la critique historico-allégorique en s'efforçant de rattacher les personnages des récits aux grandes figures du XVIe siècle; Jacob Le Duchat qui fonda la critique philologique en étudiant de façon savante les sens et les origines des mots rabelaisiens; François-Marie de Marsy qui le premier essaya de rajeunir Rabelais en abrégeant son texte et en le présentant avec une ortho-

---

10. Rabelais, *Œuvres complètes*, Paris: Seuil, 1973. Toutes nos citations de Rabelais sont puisées dans cette édition. En cas d'ambiguïté, le numéro de page est précédé par la lettre R.

11. Pour l'histoire de la réception de Rabelais, voir Lazare Sainéan, "Les interprètes de Rabelais en Angleterre et en Allemagne", *Revue des études rabelaisiennes* 6 (1909), 137–258; et du même auteur, *L'Influence et la réputation de Rabelais*, Paris: Gamber, 1930. Voir aussi Marcel De Grève, *L'Interprétation de Rabelais au XVIe siècle*, Genève: Droz, 1961.

graphe modernisée. Ces auteurs, tous du XVIIIe siècle, donnent le ton de la critique rabelaisienne du siècle suivant. Au début du nôtre, un changement se produit avec Abel Lefranc et ses élèves qui font prendre aux recherches une tournure scientifique et positiviste. Désormais seuls comptent les faits, et les excès de quelques interprétations historico-allégoriques sont résolument écartés. Héritière de toutes ces traditions, la critique contemporaine essaie de rendre justice à chacune et se veut éclectique. On en voit l'admirable illustration dans la dernière édition critique de Rabelais, celle de Mireille Huchon, où plus de sept cents pages d'une typographie serrée sont consacrées à l'éclaircissement du texte.[12]

Travaillant avant le grand essor de la critique rabelaisienne, Urquhart offre un texte sans introduction et dépourvu de notes, à l'exception de quelques rares remarques infrapaginales. Cependant, dans les éditions suivantes, cette simplicité fut vite remplacée par les commentaires de Le Motteux et de ses successeurs. Tombés dans le discrédit, ces commentaires sont omis dans les réimpressions modernes de l'Écossais. Dans la dernière édition, préfacée par Terence Cave (1994), on retrouve le dépouillement d'Urquhart à ses débuts. Il y a certes une brève introduction, une chronologie et une bibliographie succincte, mais le récit des géants nous est livré essentiellement sans commentaire.

Membre de la classe enseignante, Frame ne peut envisager qu'un Rabelais dans la tradition des grandes éditions universitaires. Son ouvrage nous arrive armé d'un appareil critique important. Une introduction offre une vue générale de l'œuvre, une biographie de l'auteur, un résumé des circonstances de publication de chaque livre, et un coup d'œil rapide sur les thèmes abordés. Très brièvement Frame esquisse également les tendances principales de la critique rabelaisienne. À la fin du livre il ajoute une section de notes dans laquelle il approfondit certaines difficultés de la traduction; en

---

12. Rabelais, *Œuvres complètes*, Paris: Gallimard (Bibliothèque de la Pléiade), 1994.

même temps il reproduit dans la langue d'origine des passages épineux et il commente les circonstances historiques qui éclairent des détails particuliers. Ces notes sont suivies d'un glossaire qui explique certains termes difficiles et qui renseigne sur personnages et lieux. Cependant, même les notes et le glossaire ne suffisent pas au besoin de clarté de l'éditeur. C'est pour cette raison que Frame insère de nombreuses parenthèses explicatives dans le corps de la traduction elle-même. En particulier il semble vouloir justifier sa version des noms propres, ce qui donne des séquences comme celle-ci: "Dukes Turnmill [Tournemoule], Droopytail [Basdefesses] and Smallfry [Menuail], also Prince Bugscratcher [Gratelles] and Viscount Guzzler [Morpialle]" (75). L'emploi de la parenthèse permet de comparer traduction et source, mais à l'occasion il peut couper la lecture. C'est le cas du deuxième paragraphe du Prologue du *Tiers Livre* où trois parenthèses viennent fractionner un passage de six lignes (253). On peut comparer la méthode de Frame à celle d'Urquhart qui incorpore lui aussi des explications au texte. Quand un terme lui semble obscur, l'Écossais le fait suivre d'un mot ou d'une phrase synonyme du genre: "he made his head to fly in pieces by the *Lamboidal commissure, which is a seame in the hinder part of the scull*" (90). À la différence de la parenthèse de Frame, la phrase synonyme d'Urquhart s'intègre au récit comme si elle existait déjà dans le texte de départ. Rabelais est trahi en quelque sorte, mais la lecture du texte anglais en est rendue d'autant plus aisée et intelligible.

Évolution de l'anglais et principes de traduction

En rédigeant leurs traductions, Urquhart et Frame disposent de deux états différents de la langue anglaise. Urquhart est toujours proche de la grande effervescence linguistique et littéraire de la Renaissance anglaise. La langue vient de s'enrichir et de se plier à tous les registres dans des chefs-d'œuvre comme les pièces de Shakespeare et la traduction de la Bible. Avec Urquhart cet instrument admet peut-être un certain baroquisme, mais il reste parfaitement adapté à l'exubérance irrépressible de Rabelais. Comme le dit Charles Whibley: "Nor could the French prose of the Sixteenth Century, new formed and unweakened as it was, have found a better match than Elizabethan English run to seed."[13] La langue de Frame se veut moderne et américaine, "standard American English" (F xxvi). Comme on le sait, cette langue, comme celle de la Renaissance anglaise, est remarquable pour sa vigueur et ses capacités d'invention. Urquhart et Frame ont de la chance. Pour la traduction de Rabelais, ils travaillent à des moments où l'évolution de l'anglais est particulièrement favorable.

Les principes qui guident la traduction sont implicites dans le cas d'Urquhart et ouvertement reconnus dans le cas de Frame. L'Écossais s'accorde des libertés qui vont sans doute dans le sens de Rabelais mais qui ne reproduisent pas toujours le texte de départ. Samuel Putnam prétend que la traduction d'Urquhart est plus grivoise que l'original,[14] et de nombreux lecteurs ont remarqué la tendance de l'Écossais à rendre encore plus copieuse la copie du maître. Cette richesse est due très souvent aux définitions du grand dictionnaire de Randle Cotgrave qui a répertorié une multitude d'expressions rabelaisiennes. Au lieu de choisir une seule définition chez Cotgrave, Urquhart en retient plusieurs, alignant ainsi une série de termes là où l'original n'en donnait qu'un. Cette prolixité s'oppose à la concision de Frame qui veut rester fidèle à la lettre du texte (F xxvi). Pour l'Américain le traducteur modèle devrait combiner "the imagination, daring, and gusto of the brilliant creator with the humility and solid learning of the true scholar" (xxv). Cet idéal transparaît partout dans la traduction. En particulier on remarque les hésitations que Frame exprime dans les notes ainsi que l'humilité avec laquelle il s'avoue parfois désarmé par certaines complexités

---

13. Whibley, *op. cit.*, p. lxxx.
14. *All the Extant Works of François Rabelais*, New-York: Covici-Friede Publishers, 1929, p. xix.

(926, 5.40, note 1). La modestie du professeur est loin de la hardiesse de l'aristocrate écossais.

Tons et niveaux de langue

La première tâche du traducteur est de juger le ton général du texte qu'il travaille. Les registres de Rabelais sont très variés, mais on reconnaît que dans l'ensemble il a voulu donner à ses chroniques un tour archaïsant. Ce ton a su charmer des lecteurs aussi différents que Le Motteux, Faguet et Butor.[15] Pour le reproduire, Urquhart a tous les avantages d'un anglais démodé aux yeux modernes. Son Grandgousier dit "thou" et "thee" à son fils de la façon la plus naturelle du monde. Les désinences verbales en -eth se multiplient spontanément sous sa plume: "saith" (22), "entereth" (34), "hath" (116), "doth" (116). Il en est de même pour des adverbes comme "hither" (33), des prépositions comme "athwart" (89), des tournures négatives comme "I know not when" (185), et des inversions du genre "Then did they burst out in laughing" (50). Ce tableau d'une langue vétuste se complète par une orthographe ancienne avec ses e à la fin des mots et ses k à la suite des c: "foole", "poore", "boxe" (19), "antick" (64), "Heretick" (66).

Pour Urquhart les expressions "élisabéthaines" sont naturelles. Elles ne le sont plus aujourd'hui, et celui qui en abuse risque de tomber dans les excès d'un "tudorese" qui devient vite intolérable. C'est souvent le cas chez W. F. Smith qui a fait publier sa traduction de Rabelais en 1893. Smith fait dire, par exemple, à Marquet qui menace le fouacier Frogier: "Verily thou art rarely crest-risen this Morning; thou didst eat much Millet yestreen; come hither, Sirrah, come hither, and I will give thee of my cake."[16] Frame évite

---

15. Cf. *Le Motteux, The Whole Works of Rabelais, M.D*, Londres: Woodward, 1708, p. xxx; Émile Faguet, préface de *Rabelais en français moderne*, éd. J.-A. Soulacroix, Paris: Librairie universelle, 1909, p. 13; Michel Butor, *Rabelais ou c'était pour rire*, Paris: Larousse, 1972, p. 50.
16. *Rabelais The Five Books and Minor Writings*, London: Watt, 1893, p. 96.

ce pseudo-élisabéthain affecté. Traduisant le même passage, il écrit: "Really you're might cocky this morning; you ate too much millet last evening. Come here, come here, I'll give you some of my *fouace*" (63). En fait les éléments archaïques dont Frame émaille sa traduction sont en général discrets. Il se sert régulièrement de jurons démodés comme "pardy" (90), "'odsbody" (92) et "'pon my word" (163). On retrouve aussi un vocabulaire qui est toujours en usage mais en voie rapide de disparition: "victuals aplenty" (166), "withal" (223), "peradventure" (226), "buskins" (244). Parfois nous remarquons les signes d'une véritable archéologie du style. Traduisant "Le Beline en Court" (239), titre d'un ouvrage de la bibliothèque de Saint-Victor, Frame donne "The Wittol in Court" (153). Terme archaïque pour "cocu", le mot "wittol" est bien adapté au caractère exotique de "beline". Quant à la phrase américaine, on observe que celle-ci prend à l'occasion une tournure périmée. On relève des inversions propres à un style narratif suranné: "said I", "said he" (239), et "And further deponent saith not" (46), avant-dernière phrase du grand discours de Janotus de Bragmardo. Souvent les inversions se calquent sur celles de Rabelais: "And because on that very day was born Pantagruel" (142) / "Et parce que en ce propre jour nasquit Pantagruel" (224); "for of nurses he never had any other sort" (145) / "car de nourrisses il n'en eut jamais aultrement" (228). En particulier, Frame retrouve l'ambiance des contes de jadis en imitant les inversions qui caractérisent les titres de chapitre de l'original: "How Gargantua in a salad ate six pilgrims" (88); "How Pantagruel with his tongue covered a whole army, and what the author saw inside his mouth" (238).

Ayant fixé le ton général, le traducteur doit décider des tons particuliers. À chaque moment, il est appelé à juger du niveau de style, qu'il soit soutenu, familier ou mixte. Urquhart et Frame n'ont aucune difficulté à traduire le français "classique" que nous trouvons dans les passages narratifs ou dans les discours des hommes d'état comme Ulrich Gallet et des intellectuels comme Hippothadée. Plus fortement marqué, le style bas exige un effort supérieur, défi que les traducteurs relèvent avec enthousiasme. Traduisant la kyrielle de vingt-huit insultes que lancent les fouaciers de Lerné aux bergers de Grandgousier, Urquhart en ajoute quatorze de son propre cru. Les injures de l'Écossais sont bien à la hauteur de la verve rabelaisienne: "Slabberdegullion druggels", *"blockish grutnols"*, *"doddi-pol-jolt-heads"* (84). Reconnaissant pour ce passage sa dette envers son prédécesseur (815), Frame nous fait savourer aussi un langage pittoresque: "carrot-top clowns", "jobbernol goosecaps", "codshead loobies" (62).

Les injures des fouaciers ne laissent aucune place à l'ambiguïté. La tâche du traducteur est plus complexe lorsque le ton est mélangé comme dans la célèbre invocation du prologue de *Gargantua*, "Beuveurs très illustres, et vous, Véroléz très précieux" (38). Urquhart donne "Most Noble and Illustrious Drinkers, and you thrice precious Pockified blades" (19), tandis que Frame nous offre "Most illustrious topers, and you, most precious poxies" (3). Les deux traductions sont riches de sens. "Most Noble and Illustrious", écho de la langue cérémoniale, s'oppose de façon bouffonne à la banalité de "Drinkers"; "thrice precious Pockified blades" résonne comme une formule définitive. Dans la traduction de Frame, on admire le mélange de l'archaïque ("topers") et du familier ("poxies"). On apprécie également la structure de la phrase fidèlement modelée sur celle de Rabelais et rehaussée par l'allitération enjouée "most precious poxies".

Érudit scrupuleux, Frame commente la difficulté de trouver le ton juste pour traduire l'adjectif "bon" dans des expressions comme "le bon Pantagruel". "Bon", caractéristique du récit populaire, ne correspond guère à "good", vocable anglais qui tend à se limiter au sens moral, lorsqu'on l'applique à l'être humain. À l'occasion, Frame opte donc pour "good old Pantagruel", tout en reconnaissant que l'expression est inexacte et plus familière ("homier") que son pendant français (839, 3.1, note 1). Un problème semblable se pose pour la traduction de "bonne femme" dont l'acception est légèrement péjorative. Frame propose régulièrement comme équivalent le mot "gammer". Le terme est juste mais vieilli. Devenu rarissime, il laissera perplexes beaucoup de lecteurs dont la langue est l'anglais américain.

Le danger d'erreur au niveau du registre se voit de façon frappante dans la traduction donnée par Frame de la lettre qu'envoie Grand-gousier à son fils après l'attaque de Picrochole. Le traducteur réussit admirablement à capter le ton biblique: "It behooves you to serve, love, and fear God [...] set not your heart on vanity, for this life is transitory, but the word of God abides eternally" (162). Malheureusement la note solennelle est perdue deux lignes plus bas par un "don't" de la langue familière: "Shun the company of those you don't want to resemble." Rabelais passe d'un registre à l'autre, mais jamais avec cette discordance.

Vocabulaire

Rabelais est justement célèbre pour l'étendue et la précision de son vocabulaire. Nous savons aussi qu'il aime inventer ses propres mots comme si les ressources de sa langue maternelle ne lui suffisaient pas. "Mammallement" (58), "torcheculatif" (79), "supercoquelican-ticqué" (242), "incornifustibulé" (243), "philogrobolizer" (257), "matagraboliser" (466), "circumbilivaginer" (479), "morosophe" (534), tous ces termes exotiques sont en général transposés tels quels par les deux traducteurs. En anglais ils brillent avec le même éclat que dans l'original. Urquhart qui avait donné des titres si étranges à ses propres livres, est manifestement fasciné par le carac-tère biscornu des inventions rabelaisiennes. Nous lui devons quel-ques traductions réellement inspirées: "The Rammishnesse of the *Spaniards* supergivuregondigaded by Fryar *Inigo*" (R 242, U 191); "they were thus at their wits end, all-to-be-dunced and *philogrobo-lized* in their braines" (R 257, U 204); "I find my Brains altogether metagrabolized and confounded, and my Spirits in a most dunsical puzzle at the bitter talk of this Devilish, Hellish, Damned Fool" (R

466, U 398). Dans les deux derniers exemples, la méthode d'explication par synonymes donne des résultats des plus heureux.

Si Rabelais affecte parfois un discours extravagant, c'est pour rire.
Loin de lui la tentation de prendre au sérieux la langue prétentieuse
qu'il manie. Il n'en est pas de même chez l'Écolier Limousin et
Janotus de Bragmardo. Ces personnages s'expriment dans un jargon
qui est tout aussi ridicule en anglais qu'en français. Rien n'est perdu
de la saveur latinisée de la réponse que donne l'Écolier Limousin à
la question de sa provenance: "From the alme, inclyte and celebrate
Academie, which is *vocitated Lutetia*" (U 185). De même les expressions pédantes comme "la substantificque qualité" ou "la nature
quidditative" que nous trouvons dans la harangue de Janotus de
Bragmardo (91), se rendent en anglais sans aucun sacrifice de couleur: "substantific quality", "quidditative nature" (F 44). Le latin
corrompu dont Janotus orne son discours pose un problème plus
épineux. Vivant à une époque où le latin fait toujours partie de la
formation intellectuelle des lecteurs, Urquhart laisse le latin tel
quel. Chez le lecteur contemporain, on ne peut plus considérer la
connaissance du latin comme un fait acquis, et Frame réduit considérablement la présence de cette langue, la remplaçant par une
traduction anglaise. Quand le latin est conservé, Frame le fait suivre
d'une parenthèse qui commente son caractère défectueux. Il en
résulte un texte émietté qui se prête mal à la lecture continue. De
plus Frame renonce aux effets comiques que produit le latin francisé dans des barbarismes comme "clocha". Par contre, Urquhart en a
saisi tout le grotesque et crée un anglo-latin hilarant qui reflète
parfaitement l'original de Rabelais: "*Omnis bella bellabilis in Belle-
rio* bellando, bellans bellative, *bellare facit, bellabiliter bellantes:
parisius habet bellas; ergo gluc*" (65–66).

Parmi les lexiques spécialisés de Rabelais, on peut citer les voca-
bulaires techniques de la médecine et de la marine. En général les
traducteurs ont tendance à réduire l'étrangeté du texte français.
Urquhart explique les termes médicaux qui chez Rabelais se présentent dans toute leur bizarrerie: "spondyles *or knuckles of the neck*"

(89), "omoplates or shoulder-blades" (90). Frame renonce à tout exotisme: "vertebrae of the neck", "shoulderblades" (67). Le vocabulaire nautique que nous rencontrons dans la description de la tempête du *Quart Livre*, est encore plus recherché que celui de l'anatomie. Rabelais l'a emprunté à des marins de toutes sortes, notamment ceux de la Méditerranée. Il en résulte un texte qui évoque une scène d'activité fébrile, précise mais inintelligible au profane. Que comprendre en fait à ces termes qui désignent les aspects divers d'un ouragan: "cole", "gruppades", "sions" (633)? Comment envisager ces parties du bateau: "méjane", "triou", "trinquet de prore et trinquet de gabie" (633)? Craignant d'égarer ses lecteurs, Frame apprivoise cette langue bizarre. Pour les intempéries, il donne "squall", "thunderstorms" et "whirlwinds" (477); pour les parties du bateau, il offre "mizzen", "jury sail", "main topsail" et "fore-topsail" (477). La signification conceptuelle est sauvée, mais la vision d'un milieu avec sa langue particulière et insolite est perdue.

L'effort de Frame pour donner à sa traduction un caractère moderne et américain se signale par sa richesse au niveau de la langue familière. Les exemples sont si nombreux qu'on ne peut en donner qu'un échantillon: "son of a bitch" (4) / "caisgne" (39); "roughnecks" (148) / "marroufles" (234); "take the rap" (171) / "s'en prent au nez" (261); "blasted Turks" (179) / "paillards Turcqs" (271); "flabbergasted" (191) / "tout esbahy" (286); "one lousy little time" (210) / "quelque meschante et paillarde foys le jour" (309); "live it up" (244) / "font chière" (352). Parmi les expressions tout américaines, on peut noter: "tripes worth anteing for" (17) / "trippes de jeu" (53); "medic" (20) / "grande medicine" (56); "he would blast him" (67) / "lui donnoit dronos" (127); "suits me" (90) / "je le veulx bien" (158); "a whole great bunch" (133) / "un tas de" (213); "on a hunch" (178) / "par soubson" (270); "putting on the dog (235) / "en faisant du grobis" (339); "on your say-so" (338) / "à ta parolle" (469).

Que Frame aime sa langue et celle de Rabelais, on ne peut en douter. La justesse enjouée de sa traduction est en général remarquable. Parfois il allie l'ancien et le nouveau de façon piquante: "cute wenches" (264) / "mignonnes gualoises" (377). Cependant ce genre d'association ne va pas sans risques. La traduction du titre "Les propos des bien yvres" (50) donne à réfléchir: "The palaver of the potted" (15). L'allitération est frappante, mais on pourrait considérer comme maladroit le rapprochement du vieux mot "palaver" et du mot américain "potted" qui suggère une intoxication due au cannabis. Ces réserves exceptées, la traduction américaine donne l'impression d'un anglais heureusement mis à jour. On peut mesurer l'évolution de la langue en comparant quelques-unes des versions que nous avons citées avec les traductions d'Urquhart: "medic" (F 20) / "she-Physician" (U 37); "suits me" (F 90) / "I am content" (U 115); "on a hunch" (F 178) / "by a probable guesse" (U 217); "flabbergasted" (F 191) / "wonder exceedingly" (U 233); "on your say-so" (F 338) / "as thou hast said" (U 403). C'est un Urquhart bien pâle qui ressort de cette confrontation, ce qui laisse penser que les vertus de sa traduction résident au niveau de la phrase et du rythme plutôt qu'à celui des mots. Notons, par exemple, sa version de la phrase "Et soubdain luy donnoit dronos" (127): "then suddenly gave them *Dronos*, that is so many knocks, thumps, raps, dints, thwacks and bangs" (90).

Quelques domaines particuliers semblent appeler un anglais contemporain familier. Il y a d'abord la désignation de l'être masculin. Frame recourt à l'américain "guy" pour traduire "bonhommet" (F 226, R 329) et "paouvret" (F 337, R 469). Sous sa plume, "le meilleur filz du monde" (280), phrase célèbre de Marot empruntée par Rabelais, devient de façon bien apte "the nicest guy in the world" (186). Pour des vocatifs du genre "compère", "compaign", "compagnons" et "enfans", Frame retient les termes traditionnels "lads" (212), "pal" (338), "hearties" (146) et "mates" (226), mais il affectionne aussi l'américain "buddy" (178). Tous ces mots sont bien loin de certains vocables comparables chez Urquhart: "*Gossip*" (218), "Good fellow" (233) et "Gentlemen" (255).

Les *verba erotica* de Rabelais forment une autre grande famille du style familier. Les grivoiseries de ce groupe ont souvent offensé des esprits délicats, et W. F. Smith, le traducteur victorien, a même laissé en français cinq chapitres entiers qu'il avait trouvés intolérables. Cependant, tout ce qui est "bas" chez Rabelais est indispensable pour tous ceux qui, comme Bakhtine, accordent une valeur philosophique à l'omniprésence du corps grotesque dans les romans rabelaisiens. L'époque d'Urquhart, comme la nôtre, n'éprouve pas les répugnances du dix-neuvième siècle. Traduisant "couilles" et "couillon", Frame se sert des mots crus "balls" (69), "ballock" (340) et "tool" (23). Urquhart use avec bonheur du mot vieilli "cod" dans sa traduction de la phrase "Cza, couillon, que je te esrène de force de t'acoller" (158) / "Come (my cod,) let me coll thee till I kill thee" (115). Le pénis, qui admet treize synonymes chez les gouvernantes du bébé Gargantua (74), est désigné diversement selon les traducteurs. On peut parler d'une certaine pudeur du côté d'Urquhart. Pour traduire "bracquemars enroiddys" (277) et "caiche roidde" (158), il voile le sens en employant des termes proches de la langue-source: "stiffe *bracmards*" (224), "stiffe *Catso*" (116). Frame n'éprouve aucune gêne à nommer les choses: "stiffened weapons" (183); "stiff prick" (90). En fait, l'Américain nous semble friser par moments les limites de l'obscène, dépassant Rabelais lui-même: "get your pecker up" (266); "you won't have much desire to get a hard on" (218).

La pudeur relative que nous avons remarquée chez Urquhart, se voit de nouveau dans ses traductions des termes rabelaisiens qui évoquent les parties intimes de la femme. Là où Frame donne "tits" (220) pour "tétins" (322), Urquhart offre "womens breasts" (262). Rabelais lui-même, plus discret sur la femme que sur l'homme, parle du "*comment a nom*" (278) et des "membres honteux" (279). Cependant, il n'hésite pas à dire "mon petit con" (226), adoucissant toutefois l'expression par le ton affectueux dont le géant Gargantua se sert en parlant de sa femme. Frame traduit de la façon la plus brutale: "my little cunt" (143), terme qu'il utilise aussi pour rendre "maujoinct" (233, R 337). Pour ce dernier, Urquhart préfère la périphrase "Sine quo non" (276). Il semble en fait que l'Écossais répugne à évoquer directement ces "callisbistrys" (277), dont Panurge voulait construire les murs de Paris. "Whatchamacallits" chez Frame (183), ces parties de l'anatomie féminine sont désignées chez Urquhart par des expressions contournées: "the *sine quo nons*, *killisbistris*, or *contrapunctums* of the women of this Countrey" (223).

Pour décrire l'acte sexuel, Rabelais recourt à un vocabulaire barioolé que les traducteurs rendent en anglais avec autant de couleur. Il est remarquable en fait à quel point les images se ressemblent d'une langue à l'autre. Chez Frame les termes rabelaisiens "avoir la saccade" (175), "beliner" (309), "embourrer" (319) et "chevaucher" (320) trouvent un pendant anglais dans des métaphores semblables: "get the tumble" (104), "tup" (210), "stuff" (217) et "bestraddle" (218). Comparé au style américain, le vieil anglais d'Urquhart est plutôt prolixe. Pour "brisgoutter en onocrotale" (468), nous trouvons chez Frame la concision argotique: "plug away like a pelican" (337), et chez Urquhart l'étalage baroque: "culbut, and foraminate, Onocrotal-wise" (402). Le comique pittoresque de cet exemple se remarque dans l'ensemble des descriptions rabelaisiennes de l'amour. Se mettant au diapason, les traducteurs font preuve d'un art habile. Pour "fanfreloucher" (308) et "fretinfretailler" (287), Frame propose "friggle-fraggle" (210) et "tumblebumble" (192). Chez Urquhart la traduction de "fretinfretailler" est tout aussi leste: "dufle, dinfredaille, or lecher" (233). "Jouer du serrecropière" (48) et "soy faire rataconniculer" (48), les *verba erotica* peut-être les plus célèbres de Rabelais, ne perdent rien à la traduction. On retient dans les deux versions l'étrangeté salace de "rataconniculer": "getting themselves rataconniculated" (F 13); "their rataconniculation, and reiterated lechery" (U 31). "Play at the close-buttock game" (U

31) et surtout "play clinchcrupper" (F 13) avec son allitération en "c" conservent toute la drôlerie de l'image française.

Noms propres

Comme on le sait, Rabelais affectionne les noms propres tout autant que les noms communs. Ses personnages sont dotés de noms qui correspondent à leur caractère. En général, les traducteurs laissent dans leur forme originale les noms des figures principales et de ceux qui, comme Épistémon, portent un nom grec. Des exceptions à cette règle seraient "Werewolf" (217) donné par Frame pour "Loupgarou", "Bridlegoose" (413) utilisé par Urquhart pour le juge Bridoye, et *"Freer Ihon* of the funnels and gobbets" (88), traduction plutôt inexacte pour "Frère Jean des Entomeures". C'est sur les noms des personnages secondaires comme "Lasdaller" que les traducteurs portent toute leur attention. Se modelant sur Rabelais, ils essaient de créer des noms à partir d'éléments de leur langue maternelle. À cet égard, Frame se montre plus strict qu'Urquhart. Il traduit certains noms que l'Écossais laisse dans leur forme originale, comme ceux des commentateurs de *De Modis significandi*, livre scolaire de Gargantua chez les sophistes (38), et ceux que Rabelais invente pour quelques-uns des ancêtres géants de Pantagruel (139). Les deux traducteurs proposent des versions de "Baisecul" et d'"Humevesne", les plaideurs de *Pantagruel*. Comme d'habitude, celle de Frame est plus ouvertement grossière: "Milord of Kissass", "Milord of Sniffshit" (F 167); "Lord *Kissebreech*", "Lord *Suckfist*" (U 204). Les noms grotesques des soldats et conseillers de Picrochole offrent aux traducteurs un beau défi. Profitant peut-être de l'érudition de Sainéan,[17] Frame donne "Captain Blowhard" (76) pour "le capitaine Toucquedillon" (140). Chez Urquhart "le capi-

---

17. Sainéan attribue au nom Toucquedillon une origine languedocienne: "fanfaron qui touche de loin". Voir L. Sainéan, *La Langue de Rabelais*, Paris, 1922–1923 (Genève: Slatkine, 1976), t. 2, p. 466.

taine Engoulevent" (123) est joliment rendu par "captain *Swill-wind*" (86). Pour "le capitaine Merdaille" (142), Frame propose une trouvaille inspirée: "Captain Crapham" (77).

Deux autres catégories de noms propres méritent le commentaire, celle des jeux de Gargantua et celle des livres de la bibliothèque de Saint-Victor. Dans le premier cas, Frame tient compte des recherches savantes et traduit avec précision. Urquhart donne libre cours à son imagination. À l'exactitude de l'Américain on peut préférer la liberté enjouée de l'Écossais. Après tout, n'est-ce pas le caractère fantastique de cette multiplicité de jeux qui a émerveillé Rabelais? Que l'on compare les versions de Frame: "Nick nock" (51), "Pinpricks" (51) et "The swing" (53) avec leurs équivalents chez Urquhart: "nivinivinack" (72), "Prickle me tickle me" (72) et "swaggie, waggie or shoggieshou" (73). Le comique de l'Écossais est irrésistible.

En abordant la librairie de Saint-Victor, les traducteurs doivent faire face au problème des titres en latin, et en un latin qui est souvent francisé pour produire un effet comique. Frame traduit toujours avec des notes entre parenthèses. En général Urquhart garde le latin d'origine, mais en l'anglicisant dans les cas où il est corrompu par le français. Ses traductions sont aussi brillamment comiques que les titres rabelaisiens: "Majoris *de modo faciendi Puddinos*" (190); "*Manera sweepandi fornacellos per Mag.* Eccium" (191); et "*Whirlingfriskorum Chasemarkerorum per fratrem Crackwoodloguetis*" (192) pour "Virevoustatorium Nacquettorum, per F. Pedebilletis" (243). Les drôleries de Frame ne cèdent en rien à celles d'Urquhart. Il invente le nom "Craparetus" (154) pour "Tartaretus" (240), et il crée le titre croustillant "The Twatatorium of hypocrisy" (156) pour traduire "Callibistratorium caffardie" (242), expression qu'Urquhart avait laissée en latin telle quelle. On peut aussi admirer le sens du comique dans des versions brillantes telles que "The Bottom Line of Discipline" (154) pour "Le Culot de Discipline" (240), et "The Pray-Acting of the Celestine Fathers" (155) pour "Les Brimborions des Padres Célestins" (241).

Effets auditifs et jeux sonores

On a souvent remarqué le caractère oral du style de Rabelais. Il aime à noter tous les sons, des cris inarticulés de l'émotion jusqu'aux raffinements de la poésie. Magnifiquement rythmée, sa prose se fonde volontiers sur la répétition. Beaucoup de ces effets auditifs disparaissent par nécessité dans la traduction. C'est le cas pour le vin "friant, riant, priant" (40) du Prologue de *Gargantua*, ainsi que pour la séquence "portant hotte, cachant crotte, ployant rotte ou cassant motte" (366) du Prologue du *Tiers Livre*. Par contre, les deux traducteurs s'efforcent de créer des équivalents anglais pour traduire l'enthousiasme que manifeste Pantagruel pour l'acquisition des connaissances: "Que nuist sçavoir tousjours et tousjours apprendre, feust-ce d'un sot, d'un pot, d'une gedoufle, d'une moufle, d'une pantoufle" (428). Dans la traduction de Frame, nous lisons: "What harm is there in always finding out and always learning, even if it's from a sot, a pot, a dipper, a mitten, or a slipper" (303). Chez Urquhart, nous trouvons une version qui marque toute l'exubérance de sa traduction: "What hindrance, hurt or harm doth the laudable desire of Knowledge bring to any Man, were it from a Sot, a Pot, a Fool, a Stool, a Winter Mittam, a Truckle for a Pully, the Lid of a Goldsmiths Crucible, an Oil Bottle, or old Slipper?" (357).

Deux passages célèbres témoignent de la force de la répétition dans l'art de Rabelais: le portrait de Frère Jean dans *Gargantua* (125) et celui de Diogène jouant de son tonneau dans le Prologue du *Tiers Livre* (364–365). Frère Jean, dit le narrateur, était "[...] bien à dextre [...] bien fendu de gueule, bien advantaigé en nez, beau despescheur d'heures, beau desbrideur de messes, beau descroteur de vigiles." Les deux traductions anglaises ont leur rythme propre, mais elles ne reproduisent les reprises ni de "bien" ni de "beau" ni de "des-". En revanche, elles imitent parfaitement le polyptote qui donne au portrait ses dernières couleurs: "pour tout dire sommairement vray moyne si oncques en feust depuys que le monde moynant moyna de moynerie" (125) / "a right Monk, if ever there was any, since the Monking world monked a Monkerie" (U 88) / "a real monk if ever there was one since the monking world first monked a monkery" (F 66).

Dans le portrait de Diogène, c'est le verbe qui impose son caractère itératif. Plus de soixante imparfaits traduisent la fébrilité du philosophe qui prend part à la défense de Corinthe en maniant son tonneau de toutes les façons possibles. La version de Frame est un tour de force qui montre la compatibilité qui peut se créer entre l'anglais et le français rabelaisien: "le [le tonneau] tournoit / Viroit, brouilloit, barbouilloit, / hersoit, versoit, renversoit, / nattoit, grattoit, flattoit, / barattoit, bastoit, boutoit [...]" (365) / "veered it, / twisted it, scrambled it, garbled it, / churned it, turned it, overturned it, / rustled it, hustled it, muscled it, / bustled it, castled it, passeled it [...]" (255).

La précision supérieure de Frame se montre de façon éclatante dans la traduction des poèmes. Ceux-ci parsèment le texte de Rabelais, parfois à des moments décisifs, comme dans *Gargantua* où "Les Fanfrelouches antidotées" et "l'Énigme en prophétie" se placent aux deux extrémités de la chronique et l'entourent de mystère. Or Urquhart est à peine poète. On remarque ses rimes approximatives: "Fight / hit" (328), "Run / alone" (380), et on note que la plupart du temps il se contente de traduire en rimes plates les formes complexes de Rabelais. Les différences qui séparent les deux traducteurs ressortent clairement dans la version des "Fanfrelouches antidotées" (43–46). Urquhart recourt à ses rimes plates habituelles (27–30), tandis que Frame reproduit le schéma de l'original, ababbaba ou ababbcbc (9–12). Frame imite également les mots incomplets que Rabelais place dans la première strophe pour suggérer l'antiquité d'un manuscrit abîmé par le temps: "ai? ... 'sa ... = uquel" (43) / "ave? ... 'his ... -hen" (9). Le talent exceptionnel du traducteur américain se confirme de façon concluante dans sa version des chants de victoire composés par Pantagruel et Panurge pour célébrer leur défaite des Dipsodes. Rabelais se sert dans ces poèmes d'un schéma complexe de rimes: ababbcbc / ddedde / eded. Pour comble de virtuosité, il utilise dans les deux cas non seulement la même disposition de rimes, mais aussi le même son dans les mots rimés (321). Seul le niveau de langage sépare le texte solennel de Pantagruel de la composition grotesque de Panurge. Chez Frame, tous les détails de cet art subtil sont reproduits dans une version qui est remarquable pour sa fidélité et son aisance (219–220).

Toujours proche des grands rhétoriqueurs, Rabelais aime les contrepèteries et les calembours. D'habitude ces tours verbaux se trouvent dans la bouche des personnages "vulgaires" et contribuent au comique du récit. Enracinés dans la matière de la langue d'origine, ils présentent évidemment un défi important au traducteur. "Maistre passé" / "prebstre Macé" (54), contrepèterie d'un des bien ivres, que Frame rend par l'opposition "past master" / "mast paster" (18), a peu de sens en anglais. De même, dans l'inversion commise par Merdaille, "je tueroys un pigne pour un mercier" (145), la signification dépend d'un idiotisme français courant à l'époque de Rabelais. "I'd kill a comb for a haberdasher", version de Frame (80), manque de résonance car elle ne se fonde sur aucune locution anglaise usuelle. Est-ce dire que la contrepèterie ne passe pas d'une langue à l'autre? Quelques versions de la traduction américaine nous prouvent le contraire. Frame traduit aisément les plaisanteries du narrateur: "Comment Épistémon, qui avoit la couppe testée [...]" (333) / "How Épistemon had his chop headed off" (230); "[le coq] eut la couppe guorgée" (370) / [the cock] had his coat thrut" (258). De même les contrepèteries de Panurge ne cèdent en rien au comique grotesque de l'Américain. Chacun connaît les bons mots de ce personnage: "femme folle à la messe / femme molle à la fesse" (282); "À Beaumont le Vicomte / À beau con le vit monte" (303). Gêné par la verdeur de cette dernière plaisanterie, Urquhart se voit réduit à une orthographe incomplète et pudique: "C. the pr." (247). Frame s'adonne allègrement au jeu, traduisant avec brio le premier exemple: "a woman wild in the mass / a woman mild in the ass" (188). Sa traduction de l'ancien proverbe, "oignez villain, il vous poindra;

poignez villain, il vous oindra" (140), est également excellente: "pat a lout, and he'll bat you; bat a lout, and he'll pat you" (77).

Comme les contrepèteries, les calembours se prêtent mal à la traduction. Très nombreux dans les pages de Rabelais, surtout dans le *Tiers Livre*, chronique de l'ambiguïté insoluble du monde, ces jeux de mots soulignent la complexité de l'existence. Devant l'impossibilité de les traduire tous, Frame parsème son texte de parenthèses explicatives. Même Urquhart ajoute de temps en temps des notes infrapaginales. À regret on voit se dresser une longue liste de calembours intraduisibles dont on ne peut citer que quelques-uns: "planettes / platz netz" (53); "Dy, amant [diamant] faulx" (311); "bas culs / Baccus" (321); "en vin / non en vain" (362); "sages femmes / praesages femmes" (429); "Maunettes / Monettes" (430); "amie / a mie" (499). On déplore surtout la perte de saveur dans la traduction des quelques calembours sérieux où Rabelais inscrit toute une sagesse: "science sans conscience n'est que ruine de l'âme" (248); "baissant la teste, baisant la terre" (403); "amour de soy vous déçoit" (476). "Science without conscience" (F 162) conserve le jeu de mots mais fausse le sens, vu la signification limitée du mot anglais "science". "Bowing your Head, and kissing the Ground" (U 332), "self-love is deceiving you" (F 347), ces versions rendent parfaitement les idées de Rabelais, mais sans le jeu du calembour, elles ne s'imposent pas à l'esprit de la même manière que les formules d'origine.

Si les échecs de traduction sont nécessairement nombreux, les réussites sont d'autant plus précieuses. Le célèbre "service divin / service du vin" (125) de Frère Jean passe facilement en anglais: "divine service / wine service" (U 88, F 66). Il en est de même pour le calembour "Tripet fut estripé" (167), rendu par nos deux traducteurs: "Tripet was untriped" (U 124, F 99). Frame exprime de façon habile les "cinq ou six maistres inertes" (90): "five or six Masters Inerts" (43). Les deux traducteurs font preuve de créativité dans la version de la phrase "ne bevyons-nous que lâchement, non en lancement [Landsman]" (225). Comme d'habitude, la traduction de

Frame est concise: "we were drinking only meagerly, not eagerly" (142). Celle de l'Écossais laisse libre cours à l'exubérance: "for we drink but lazily, as if our tongues walked on crutches, and not lustily like *Lansman dutches*" (176). Urquhart montre le même élan lorsqu'il traduit la déclaration de Bridoye: "La vraye étymologie de 'procès' est en ce qu'il doibt avoir en ses prochatz prou sacs" (522). Harcelé lui-même pour ses dettes, l'Écossais s'exprime avec éloquence: "the true Étymology and Exposition of the word *Process* is *Purchase*, *viz.* of good store of Money to the Lawyers, and of many Poaks, *id est*, *Prou-Sacks*, to the Pleaders" (466). C'est à Frame, cependant, que revient la palme dans la traduction des calembours. Racontant l'histoire de ceux qui avaient souffert d'une hypertrophie du nez après avoir mangé des nèfles peu de temps après le meurtre biblique d'Abel, Rabelais écrit: "Nason et Ovide en prindrent leur origine, et tous ceulx desquelz est escript: 'Ne reminiscaris'" (219). Il s'agit ici d'un jeu de mots bilingue, déjà ancien au XVIe siècle, et fondé sur le latin "ne" et son homonyme français "nez". Frame le traduit avec une simplicité inspirée: "Naso [Grand Nez] and Ovid originated from those, and all of those of whom it is said: "Lord only knows" (138).

Du Bellay trouvait que la traduction d'un poète ou d'un prosateur étranger donnait l'impression de "passer de l'ardente montaigne d'Æthne sur le froid sommet de Caucase".[18] Pareille déception n'attend ni les lecteurs d'Urquhart, ni ceux de Frame. Désormais le public anglais dispose de deux traductions de Rabelais, bien différentes l'une de l'autre, mais toutes deux de haute qualité. Avec son anglais vieilli du dix-septième siècle, Urquhart exercera le même charme sur l'anglophone que la vieille langue de Rabelais exerce sur le Français d'aujourd'hui. Certes la traduction de l'Écossais est parfois inexacte, mais cette liberté est aussi peut-être une vertu. On

---

18. *La Deffence et illustration de la langue françoyse*, éd. Henri Chamard, Paris: Didier, 1948, p. 37.

a blâmé la verbosité d'Urquhart, sa tendance à ajouter des détails que le texte de Rabelais ne justifie pas. Cependant, ces ajouts ne trahissent que la lettre de l'original. S'inspirant des grands rythmes de Rabelais, ils respectent l'esprit des chroniques et reproduisent à merveille leur souffle et leur élan. Chez Frame, c'est la fidélité à la lettre qui fait impression. On ne finira jamais d'admirer le caractère brillant de tel ou tel détail de sa traduction. Chaque page porte la marque d'une réflexion poussée et d'une érudition profonde. Nul doute que cette traduction fera œuvre de référence à l'avenir. Et pourtant ces vertus ont leur envers. Truffé de notes et de commentaires, l'ouvrage de Frame se prête moins facilement à la lecture continue que celui d'Urquhart. Comme toute grande œuvre, les chroniques de Rabelais procurent des plaisirs multiples à des lecteurs divers. Urquhart et Frame auront chacun leur place, Urquhart peut-être chez l'amateur dans son fauteuil au coin du feu, Frame chez l'étudiant ou l'érudit à sa table de travail.

Université du Manitoba

Rabelais aux Pays-Bas: l'édition Elzevier (1663) et la présence de Rabelais dans les bibliothèques privées des Hollandais

Paul J. Smith

1. Introduction

"Gardés vous des Contrefaits & particulierement en Hollande, tant ils sont défectueux, & peu corrects." Voici ce que Jean Bernier met en exergue à son étude polémique *Le véritable Rabelais réformé*, publiée en 1697.[1] Un peu plus loin Bernier indique à quelles éditions il s'attaque: il s'agit de celles publiées sous le nom de Louis et Daniel Elzevier, qui connaissent un grand succès commercial. La première, publiée en 1663, a été rééditée en 1666, et plagiée par plusieurs éditions pseudo-elzéviriennes, datant de 1659 (édition antidatée), 1669 et 1675. Bernier ne ménage guère ses reproches: outre les incorrections des commentaires, "peu surs, pleins d'ignorances & de fautes d'impression", la critique de Bernier porte surtout sur leur ton trop anti-catholique à son goût.

Les remarques critiques de Bernier ont largement influencé les jugements des lecteurs après lui. Les Français, sans doute irrités par les innombrables éditions pirates parues chez les Elzevier et leurs collègues néerlandais, répètent jusqu'au XXe siècle le jugement négatif de Bernier. Ainsi, le grand bibliographe Jacques-Charles Brunet note en 1863 avec sarcasme:

Voilà sans nul doute une édition fort jolie, mais malheureusement c'est là son seul mérite, car elle fourmille de fautes d'impression, le troisième

---

1. Jean Bernier, *Jugement et nouvelles observations sur les œuvres [...] de François Rabelais, ou Le véritable Rabelais réformé. Avec la carte du Chinonois*, Paris: L. d'Houry, 1697.

livre n'y est pas entier, et les courts éclaircissements qu'on a ajoutés au texte sont remplis de traits d'ignorance, ainsi que l'a prouvé Bernier, dans son *Véritable Rabelais reformé*.[2]

Dans son étude monumentale sur les Elzevier (1880), Alphonse Willems prend la défense de l'édition de 1663:

Que l'édition soit incorrecte, nous n'avons garde de le contester; elle a cela de commun avec presque toutes les réimpressions parues jusqu'en ces dernières années. Mais à l'époque où elle a vu le jour, elle pouvait passer pour très satisfaisante, puisqu'elle a trouvé grâce auprès d'un juge aussi ferré en matière de rabelaiserie que Gui Patin [...] En outre il ne nous paraît pas exact de prétendre que le troisième livre n'est pas complet [...] Cette division en 49 chapitres est celle qu'ont adoptée toutes les éditions de Rabelais publiées au 17e et au 18e siècle. Ainsi nous nous sommes assuré que le troisième livre de celle de Le Duchat, à laquelle Brunet ne fait pas le même reproche, ne contient pas une ligne de plus que l'édition elzévirienne.[3]

Défense sans effet, car Pierre-Paul Plan écrit dans sa *Bibliographie rabelaisienne* de 1904:

Cette édition que l'on a longtemps recherchée et payée fort cher, parce qu'elle est d'une grande élégance typographique, n'a qu'une valeur médiocre au point de vue du texte. [...] Bien que M. Willems, dans son ouvrage sur les *Elzevier* [...], ait cru démontrer que ce texte était moins défectueux qu'on ne pourrait le penser, il n'en est pas moins vrai que le troisième livre suit ici une des éditions incomplètes en 49 chapitres [..], & qu'il manque, en tête de l'ouvrage, le dizain *Aux lecteurs*. Il y a, en outre, à toutes les pages de nombreuses fautes. Quoi qu'il en soit, cette édition de 1663 peut figurer honorablement, à titre d'élégant bibelot, dans les bibliothèques de luxe [...].[4]

---

2. Jacques-Charles Brunet, *Manuel du libraire et de l'amateur de livres*, Paris: Firmin Didot, t. 4, 1863, col. 1058.
3. Alphonse Willems, *Les Elzevier. Histoire et annales typographiques*, Nieuwkoop: B. de Graaf, 1974 (réimpression de l'édition de Bruxelles, 1880), pp. 334–335.
4. Pierre-Paul Plan, *Bibliographie rabelaisienne. Les éditions de Rabelais de 1532*

Cependant, la réaction des premiers lecteurs français fut tout autre. Longtemps avant sa publication, l'édition Elzevier fut l'objet de rumeurs dans les cercles intellectuels parisiens. Ainsi, déjà en 1660, Guy Patin, lecteur fervent de Rabelais, et médecin comme lui, écrit: "On parle ici d'une edition nouvelle de Rabelais qu'on fait en Hollande, plus belle que celles qui ont paru jusqu'à present."[5] De même, Jean Chapelain, intrigué par certaines remarques de Patin, s'informe auprès de Nicolas Heinsius au sujet de cette "édition nouvelle":

> Mr Patin [...] me dit aussi que lon imprimoit en Hollande Rabelais en caracteres treselegans. J'apprendrois volontiers si cela est et s'il s'imprime avec quelques illustrations historiques ou de beau sçavoir, ce lucianisme estant remply de choses exquises, et qui mérite l'attention des habiles.[6]

La publication, impatiemment attendue, de l'édition de 1663 a été saluée avec enthousiasme par Charles Sorel[7] et Patin. Ce dernier écrit dans une lettre de février 1664:

> Le Rabelais est achevé à Amsterdam en deux tomes in-douze qui se vendent ici 4 livres 10 sous en blanc; l'impression en est fort belle; il y a à la fin une explication de plusieurs mots dudit auteur, laquelle est bonne. (*Lettres*, III, p. 461)

à 1711 [...], Paris: Imprimerie Nationale, 1904, p. 223 (abréviation: Plan).

5. Guy Patin, *Correspondance*, Cologne, 1692, p. 150, 8 oct. 1660 (À Monsieur F.C.M.D.R.). Voir aussi tome V, p. 172: "On y [en Hollande] imprime aussi le Rabelais, qui sera de belle impression" (8 sept. 1659, à M. B. pere D. M.).

6. Lettre du 15 octobre 1659. Nous citons d'après Ms. BPL 1923. Chapelain 86 (Bibliothèque universitaire de Leyde), la transcription dans l'édition des *Lettres* de Chapelain (Paris: Imprimerie Nationale, 1880–1883, t. II, p. 61) étant incorrecte et incomplète. Pour autant que nous le sachions, la réponse de Heinsius n'a pas été conservée. Celle-ci doit être sufissamment informative, parce que Chapelain n'y revient plus dans sa correspondance ultérieure avec Heinsius.

7. "[...] l'on voit avec plaisir les commentaires qu'on y a adjoustez dans la derniere impression" (*Bibliothèque française*, Paris, 1664, p. 172, cité par Marcel De Grève, "Les érudits du XVIIe siècle en quête de la clef de Rabelais", *Études rabelaisiennes* 5 (1964), 41–63 (p. 60, n. 45)).

Il semble donc que la nouvelle édition corresponde à un besoin, dont les frères Elzevier, bien au courant des actualités littéraires en France, ont su tirer profit, grâce à un réseau de distributeurs plus ou moins clandestins, parmi lesquels Patin lui-même. Comme le rappelle Anne Sauvy, "Rabelais semble avoir été un auteur à la fois très recherché et sévèrement interdit à la fin du XVIIe siècle. Gui Patin fut arrêté en 1666 alors qu'il transportait, entre autres, 92 œuvres de Rabelais en 2 vol. dans son carrosse."[8]

Ce sens aigu de l'actualité se constate aussi dans la Préface de l'imprimeur au lecteur, telle qu'elle figure dans l'édition de 1663:

L'Imprimeur au lecteur

Amy Lecteur,

Il n'est pas necessaire que je te fasse l'eloge du livre que je te presente: Tout le monde sçait qu'autrefois il n'y avoit pas un homme d'esprit, je dis mesme des plus barbons, qui ne l'eust dans son cabinet, & qui ne le lût en son particulier: & pour les gens du monde, il n'estoit pas bon compagnon qui ne sçavoit pas son Rabelais *ad unguem*, ne pouvant y avoir de bon repas qui ne fust assaisonné de quelque bon mot de cet Auteur. Si l'empressement a esté moindre depuis, c'est, à mon avis, que n'aiant pas la connaissance de l'Histoire des particuliers de ce temps-là, on ne treuve pas si bien le mot pour rire dans la Satyre. La difficulté encore qu'il y a à bien entendre quantité de mots, diminuë le plaisir. Ainsi, cher Lecteur, pour rendre ton divertissement plus aisé dans la lecture d'un livre le plus facetieux & le plus spirituel qui fut jamais, je te le donne tel qu'il est dans les plus vieilles & les meilleures impressions, accompagné de quelques observations sur les endroits les plus remarquables de son temps, & une explication tres-ample, par ordre alphabetique, de tous les mots difficiles. J'y ay adjousté la vie de l'Auteur & quelques remarques des traits plus jolis & les plus plaisans de ce galand homme. Adieu. *Vivito & lætare.*

---

8. Anne Sauvy, *Livres saisis à Paris entre 1678 et 1701*, La Haye: Martinus Nijhoff, 1972, p. 91.

144

C'est en quelques mots tout le programme d'un éditeur qui est conscient des nouveautés qu'apporte son édition. Ce programme nous indique, point par point, le chemin que nous allons suivre dans le présent article.

2. L'Édition Elzevier (1663)

Commençons par le dernier aspect mentionné dans la Préface, parce que c'est l'aspect sur lequel l'éditeur insiste le plus, et qui est le plus directement constatable, dès qu'on ouvre le livre: le texte de Rabelais est une véritable *editio variorum*, entourée de métatextes, qui visent à guider le lecteur dans sa lecture. Pour être précis: il est précédé de deux textes biographiques anonymes: 1. la *Vie de Rabelais* (non paginée); 2. les *Particularités de la vie & mœurs de Rabelais* (non paginées). Le texte est suivi de trois glossaires: 3. l'*Alphabet de l'Auteur François* (pp. 868–940); 4. la *Briefve Declaration d'aucunes dictions plus obscures contenus on quatriesme livre* (pp. 941–943); 5. les *Éclaircissements de quelques endrois difficiles de Rabelais* (pp. 944–946).

L'origine de ces textes n'est que partiellement connue. *La Vie de Rabelais* a été empruntée sans doute à l'édition des *Épistres* de Rabelais, réalisée en 1651 par les frères Sainte-Marthe. Cette *Vie* a été attribuée par Plan à Pierre Dupuy.

Les *Particularités* présentent quelques anecdotes facétieuses bien connues sur la vie de Rabelais, mais dont l'historicité est douteuse.

Sur l'origine de la *Briefve Declaration* la critique rabelaisienne actuelle est toujours divisée: d'aucuns, parmi lesquels Mireille Huchon,[9] l'attribuent à Rabelais, d'autres, parmi lesquels André Tournon,[10] admettent l'inauthenticité du glossaire. Quoi qu'il en soit, il

---

9. Mireille Huchon, *Rabelais grammairien. De l'histoire du texte aux problèmes d'authenticité*, Genève: Droz, 1981, pp. 406–411. Voir aussi son édition récente des *Œuvres* de Rabelais dans la Bibliothèque de la Pléiade (Paris, Gallimard, 1994), pp. 1588–1589.

10. André Tournon, "La *Briefve declaration* n'est pas de Rabelais", *Études*

s'avère, pour des raisons que nous allons préciser plus loin, que les Elzevier ont trouvé la *Briefve Declaration* dans les *Œuvres* de 1556.

Les *Éclaircissements* ont été attribués par Plan à Pierre Dupuy, l'auteur supposé de la *Vie de Rabelais*. Nonobstant leur brièveté, ces *Éclaircissements* sont d'une importance capitale pour l'histoire de l'interprétation de l'œuvre de Rabelais, comme l'a bien vu Marcel De Grève.[11] D'une part, ils continuent une approche historico-allégorique de l'œuvre de Rabelais, interprétation vivante depuis les années 1570[12] et dont on connaît la fortune aux siècles suivants.[13] Ainsi, ils présentent quelques interprétations biographiques et régionales de certains personnages rabelaisiens. D'autre part, les *Éclaircissements* sont les premiers à avoir présenté un Rabelais sympathisant avec la Réforme. C'est sans doute pourquoi, dans sa critique des éditions Elzevier, Bernier s'en prend surtout à ces "prétendus *Éclaircissements*".

Le commentaire le plus ample, l'*Alphabet de l'Auteur François*,[14] a été basé sur un commentaire manuscrit, intitulé *Explication de certaines dictions prises des œuvres de François Rabelais*, fait par un certain Perreau, et qui se trouve dans le fonds Dupuy de la Bibliothèque Nationale. L'*Explication* de Perreau, dont l'identité reste inconnue, a été éditée par De Grève, qui en précise les origines poitevines et la redevance à l'égard de la *Briefve Declaration*. Dans une étude déjà ancienne, Henri Clouzot,[15] comparant cette *Explica-*

rabelaisiennes 13 (1976), 133–138.

11. Marcel De Grève, "Les érudits du XVIIe siècle en quête de la clef de Rabelais", *Études rabelaisiennes* 5 (1964), 41–63 (45–47).

12. Voir Marcel De Grève, *L'Interprétation de Rabelais au XVIe siècle*, Genève: Droz, 1961, pp. 252 sq., qui mentionne un certain Bouchereau, auteur du "premier commentaire historique et géographique de *Gargantua*".

13. Voir L. Sainéan, *L'Influence et la réputation de Rabelais [...]*, Paris, 1930, pp. 46 sq.

14. Il est à noter que Bernier se montre plus clément pour ces explications, "auxquelles il faut faire justice en général, tant elles sont bonnes" ("Additions", s. p.).

15. Henri Clouzot, "Les commentaires de Perreau et l'Alphabet de l'Auteur français", *Revue des Études rabelaisiennes* 4 (1906), 59–72.

tion à l'*Alphabet* de l'édition Elzevier, a signalé quelques différences notables entre les deux glossaires: l'édition Elzevier a ajouté plusieurs références érudites aux auteurs classiques, ainsi qu'un certain nombre d'explications nouvelles des mots grecs et latins. Clouzot ne donne pas de réponse à la question qui se pose inévitablement: comment les Elzevier ont-ils pu se procurer le texte de ce manuscrit? Or, à ce sujet, la correspondance des Elzevier contient une lettre tout à fait intéressante, que Daniel et Louis Elzevier écrivent le 20 juillet 1662 à l'érudit Henri Justel (BN, Ms fra. 15209, f.52), et dont voici l'incipit:

Monsieur,

Vostre agreable du 22 juin et les Explications des mots Barbares dans Rablais nous ont esté délivré en leur temps, dont vous avons beaucoup d'obligation. Si tost qu'aurons du papier propre, nous commencerons ledit ouvrage. À cause de la multitude des ouvrages qu'avons soub la presse et qui nous restent à imprimer, comme le Cours civil, Livius cum notis [Gronovij] et variorum, Seneca philosophus de mesme dont chaquun livre aura 3 voll. in duo, Quintus Curtius in duo et divers autres, il nous est impossible de commencer encore dans un an aucun ouvrage. Sinon que ce fut quelque petit ouvrage ou livre qui meritat qu'on laissat reposer les autres, ainsi vous remercions de l'advis.[16]

Auquel des trois glossaires correspondent en fait ces "Explications des mots Barbares dans Rablais"? Comme la source de la *Briefve Declaration* est connue, et que les *Éclaircissements* n'offrent pas de véritables "explications de mots", tout porte à croire que c'est de l'*Alphabet de l'Auteur François* qu'il s'agit.[17] C'est donc sans doute

---

16. Nous reproduisons, avec quelques corrections, la transcription faite par Pierre-Paul Plan dans un article peu connu: "Une lettre des Elzeviers sur leur édition de Rabelais", *Bulletin du Bibliophile et du Bibliothécaire*, Nouvelle série 1 (1922), 468–470. Je tiens à remercier Paul Hoftijzer de m'avoir signalé cet article.

17. À remarquer que l'appellation "Explication" coïncide parfaitement avec le titre du manuscrit de Perreau: *Explication de certaines dictions prises des œuvres de François Rabelais*. L'appellation "Auteur François" pour "François Rabelais" se retrouve fréquemment sous la plume de Guy Patin, qui fut un des correspondants

Justel qui a transmis le texte de Perreau à Elzevier; c'est lui et (ou) Heinsius qui y ont apporté leurs additions érudites de latiniste et d'helléniste et les références aux grands savants humanistes: Érasme, Juste-Lipse, Hadrianus Junius, Joseph-Juste Scaliger, Sleidanus, Casaubon, et d'autres noms dont, contrairement à l'*Explication* de Perreau, l'*Alphabet* est émaillé.

Le texte rabelaisien se trouve ainsi emboîté dans un métadiscours composite, qui s'alourdit encore par la *Clef de Rabelais*, bref commentaire ajouté en 1669 par un des pseudo-Elzeviers. Ici, il convient de préciser que, contrairement à ce qu'affirment Plan (p. 224) et, après lui, plusieurs autres, cette *Clef* n'apparaît pas pour la première fois dans l'édition pseudo-elzévirienne de 1675. Il existe une édition, datée de 1669, qui a cette *Clef*, où se lisent deux indications de pages référant à l'*Alphabet*: "Coüillatrix Voyez Tome 2. 398" et "Mirebeau en Mirebalais Voyez page 424". Si ces références sont correctes pour l'édition de 1669, elles ne le sont pas pour l'édition de 1675, qui les copie aveuglément sans faire attention à sa propre pagination.[18]

Cette *Clef* est importante pour l'histoire de l'interprétation de Rabelais: elle reprend et systématise l'interprétation historico-allégorique qu'offrent les *Éclaircissements*. Elle consiste en une série d'identifications du type: Gargantua est François Ier; Pantagruel est Henri II; frère Jean le Cardinal de Lorraine; Panurge le Cardinal d'Amboise; la jument de Gargantua est Mme d'Étampes, et ainsi de suite.

Tous ces commentaires, qui sont absents dans les éditions complètes antérieures à 1663, constituent donc un renouvellement im-

---

de Justel.

18. J'ai consulté les éditions de 1669 et 1675 à la Bibliothèque Royale à La Haye (cotes 1116 G 11–12 et 224 G 35–36). À comparer aussi les pages de titre des deux éditions qui ont toutes les deux l'indication "dont le contenu se voit à la page suivante", ce qui s'avère correct pour l'édition de 1669, et incorrect pour l'édition de 1675. C'est ce qui prouve que l'édition de 1669 n'est pas une contrefaçon postérieure à celle de 1675, comme le croit Plan.

portant. Quoique Elzevier ne se donne pas la peine de rassembler ces commentaires dans un ensemble cohérent, on peut dire qu'il annonce la grande édition rabelaisienne faite par Le Duchat en 1711. Le Duchat réécrit la vie de Rabelais, il réunit la *Briefve Déclaration*, les *Éclaircissements* et l'*Alphabet* dans un seul commentaire alphabétique. Le Duchat, d'ailleurs, reconnaît sa dette envers l'édition elzévirienne en référant régulièrement à celui qu'il appelle le "Scholiaste de Hollande".[19]

Retournons à la Préface de l'édition de 1663. L'autre nouveauté qu'elle annonce concerne le texte de base: Elzevier ne copie pas simplement le texte de l'édition précédente (comme on avait l'habitude de faire dans les éditions antérieures), mais il procède à un véritable triage, guidé par les deux critères mentionnés dans la Préface: l'ancienneté et l'excellence des modèles à suivre. Quels sont donc ces modèles? À l'aide des *shibboleths* fournis par la *New Rabelais Bibliography* de Stephen Rawles et Michael Screech,[20] nous avons confronté les différentes éditions. Nous en sommes arrivé à la reconstitution suivante:

A. Pour les quatre premiers livres, Elzevier a surtout suivi l'édition de 1556 (s.l., *NRB* 60). Voici brièvement l'argumentation que nous avons suivie: l'édition de 1556 qui ne comporte que les quatre premiers livres, est une des rares éditions au XVIe siècle, qui contiennent la *Briefve Declaration*. Celle-ci de même que *NRB* 79 sont les seules éditions à avoir la mauvaise lecture *tôn enypnion* (shibboleth 15) en commun avec l'édition Elzevier. Rawles et Screech notent que *NRB* 79 est dérivé de *NRB* 60. Il est difficile de trancher en faveur de l'une ou de l'autre édition comme texte de base pour l'édition Elzevier: elles coïncident parfaitement (mieux que n'importe quelle autre édition) avec l'édition Elzevier pour les

---

19. Voir les précisions de Theodore P. Fraser, *Le Duchat First Editor of Rabelais*, Genève: Droz, 1971, pp. 57-58.

20. Stephen Rawles et M.A. Screech, *A New Rabelais Bibliography. Editions of Rabelais before 1626*, Genève, Droz, 1987 (abréviation: *NRB*).

shibboleths 9, 10, 12. Cependant, les shibboleths 8 (*NRB* 79 a *con-trefaicts*, alors que *NRB* 60 et l'édition Elzevier ont *contrefactis*) et 20 (contrairement aux deux autres éditions, *NRB* 79 omet carré-ment l'attaque de Rabelais à l'adresse de Calvin) nous ont fait opter en fin de compte pour *NRB* 60. Rawles et Screech semblent donner raison à Elzevier, pour avoir judicieusement choisi cette édition comme édition de base, puisqu'ils notent: "This edition is notewor-thy for the fidelity and correctness of its text."

B. Pour le *Cinquiesme Livre*, Elzevier a utilisé au moins deux éditions différentes: 1. l'une des premières éditions du *Cinquiesme Livre*, peut-être même la toute première: celle de 1564 (*NRB* 54); 2. l'édition de Jean Martin, Lyon 1599 (*NRB* 80).[21] On peut vérifier cette double source sur le célèbre poème calligrammatique de la Dive Bouteille qui termine le *Cinquième Livre*: le texte du poème, son orthographe, sa versification et sa mise en page sont prises dans l'édition lyonnaise de 1599 (voir figure 1; cf. *NRB* 80, fig. 80.3 et 80.4). À ce sujet, c'est surtout la disposition des premiers et des derniers vers du poème qui est significative:

O Bouteille Pleine toute
De mysteres, D'une oreille
Je t'escoute. Ne differes.

Cependant, la forme picturale de la bouteille est directement ou indirectement inspirée de l'une des premières éditions du *Cin-*

---

21. Les shibboleths 24–30 indiquent, outre *NRB* 80, *NRB* 78 (1596, Lyon, Martin) comme édition de base pour l'édition Elzevier. Comme il nous a été impossible de comparer *de visu* ces trois éditions, nous avons dû nous contenter des données fournies par Rawles et Screech. Or, ceux-ci notent pour les deux pièces qui suivent le *Cinquième Livre* deux orthographes différentes. *NRB* 78 a "La cresme philosophale" et "Franciscus Rabellesius poeta sitiens ponebat", alors que *NRB* 80 a respectivement: "La chresme philosophale" et "Franciscus Rabellesius poëta sitiens ponebat". Seule l'orthographe proposée par *NRB* 80 coïncide avec celle de l'édition Elzevier.

quième Livre, NRB 54, 55 ou 56 (voir *NRB*, pp. 276, 285, 289).[22] Un examen plus poussé de toutes les éditions mentionnées est nécessaire pour qu'on puisse indiquer avec plus de précision comment, et pour quelles parties de l'œuvre, Elzevier a utilisé ces éditions.

Ce purisme philologique qu'implique la sélection des éditions de base, ainsi que la présentation du texte par *editio variorum* indiquent qu'Elzevier considère l'œuvre de Rabelais comme un véritable classique. En effet, Rabelais subit le même traitement philologique et éditorial que les grands auteurs de l'Antiquité.

À ce sujet, il convient d'ouvrir une parenthèse: ce ne sont pas les frères Elzevier eux-mêmes qui ont fait ce travail philologique. Pour l'édition des textes classiques, ils ont à leur service plusieurs philologues, dont le plus connu est Nicolas Heinsius. Celui-ci a été responsable des éditions philologiques des textes classiques parues chez les Elzevier dans les années 1660. C'est peut être lui qui a vérifié les passages en grec chez Rabelais.[23] C'est peut-être lui ou un autre (Justel?) qui a fait le travail philologique français de l'édition elzévirienne de Rabelais. On sait que Heinsius possède lui-même les *Œuvres* de Rabelais dans cette édition de 1663: le catalogue de vente de sa bibliothèque, datant de 1683, fait mention de cette édition.

---

22. Faute d'avoir pu comparer *de visu* ces éditions avec l'édition Elzevier, nous devons nous contenter des rares données fournies par les manuels. Ici, la *New Rabelais Bibliography* n'a pas pu nous aider. Nous avons dû recourir aux quelques lignes citées par Mireille Huchon dans son *Rabelais grammairien*, p. 431. Ces lignes nous font opter provisoirement pour *NRB* 54 (Huchon CL X64) comme texte de base de l'édition Elzevier (qui a "monnoyeurs" et "prunes: d'auantage" au lieu de, respectivement, "moyenneurs" et "prunes d'auantage", qui est la lecture de *NRB* 55). Ce sondage trop limité n'a pourtant rien de décisif, d'autant plus que Huchon ne donne pas les variantes de *NRB* 56, celle-ci présentant "de nombreuses coquilles".

23. Il est en effet remarquable que certains passages grecs s'écartent délibérément des passages correspondants dans les éditions antérieures. Il semble que les corrections elzéviriennes (portant sur les accents et les coupures de mots) soient faites par un véritable helléniste.

Quelle que soit leur identité, le ou les philologues anonymes qui ont travaillé pour les Elzevier font preuve d'un certain purisme, qui les amène parfois à apporter des corrections au texte même de Rabelais. Cela se voit, entre autres, dans les quatorze langues que parle Panurge lorsqu'il rencontre Pantagruel pour la première fois. Parmi ces langues figure l'écossais, dont voici la version de l'édition de 1542:

> Lard ghest be sua virtiuss be intelligence: ass yi body schal biss be natu-rall relvtht tholb suld of me pety have for natur hass ulss egualy maide: bot fortune sum exaltit hess and oyis deprevit: non ye less vioiss mou virtiuss deprevit: and vitiuss men dicrivis for anen ye;lad end iss non gud. (éd. Pléiade, p. 247)

Shibboleth 7, tel qu'il est donné par la *New Rabelais Bibliography*, prouve que l'écossais, d'une édition à l'autre, s'abâtardit de plus en plus jusqu'à devenir complètement incompréhensible. Elzevier a corrigé le texte en anglais normalisé:

> Lord, If you be so vertuous of intelligence, as you be naturally releaved to the body, you should have pity of me: for nature hath made us equal, but fortune hath some exalted, and others deprived; Nevertheless is vertue often deprived, and the vertuous men despised: for before the last end none is good.

Il est amusant de constater que dans sa traduction anglaise du *Pantagruel* (1653), Sir Thomas Urquhart, qui est lui-même d'origine écossaise, n'a pas reconnu l'écossais déformé de Rabelais, – du moins il ne l'a pas corrigé. Pourtant, dans l'édition de 1692 de cette traduction, Peter Motteux corrige l'écossais d'Urquhart en prenant comme modèle la version elzévirienne de l'écossais.

Tout cela vaut aussi *mutatis mutandis* pour le néerlandais que parle Panurge. Voici le texte de 1534, la première édition du *Pantagruel*. On suppose que ce néerlandais a été écrit par l'ancien secré-taire d'Érasme, le flamand Hilaire Bertholphe, que Rabelais semble avoir bien connu.[24] De toute façon, Rabelais a dû avoir du mal à déchiffrer l'écriture de ce Bertholphe: le texte prouve que Rabelais se trompe sur les /f/ et /s/ (allongé), les /b/ et /h/, et les /c/ et /e/:

> Heere ie en spreke anders gheen taele dan kersten taele, my dunct noch-
> tans, al en seg ie v niet en wordt, myven noot verclaert ghenonch wat ie
> begleere, gheest ny vnyt hermhertlicheyt yet waer vn ie ghevoet mach
> zung. (éd. Pléiade, p. 248)[25]

Or, Elzevier en donne une version "corrigée":

> Heere, ik en spreeke anders geen taele dan kersten taele; my dunkt
> noghtans, al en seg ik u niet een woordt, mijnen noot verklaert genoegh
> wat ik begeere; geeft my uyt bermhertigheyt yet waer van ik gevoet
> magh zijn.

Cette version du néerlandais de Panurge fera autorité: elle sera reprise dans la traduction anglaise de 1692, et aussi dans la traduction néerlandaise, faite en 1682 par N.J. Wieringa. Point intéressant dans une perspective lexicologique: Wieringa, lui-même d'origine frisonne, qualifie le néerlandais de Panurge de "plat Vlaams" (patois flamand).[26]

Revenons à la Préface d'Elzevier au lecteur, en résumant ce que nous avons trouvé jusqu'ici: la nouveauté de l'édition de 1663 consiste en trois éléments: 1. la présentation selon les principes de l'*editio variorum*; 2. la sélection philologique des textes de base, et 3. les corrections puristes apportées au texte de Rabelais. Que ces innovations soient "trend-setting", on peut le constater dans les

---

24. Cf. P.G. Bietenholz (éd.), *Contemporaries of Erasmus [...]*, Toronto etc.: University of Toronto Press, 1985, *s.v.* "Hilarius Bertholf".

25. Mireille Huchon traduit: "Seigneur, je ne parle pas une langue qui ne soit pas chrétienne: il me semble néanmoins que sans que je vous dise un seul mot, mes haillons vous indiquent suffisamment ce que je souhaite. Soyez assez charitable pour me fournir de quoi me restaurer."

26. *Alle de Geestige Werken van Mr. Francois Rabelais, Geneesheer [...] Met groote vlijt uyt het Fransch vertaelt door Claudio Gallitalo* [pseudonyme de N.J. Wieringa], Amsterdam, Jan ten Hoorn, 1682, 2 tomes, t. I, p. 280.

échos qu'on en trouve dans les traductions de Peter Motteux et de Wieringa, et surtout dans l'édition de Le Duchat de 1711. Voici comment le critique littéraire Jean Le Clerc (1657–1736) rend compte de l'édition nouvellement parue de Le Duchat. Le Clerc le fait en des termes que, *mutatis mutandis*, et toutes proportions gardées, on pourrait appliquer tout aussi bien à l'édition Elzevier:

> Celui qui nous donne cette Édition, la plus belle & la plus exacte, que l'on eût encore vuë, a pris la peine de comparer ces Éditions ensemble, & sur tout les premieres, pour choisir les meilleures manieres de lire, & pour garder soigneusement l'orthographie de l'Auteur. Il fait en cela les devoirs d'un bon Critique [Le Clerc veut dire "un bon éditeur de textes anciens"], & montre qu'il ne seroit nullement incapable de faire la même chose, sur les autres anciens Auteurs François.[27]

Un peu plus loin Jean Le Clerc compare l'édition de Le Duchat à celle qu'a faite Nicolas Heinsius du *Festin de Trimalcion* de Pétrone. Avec les pratiques éditoriales des Elzevier et de Le Duchat, on assiste donc à la canonisation de Rabelais: au seuil du XVIIIe siècle, il entre dans le Panthéon des auteurs classiques.

Il nous reste un dernier point à considérer dans la Préface: le public auquel celle-ci fait allusion dans ses premières lignes. Autrefois, dit la Préface, tout homme d'esprit avait un Rabelais dans sa bibliothèque, et les gens du monde le connaissaient *ad unguem*.[28] En utilisant le mot "autrefois", Elzevier semble supposer intuitivement que les éditions de Rabelais se font rares au milieu du siècle, – ce qui signifie en termes de commerce qu'il y a un "creux commercial". Cette pénurie d'éditions rabelaisiennes, évidemment, s'explique: les bibliographies modernes nous apprennent qu'il n'y a aucune édition

---

27. Jean Le Clerc, *Bibliothèque choisie, pour servir de suite à la Bibliothèque universelle*, Amsterdam, 1711, t. XXII, pp. 42–58.

28. Marcel de Grève (art. cit., 1956, pp. 139–140) note: "Quant à Guy Patin et même Bourbon, ils se réfèrent constamment, en conversation, aux remarques ironiques et aux critiques sarcastiques du grand Tourangeau. Sorbière, Claude d'Esternod, tous les libertins s'en nourrissent: rares sont les conversations où le nom de Rabelais ne soit pas cité."

des *Œuvres complètes* de Rabelais entre 1626 et 1663. Sur la situation française, nous ne possédons pas de chiffres exacts qui rendent compte de cette pénurie. Or, à ce point de vue, le marché néerlandais du livre, qui non seulement comprend un nombre important de lecteurs néerlandais sachant lire le français, mais qui, en outre, est destiné pour une grande partie à l'exportation sur le marché français, paraît être plus transparent: ce sont plus particulièrement les catalogues de vente aux enchères des bibliothèques privées des Néerlandais, imprimés au XVIIe siècle, qui nous informent bien sur la situation éditoriale des œuvres de Rabelais. C'est ce que nous aimerions démontrer dans les lignes qui suivent, après avoir brièvement analysé la présence de Rabelais dans ces catalogues.

3. La présence de Rabelais dans les bibliothèques privées hollandaises[29]

Depuis les études fondamentales du regretté Bert van Selm,[30] on comprend mieux l'importance des catalogues de vente aux enchères comme instrument d'analyse du monde du livre aux Pays-Bas. Ces ventes aux enchères sont tenues après le décès du propriétaire de la bibliothèque mise en vente. Ces ventes ont été extrêmement fréquentes. Quelques chiffres: pour le XVIIe et le XVIIIe siècle on a compté dans les archives et dans les annonces des journaux environ 28.000 mentions de vente aux enchères de livres. De ce nombre astronomique, qui indique bien la place importante de la vente publique dans le marché du livre, il y a, pour le seul XVIIe siècle, 1715 ventes dont on a publié un catalogue de vente imprimé. Si l'on

---

29. Nos considérations générales portant sur les catalogues de vente ainsi que nos figures 2–5 reprennent celles de notre article "Clément Marot aux Pays-Bas. Présence de Marot dans les bibliothèques privées des Hollandais au XVIIe siècle", à paraître prochainement dans les Actes du colloque *Clément Marot*, Cahors, mai 1996. Portant exclusivement sur la fortune de Marot aux Pays-Bas, cet article ne traite pas le cas spécifique et autrement intéressant de la présence de Rabelais dans les catalogues de vente néerlandais.

30. Voir surtout Bert van Selm, *Een menighte treffelijcke Boecken. Nederlandse boekhandelscatalogi in het begin van de zeventiende eeuw*, Utrecht: HES, 1987.

exclut les nombreux catalogues anonymes, on en arrive au chiffre de 930 catalogues de vente de bibliothèques privées au XVIIe siècle: le premier est celui de la bibliothèque de Marnix de Sainte-Aldegonde, mort en 1599, et dont la bibliothèque est mise en vente la même année. La Hollande a ici la primeur: en France et en Angleterre, les premiers catalogues imprimés de vente sont plus tardifs: ils datent du milieu du XVIIe siècle.[31]

Revenons à nos chiffres: de ces 930 catalogues de vente, nous en avons examiné 211 (ce qui fait 22% du total). Nous avons composé notre corpus de 211 catalogues à partir de ce que nous avons trouvé dans les grandes bibliothèques aux Pays-Bas, et dans ce qui est disponible sur microfilm ou microfiche, – matériaux provenant des grandes collections à l'étranger: la Bibliothèque nationale de Paris et la Bibliothèque royale de Copenhague.[32]

Notre corpus coïncide partiellement avec celui constitué par l'hispaniste Jan Lechner dans ses études récentes sur la présence des livres espagnols dans les catalogues de vente néerlandais.[33] Il convient cependant de signaler quelques dissemblances entre le corpus de Lechner et le nôtre. Celui-là est plus hétéroclite: il se compose de "212 catalogues de ventes aux enchères [y compris les catalogues anonymes] et de catalogues de vente ou de réserves

---

31. Pour les catalogues de vente non-néerlandais, voir surtout Hans-Dieter Gebauer, *Bücherauktionen in Deutschland im 17. Jahrhundert*, Bonn: Bouvier etc., 1981; Françoise Bléchet, *Les ventes publiques de livres en France 1630–1750. Répertoire des catalogues conservés à la Bibliothèque Nationale*, Oxford: Voltaire Foundation, 1991; Nicole Masson, "Les catalogues de vente", dans Claude Jolly (éd.), *Histoires des bibliothèques françaises sous l'Ancien Régime 1530–1789*, Paris: Promodis-Éditions du Cercle de la Librairie, 1988, pp. 262–265.

32. Ce qui manque surtout dans notre corpus, c'est la collection importante de la Bibliothèque de Wolffenbüttel, qu'on est actuellement en train de mettre sur microfiche (IDC Microform Publishers, *Book Sales Catalogues of the Dutch Republic, 1599–1800*). Je tiens à remercier Everard Hofland et Henk de Kooker, collaborateurs du projet IDC, de nous avoir fourni les renseignements nécessaires.

33. Voir surtout Jan Lechner, "Bibliothèques d'humanistes et nouvelle vision du monde", dans Ch.-R. Ageron e.a. (éds.), *Découvertes européennes et nouvelle vision du monde 1492–1992*, Paris: Publications de la Sorbonne, 1994, pp. 41–52.

provenant de libraires, d'en principe 230 individus, pour la période allant de 1599 à 1701 dans les Pays-Bas du Nord" (p. 44). On constate donc certaines divergences importantes entre le corpus de Lechner et le nôtre: nous n'avons pas pris en compte les catalogues anonymes, ni les catalogues de libraires et la période de notre corpus s'étend jusqu'à 1700, et non pas à 1701.[34] Dans son étude, Lechner fournit des informations précieuses sur l'origine professionnelle des possesseurs des bibliothèques ainsi que sur la répartition géographique des ventes de leurs bibliothèques. Comme ces informations sont aussi applicables à notre corpus de catalogues (toutes proportions gardées concernant les dissemblances ci-mentionnées entre les deux corpus, qui se traduiraient par des chiffrages légèrement différents), nous citons ici *in extenso* les résultats de ses recherches:

> Les endroits où ces ventes aux enchères eurent lieu indiquent clairement la région dans laquelle se concentrait la possession de ces livres, à savoir le triangle formé par Amsterdam-Rotterdam-Utrecht, avec un accent particulier pour Leiden (122 catalogues), suivie à distance par Amsterdam (34) et La Haye (21), suivies à leur tour par 11 autres petites agglomérations, dont quelques-unes se trouvent en dehors du triangle cité plus haut. Socialement parlant, notre corpus présente un assez large éventail de professions du lectorat de l'époque. Jusqu'à présent nous avons pu retrouver des éléments biographiques pour 169 personnes; il ressort que les possesseurs de livres se répartissent de la façon suivante: 48 pasteurs, 29 libraires, 27 fonctionnaires (parfois haut placés), 24 professeurs d'université, 16 médecins, 7 recteurs de lycées, 5 "doctissimi iuvenes", 3 hommes d'affaires et 10 autres. (pp. 44–45)

Ces chiffres donnent une idée approximative de certains aspects importants des 211 catalogues de notre corpus et de leurs possesseurs.

De ces 211 catalogues, il y en a 84 qui mentionnent une ou plusieurs fois les œuvres de Rabelais, ou tel ouvrage para-rabelaisien,

---

34. Pour des raisons d'ordre statistique (voir nos figures 2–5), notre corpus couvre la période de 1601 à 1700.

tel que les traductions allemande, anglaise ou néerlandaise, le *Disciple de Pantagruel*, le *Nouveau Panurge*, le *Rabelais ressucité*, etc.[35]

Ce chiffre, bien sûr, ne dit pas grand-chose, si l'on ne le compare pas aux chiffres indiquant la présence d'autres auteurs français du XVIe siècle dans les bibliothèques des Néerlandais. À titre de comparaison: Montaigne est mentionné 80 fois (y compris la traduction néerlandaise de Glazemaker); Du Bartas est mentionné 81 fois (y compris la traduction néerlandaise de la *Semaine*), Clément Marot 54 fois (sans compter les innombrables mentions de sa traduction des *Psaumes*). Chose remarquable: les deux chefs de la Pléiade, Ronsard et Du Bellay, n'y figurent que respectivement 46 et 11 fois.

La présence relativement élevée de Rabelais nous informe sur sa popularité aux Pays-Bas, chiffres qui sont confirmés par une étude déjà ancienne faite par S.A. Krijn à partir d'un corpus de 100 catalogues de vente aux enchères, appartenant à la Bibliothèque universitaire d'Amsterdam. Krijn a établi pour la période de 1700 à 1750 les chiffres suivants: Montaigne (36 fois), Rabelais (32 fois), Marot (25), Ronsard (19), Du Bartas (16) et Du Bellay (moins de 10).[36] Remarquons la popularité constante de Rabelais et de Montaigne et

---

35. C'est pour des raisons diverses que nous n'avons pas omis de notre corpus les ouvrages para-rabelaisiens. 1. On les attribuait souvent à Rabelais. 2. Ils sont maintes fois collationnés avec tel ouvrage authentique de Rabelais. 3. Les catalogues, régulièrement, ne donnent pour titre que la mention succincte: "Rabelais" ou "Pantagruel". Impossible de savoir s'il s'agit d'un ouvrage authentique ou pas. 4. Même s'il s'agit d'un ouvrage inauthentique, cela témoigne de la renommée de Rabelais. Cela vaut aussi pour le *Rabelais Réformé* du Père Garasse, qui est en fait un ouvrage anti-rabelaisien.
Nous avons admis dans le corpus les mentions de la *Topographia Antiquae Romae* de Marliani et des *Aphorismes* d'Hippocrate seulement s'il est clair que l'édition mentionnée par le catalogue est celle de Rabelais (par l'indication de l'imprimeur, du lieu et de la date de publication). En un seul cas le catalogue mentionne expressément le nom de Rabelais: le catalogue d'Arthemius (Leyde, 1637) donne: "Aphorism. Hippocrat Rabelaesi" (lib. in-12, no. 17).
36. S.A. Krijn, "Franse lektuur in Nederland in het begin van de 18e eeuw", *De Nieuwe Taalgids* 11 (1917), 161–178.

la popularité décroissante de Ronsard et de Du Bartas; nous y reviendrons.

Avant de continuer, quelques observations d'ordre méthodologique s'imposent: il convient de se rendre compte que l'utilisation des catalogues de vente comme source d'information bibliographique et littéraire, doit se faire avec prudence.[37] D'abord, la présence de tel livre dans telle bibliothèque ne signifie évidemment pas que le livre soit réellement lu (elle ne dit donc rien de décisif sur les lectures du propriétaire). On sait, en outre, que le libraire qui exécute la vente a inséré parfois dans son catalogue certains livres venant de son propre stock, – ce qui était d'ailleurs considéré comme une pratique illégale. Parfois aussi, le libraire rassemble sous un seul nom plusieurs bibliothèques.

Si la présence de tel livre dans telle bibliothèque privée n'est pas toujours significative, son absence ne l'est pas non plus. C'est que les catalogues de vente ne sont souvent pas complets. Certains livres se trouvent dans les "paquets de livres", mentionnés à la fin du catalogue.[38] Parfois les héritiers du propriétaire défunt ont déjà fait leur choix préalable.[39] Et il y a plusieurs autres raisons pour lequelles tel livre n'est pas mis en vente. La mention d'un auteur scabreux comme Rabelais peut nuire à la bonne réputation du défunt et de sa famille. Parfois le livre en question est trop lu et trop usagé pour être mis en vente. C'est peut-être pourquoi l'œuvre de Rabelais ne figure pas dans le catalogue de Marnix de Sainte-Alde-

---

37. Pour les considérations d'ordre méthodologique qui suivent, voir surtout Van Selm, *op. cit.*, 1987.

38. Nicole Masson (art. cité., p. 263) note: "Que cachent ces termes? Souvent des tomes dépareillés d'une série ou collection, mais peut-être aussi des livres qu'on ne souhaite pas détailler, des livres usagés qui donneraient peut-être de précieux renseignements sur la lecture quotidienne du bibliophile vendeur."

39. Ainsi, le catalogue de vente des livres du poète Constantijn Huygens ne mentionne qu'une partie de son énorme bibliothèque. Celle-ci a été partiellement incorporée dans celles de ses fils Christiaan (le mathématicien) et Constantijn. Il est à remarquer que les catalogues de vente tant du père que des fils font à plusieurs reprises mention de Rabelais.

gonde, qui, dans la littérature tant francophone que néerlandaise, est sans doute l'auteur le plus rabelaisien du XVIe siècle. On s'imagine sans peine l'exemplaire de Marnix barbouillé de notes, qui rendent le livre invendable.

Un autre problème d'ordre bibliographique, c'est que les titres des livres à vendre, tels que les catalogues les donnent, sont souvent peu précis, incorrects, pour ne pas dire fantaisistes. Cela vaut surtout pour les petits formats (auxquels appartiennent la plupart des éditions rabelaisiennes des XVIe et XVIIe siècles). Ces petits formats sont, d'un point de vue commercial, moins intéressants que les grands folios aux prix élevés, par lesquels commencent la plupart des catalogues. Aussi attache-t-on moins de soin à les orthographier correctement. Une autre raison de l'incorrection des titres réside dans les conditions matérielles de la fabrication des catalogues. Cette fabrication commence déjà dans la maison du défunt: il y a quelqu'un qui prend les livres du rayon, et lit à haute voix les titres, puis le scribe note les titres, et enfin le texte manuscrit du catalogue est rendu à l'imprimeur. De l'inventoriage de la bibliothèque à la parution du catalogue, il y a donc plusieurs moments où peuvent se produire des incorrections. On constate, cependant, surtout pour les catalogues importants, que la description des titres s'améliore au fur et à mesure que le siècle avance.

On trouve d'autres mises en garde dans les études de Van Selm, de Nicole Masson et autres. On peut néanmoins souscrire à la conclusion de Nicole Masson (art. cité, p. 263): "Ces limites posées, il ne faut pas négliger ces sources, qui, souvent, faute de mieux sans doute, donnent de très précieux renseignements."

C'est ce qu'on constate surtout lorsque les catalogues nous donnent des informations parfois inattendues sur les lectures des personnes célèbres. Ainsi, Joseph-Juste Scaliger (1609),[40] professeur à l'Université de Leyde, et fils de Jules-César Scaliger, un des grands

---

40. Nous indiquons entre parenthèses les dates de publication des catalogues en question.

adversaires de Rabelais, possède un exemplaire des *Œuvres* de Rabelais, l'ennemi de son père. Le célèbre théologien Jacques Arminius (1611) possède la traduction allemande de Rabelais, faite par Fischart. Parfois on rencontre de véritables amateurs de Rabelais: notre corpus contient 12 catalogues qui mentionnent trois œuvres (para-)rabelaisiennes ou plus. De ces 12 catalogues, il y en 9 qui rendent compte de la bibliothèque d'un seul propriétaire.[41] Parmi ces 9 possesseurs, retenons le nom célèbre du poète Constantijn Huygens (1688), dont le catalogue mentionne deux fois les *Œuvres* de Rabelais et une fois la traduction anglaise d'Urquhart, et celui, non moins célèbre, de son fils, le mathématicien Christiaan Huygens (1695), dont le catalogue mentionne le *Rabelais réformé*, les *Épistres* de Rabelais et ses *Œuvres*.

Pour autant que les références rabelaisiennes des catalogues de vente soient identifiables, elles constituent de précieux suppléments à la *New Rabelais Bibliography* qui vise à mentionner tous les exemplaires connus. C'est pourquoi, dans le tableau suivant, nous avons répertorié, dans l'ordre chronologique, les 46 catalogues contenant les titres (para-)rabelaisiens que nous avons pu identifier à l'aide de la *New Rabelais Bibliography* (les éditions d'avant 1626) et de la *Bibliographie* de Plan (les éditions de 1626 à 1700).[42]

---

41. Pour les trois autres catalogues, c'est moins clair: ainsi, la page de titre indique qu'il s'agit d'un propriétaire mentionné nommément et de deux autres propriétaires anonymes. Dans de tels cas douteux, nous avons compté le catalogue en question pour un seul catalogue, afin de ne pas infléchir nos chiffres.

42. Les colonnes de ce tableau indiquent respectivement: le possesseur défunt, l'année de la publication du catalogue, le lieu de la publication, le lot, l'édition identifiée (*NRB* ou Plan) et le titre rabelaisien tel qu'on le donne dans le catalogue. Pour d'autres informations (date et lieu de la vente, exécuteur de la vente, description bibliographique du catalogue, renseignements biographiques sur le possesseur, etc.), on peut consulter les pages de titre des catalogues mentionnés, ainsi que l'*index nominum* de Van Selm (1987) et celui de H.W. de Kooker et de B. van Selm, *Boekcultuur in de Lage Landen 1500–1800. Bibliografie van publicaties over boekbeztters in Noord- en Zuid-Nederland, verschenen voor 1991*, Utrecht, 1993. Il n'existe pas encore de répertoire complet de tous les catalogues de vente imprimés. Signalons cependant le catalogue bibliographique qui est en train d'être publié par

Possesseur	Année	Lieu	Lot	NRB/ Plan	Titre
Commelinus	1606	Leyde	libr.gall in 12 & 16	NRB 81	Les Œures de M. Françoys Rabbellays. À Lyon 1600
Merula	1608	Leyde	p. 38	NRB 109	Topographia Antiquae Romae. Ioannis Bartholomaei Marliani. Lugd. apud Gryphium 1534
J.J. Scaliger	1609	Leyde	p. 41	NRB 70	Œuvres de Francois Rabelais. 16°. 79
Aemilius/ Kuchlinus	1610	Leyde	miscell.	NRB 82, 83 ou 84	Les œuvres de Rabelais, 1605
B. Vulcanius	1610	Leyde	p. 75, no. 5	NRB 67, 68 ou 69	Les Œuvres de M. Francois Rabelais, 1573
Fongers	1613	Leyde	p. 80		Histoire Macaronique de Merlin Coccaie Prototype de Rablais, a Paris, 1606
Van Dam	1614	Leyde	p. 46, no. 47	NRB 85	Rablais, Lyon 1608
			p. 47, no. 87	NRB 80	Rablais avecq la pantagruelle, 99
B. Vulcanius	1615	Leyde	p. 49, no. 67	NRB 70	Rablais. Anvers. 79. 12
Schuyt e.a.	1617	Leyde	lib. gall. in 12, no. 37	NRB 76	Les œuvres de Rabelais, à Lyon 1593

			app. misc. in 16, no. 20	*NRB* 106 ou 107	Aphorismi Hippocratis. gr. lat. apud Gryphium
Canter	1617	Leyde	p. 54, no. 31	*NRB* 60 (?)	Les œvres de M. François Rabelais MDLV
Van Nes, Van Lenten	1627	Amsterdam	f. G2, no. 25	*NRB* 25	Histoire de Gargantue. Lyon
De Lavinea	1628	Dordrecht	in 12 & 16, no. 7	*NRB* 82, 83 ou 84	Les Œuvres de Rabelais. a Anvers, 1605
Van Tol	1637	Leyde	lib. misc. in 8, no. 54	*NRB* 93	Les œvres de Rablais. 1626
			id. in 12, no. 44	*NRB* 76	Les œvres Rablais à Lion, 1539
Van Nuyssenburg	1637	Leyde	lib. med. in 12 etc, no. 32	*NRB* 107	Aphorismorum Hipp sectiones septem. Lugd. 1545
Arthemius	1637	Leyde	lib. in 12, no. 17	*NRB* 106 ou 107	Aphorism. Hippocrat Rabelaesi
Westerburg	1637	Dordrecht	misc. in 8, no. 112	*NRB* 93	Les Œvres de Rablais. Ao. 1626
A. van der Meer	1638	Leyde	p. 89, no. 40	*NRB* 93	Les Œuvres de M. Fr. Rabelais, 1626
			p. 91, no. 20	*NRB* 141	Histoire de Tiel Ulenspiegele, a Orleans 71. Les navigations de Panurge, *ibid.* 1571
Buchelius	1642	Utrecht	misc. in 8, no. 109	*NRB* 109	Bartholomaei Topographia antiquae Romae. Lugd. 1534

			misc. in 12, no. 73	*NRB* 73	Œuvres de Fr. Rabelais. a Lyon 1586
van Zevender	1644	Leyde	in 12 & 16, no. 12	*NRB* 80	Rablais, Lyon 1599
			id., no. 35	*NRB* 71	Rablais, 1580. à Lyon
Beuckelsz. van Santen	1646	La Haye	p. 15, no. 4	*NRB* 85	Les œuvres de Rabelais, a Lyon 1608
Mostaert	1647	Amsterdam	gall. in 12, no. 21	*NRB* 76	Œvres de Rablais, Lion, 1593
D. Heinsius	1655	Leyde	p. 132, no. 10	*NRB* 76	Les ouvres de M. François Rablais 1593
Philemon	1655	?	lib. var. in 12 & 16, no. 120	*NRB* 65	Les Œuvres de Rabelais, Lion 1569
G. J. Vossius	1656	Leyde	p. 81, no. 19	*NRB* 64	Les œvres de Rabelais, à Lion, 1567
Scriverius	1663	Amsterdam	I,misc. in 8, no. 326	*NRB* 85	Ioh. Rablais a Lion par Iean Martin 1608
Ploos van Amstel	1668	Utrecht	libr. gall., no. 21	*NRB* 74	Les Œvres de Mr. Francois Rabelais, a Lion 1588
			phil. etc in 12, no76	*NRB* 65	Les Œuvres de Franc. Rabelais. a Lion. 1569
Heuvelman	1668	Haarlem	in 12, no. 101	*NRB* 24, 38 ou 39	La plaisante Histoire du Grand Garganthua
Leffen	1668	La Haye		Plan 128	Œvres de Rablais 1663

Van der Hem	1674	Amsterdam	p. 226, no. 35	Plan XVI	Les Épitres de Mr. Francois Rabelais. À Paris, 1651
			p. 252, no. 62	Plan 128	Les Œuvres de M. Francois Rabelais. 2 voll. 1663
			p. 252, no. 66	*NRB* 76	Les œuvres de M. Francois Rabelais. À Lyon, 1593
Rulaeus	1677	Haarlem	libr. gall. in 12, no. 6	*NRB* 74	Les Œuvres de Fr. Rabelais, Lion 1588
Heidanus	1679	Leyde	p. 104, no. 1025	Plan XVI	Les Épistres de Rabelais, à Paris 1651
			p. 115, no. 303	Plan 128	Les Œvres de Fr. Rablais. 1663
Rusius	1679	Leyde	p. 58, no. 481	Plan XVI	Les Épistres de Rabbelais, à Paris 1651
De Neyn	1681	La Haye	p. 20,no. 265	Plan XVI	Les Épistres de mr. François Rabelais
N. Heinsius	1683	Leyde	II, p. 159, no. 76	Plan 128	Les Œuvres de François Rabelais avec remarques & l'explication de tous les mots difficiles. 1663. 2 volum.
Hillensbergh	1683	Amsterdam	p. 120, no. 265	Plan XVI	Les Épistres de Mr. François Rabelais
Van der Walle	1684	Leyde	lib.misc. in 8, p. 80, no. 145	Plan XVI	Les Épistres de Rabelais

			id., p. 110, no940	Plan XVI	Les Épistres de Rabelais ecrites pendant son voyage d'Italie
Van Middelgeest	1685	La Haye	p. 27, no. 37	Plan XVI	Rabelais Épistres, Paris
Brandt	1686	Amsterdam	misc. in 8, no. 116	Plan XVI	Épistres de Rabelais
Goesius	1687	Leyde	p. 86, no. 326	Plan XVI	Les Épitres de rabelais avec ces observations historiques. Paris. 1651
Winkelmann	1690	Leyde	p. 30, no. 446		Alle de Wercken van Rablais 2. vol. 't Amst 1682
Chr. Huygens	1695	La Haye	p. 44,no. 203	Plan XVI	Les Épitres de Rabelais
Albinus	1696	Dordrecht	p. 182, no. 377–378	NRB 109	Marliani. Topographia Romae. Romae 1534. Idem, Lugduni. 1534
			p. 288, no. 287	Plan 132	Les œuvres de Rablais. 2 vol. 1675
Groenendijck	1696	Leyde	p. 206, no. 734	Plan 129	Œuvres de Rabelais. 1666. 2 voll.
Anslarius	1696	Amsterdam	p. 112, no. 326	NRB 81	Les œuvres de François Rabelais. a Lyons. 1600
Van der Sluys	1698	Leyde	p. 16, no. 24		Alle de Werken van Rabelais. 2 deelen
Van Heulekom	1699	Leyde	App. in 12, no. 9	NRB?	Ouevres de Rablaeis 1536

On constate que les catalogues fournissent parfois des informations intéressantes sur les éditions ainsi que sur certains exemplaires répertoriés par Rawles et Screech:

– La bibliothèque de A. van der Meer (1638) est particulièrement riche en *Rabelaesiana*. On y trouve, outre le *Rabelais réformé* et le *Rabelais ressuscité* (que nous n'avons pas inséré dans le tableau parce qu'ils ne figurent ni dans *NRB* ni dans Plan), l'édition la plus récente des *Œuvres complètes* de Rabelais, celle de 1626 et les *Navigations de Panurge*, œuvre para-rabelaisienne, mise en un seul volume avec l'*Histoire de Tiel Ulenspiegel*, soulignant ainsi le rapport littéraire entre les deux ouvrages, et entre les deux personnages: Panurge et Ulenspiegel. Ce qui est intéressant pour l'histoire de cet exemplaire précis, c'est que Rawles et Screech (*NRB* 141) mentionnent un exemplaire connu de cette édition réunie avec la même édition d'*Ulenspiegel*, sans pouvoir les localiser. Or, il s'agit de l'exemplaire de la Bibliothèque universitaire de Gand, exemplaire qui est mentionné par Jelle Koopmans et Paul Verhuyck dans leur bibliographie des éditions françaises d'*Ulenspiegel*.[43]

– L'historien Arnoldus Buchelius (Aernout van Büchell, 1642) possède un exemplaire de la *Topographia Antiquae Romae* de Marliani, édité par Rabelais (*NRB* 109). C'est un exemplaire, qui n'est pas mentionné par Rawles et Screech, mais qui existe toujours: il se trouve dans la Bibliothèque universitaire d'Utrecht; c'est un exemplaire très intéressant parce qu'il contient des notices manuscrites de Buchelius lui-même.[44]

– Le Rabelais ("Les œvres de M. François Rabelais MDLV") du savant Dirk Canter (1617) pose un problème: le catalogue mentionne une édition de Rabelais qui ne se trouve pas dans la bibliographie de Rawles et Screech. Ce catalogue se distingue des autres

43. Jelle Koopmans et Paul Verhuyck (éds.), *Ulenspiegel de sa vie de ses œuvres. Édition critique du plus ancien Ulespiègle français du XVIe siècle*, Anvers-Rotterdam: C. de Vries-Brouwers, 1988, p. 52, no. 13.
44. Voir notre article "Rabelais aux Pays-Bas: à propos de la *New Rabelais Bibliography*", *Études rabelaisiennes* 25 (1991), 107–111 (p. 108).

PAUL J. SMITH

catalogues par le soin exceptionnel apporté à la description bibliographique, qui indique, pour chaque titre, le lieu de publication et,
en chiffres arabes, l'année de publication. Ici, pas d'indication de
lieu, et l'année est rendue en chiffres romains. Il pourrait donc s'a-
gir d'une édition inconnue, mais, évidemment, une coquille n'est
pas à exclure (dans ce cas, il s'agit peut-être de *NRB* 60 qui ne
donne pas non plus le lieu de publication, alors que l'année de sa
publication est "MDLVI").

– Le catalogue de Van Heulekom (1699) contient une autre
énigme: les *Œuvres* de Rabelais de 1536 n'existent pas. S'agit-il
d'une coquille? L'orthographe confuse du titre le laisse supposer.

Cela dit, retournons aux chiffres purs et durs. Dans les figures 2
et 3, nous avons dressé deux diagrammes qui rendent compte de la
présence de Rabelais et de quelques autres auteurs français dans les
bibliothèques privées des Néerlandais. Sur l'axe horizontal sont
indiquées les années de 1601 jusqu'à 1700; sur l'axe vertical le
nombre de catalogues examinés par périodes de cinq ans: donc de
1601 à 1605; de 1606 à 1610, etc. La ligne ininterrompue indique la
totalité des catalogues, les différentes lignes interrompues indiquent
le nombre de catalogues qui mentionnent Rabelais et Marot dans le
premier diagramme (fig. 2), et Montaigne, Ronsard et Du Bartas
dans le second diagramme (fig. 3). Nous n'avons pas pris en compte
Du Bellay: sa présence étant trop restreinte et éparpillée. Or, on ne
sera pas sans constater certaines irrégularités: ainsi, pour les années
1626–1630 nous avons examiné un nombre relativement élevé de
catalogues. Cela ne veut pas dire que dans cette période-là il y aurait
plus de ventes aux enchères, mais cela s'explique par le fait que nous
avons consulté sur microfiche la collection des catalogues de vente
de la Bibliothèque royale de Copenhague, qui est particulièrement
riche en catalogues datant de cette période. C'est que la collection
de Copenhague est principalement constituée par les catalogues

168

qu'avait emmenés le savant danois Peter Laridsen Scavenius qui avait été étudiant à l'Université de Leyde de 1643 à 1646.[45]

En fait, ces lignes irrégulières des totalités ne visualisent pas très bien la présence de Rabelais et de ses compatriotes littérateurs contemporains dans les bibliothèques privées des Néerlandais. Ce qui est beaucoup plus intéressant, c'est la présence *relative* de Rabelais chiffrée en pourcentages: c'est-à-dire le pourcentage de catalogues mentionnant Rabelais par rapport à la totalité des catalogues considérés. Les diagrammes des figures 4 et 5 rendent compte de cette présence *relative*.

On constate que, statistiquement parlant, les données des deux premières décennies du XVIIe siècle sont quelque peu trompeuses, ou du moins difficiles à interpréter en termes de popularité: on ne peut pas dire que la popularité de Rabelais soit nulle dans les années 1605 et 1610. Puis, la ligne droite montante de 1616–1620 s'explique par le simple fait que nous n'avons pu consulter que deux catalogues, qui tous les deux mentionnent Rabelais, ce qui fait une présence de 100 %. Afin d'aplanir et d'ajuster l'aspect montagneux du diagramme, dû à la rareté et à la disponibilité irrégulière des premiers catalogues de vente,[46] nous avons appliqué, selon la méthode statistique, une *curve-fitting* du type "polynomial".[47] Il en résulte les lignes courbes, imprimées en gras. Maintenant les choses deviennent plus claires: on voit que la présence de Marot, de Du Bartas et

---

45. Cf. Van Selm, *op. cit.*, p. 148.

46. Voir Van Selm, *op. cit.*, pp. 166–167 qui donne, pour la première décennie du XVIIe siècle, la liste de tous les catalogues imprimés connus. Afin de constituer notre corpus, nous avons exclu de cette liste les catalogues de magasins de libraire ainsi que les catalogues anonymes. Ce faisant, on obtient les chiffres suivants: 1 catalogue en 1599, 1 catalogue en 1600, 1 en 1603, 2 en 1604, 3 en 1605, 2 en 1606, 5 en 1607, 2 en 1608, 5 en 1609, 7 en 1610. Pour des raisons d'ordre statistique, nous n'avons pas pris en compte les catalogues de 1599 et 1600 dans nos diagrammes (figures 2–5).

47. Pour ce faire, nous avons utilisé le programme *Slide-Write*. Nous tenons à remercier Willy Schutte de nous avoir aidé dans le traitement statistique des données.

de Ronsard est en déclin vers la fin du siècle, ce qui s'explique sans doute par les effets du classicisme français sur l'esthétique et l'appréciation littéraires des Néerlandais. On constate la baisse et puis la montée de la présence de Rabelais. Montaigne continue à être présent, grâce peut-être à la traduction néerlandaise de Montaigne, faite par Glazemaker en 1674. Tout cela permet d'établir, pour la fin du XVIIIe siècle, une liste d'auteurs français, ordonnée selon leur degré de popularité: d'abord Montaigne, puis Rabelais, Marot, Ronsard, et dernièrement Du Bartas. Ce "top cinq" coïncide avec celui établi par Krijn pour la première moitié du XVIIIe siècle.

Or, si l'on regarde de plus près la courbe ondulante de Rabelais, on voit qu'elle visualise, pour ainsi dire, le "creux commercial" entrevu par Elzevier dans la Préface de son édition de 1663. Après la dernière édition de Rabelais, celle de 1626, on constate une pénurie croissante des éditions de Rabelais, qui se raréfient dans les bibliothèques privées. L'édition elzévirienne de 1663 remplit ce creux et assure la montée de la courbe. La seconde moitié du grand tableau que nous avons donné ci-dessus fait entrevoir que cette montée, inaugurée par l'édition Elzevier de 1663, est surtout assurée par la haute présence de cette édition et des autres éditions (pseudo-) elzéviriennes, des *Épistres* de Rabelais (1651) et de la traduction néerlandaise de Wieringa (1682).

4. *Conclusion*

En guise de conclusion, il est approprié de terminer sur un exemplaire spécifique de l'édition elzévirienne de 1663: celui qui se trouve à la Bibliothèque universitaire de Leyde (cote 1408 H 21-22). Cet exemplaire est particulièrement intéressant, parce qu'il montre comment on utilise, dans la pratique de la lecture, l'édition elzévirienne. Cet exemplaire appartenait au XVIIIe siècle à un Anglais, un certain Hansbie, dont malheureusement nous n'avons pu retrouver les antécédents. Hansbie a criblé son exemplaire d'annotations manuscrites, qui sont en fait des traductions anglaises des mots difficiles. Pour ce faire, Hansbie a utilisé la traduction anglaise de Thomas Urquhart et de Peter Motteux de 1694. On voit donc que dans cet exemplaire, plusieurs lignes convergent: Hansbie lit Rabelais dans l'édition de 1663 à l'aide de la traduction anglaise, qui, elle, est basée, on l'a vu, sur cette même édition elzévirienne.

Université de Leyde

> O Bouteille Pleine toute
> De mysteres, D'une oreille
> Je t'escoute, Ne differes,
> Et le mot proferes,
> Auquel pend mon cœur,
> En la tant divine liqueur.
> Bacus qui fut d'Inde vainqueur,
> Tient toute verité enclose.
> Vin tant divin, loin de toy est forclose
> Toute mensonge, & toute tromperie.
> En joye soit l'Aire de Noach close,
> Lequel de toy nous fit la temperie.
> Sonne le beau mot, je t'en prie,
> Qui me doit oster de misere :
> Ainsi ne se perde une goute
> De toy, soit blache, ou soit vermeille.
> O Bouteille Pleine toute
> De mysteres, D'une oreille
> Je t'escoute, Ne differes.

Figure 1. Rabelais, *Œuvres*, Amsterdam: Elzevier, 1663, t. II (Bibliothèque universitaire de Leyde)

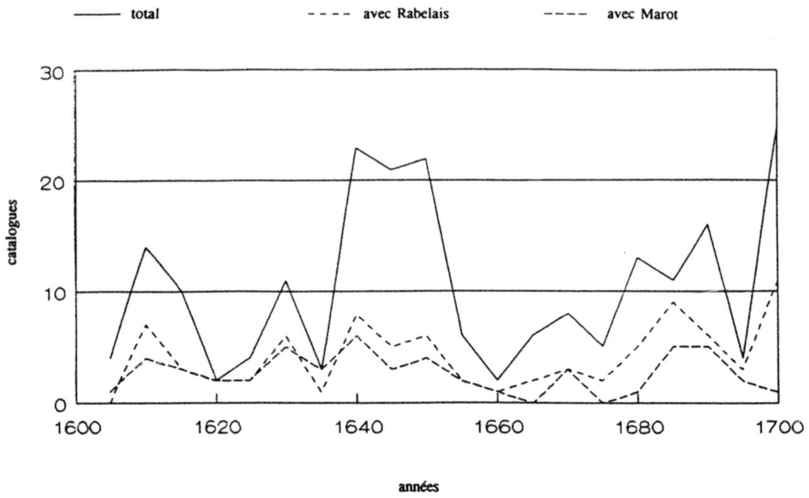

Figure 2. Présence absolue de Rabelais et de Marot dans les catalogues de vente aux enchères de bibliothèques privées des Néerlandais au XVIIe siècle

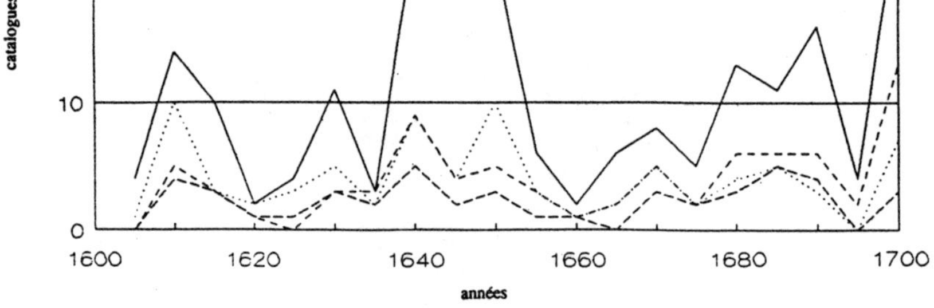

Figure 3. Présence absolue de Montaigne, de Ronsard et de Du Bartas

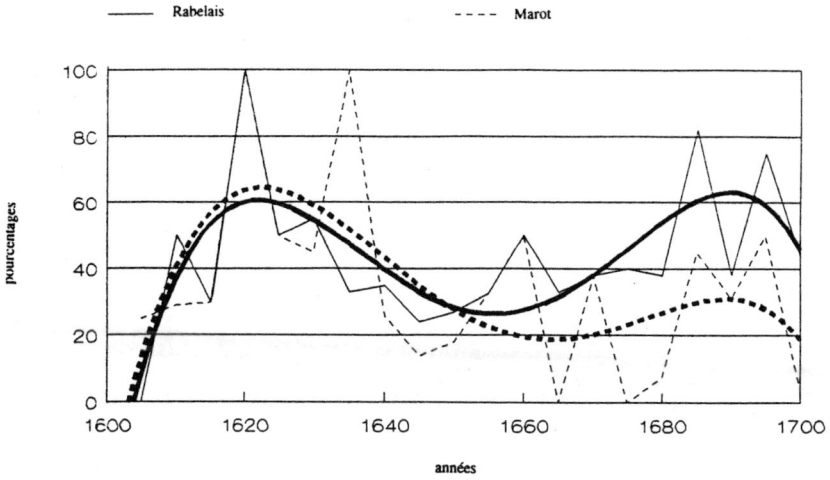

Figure 4. Présence relative de Rabelais et de Marot

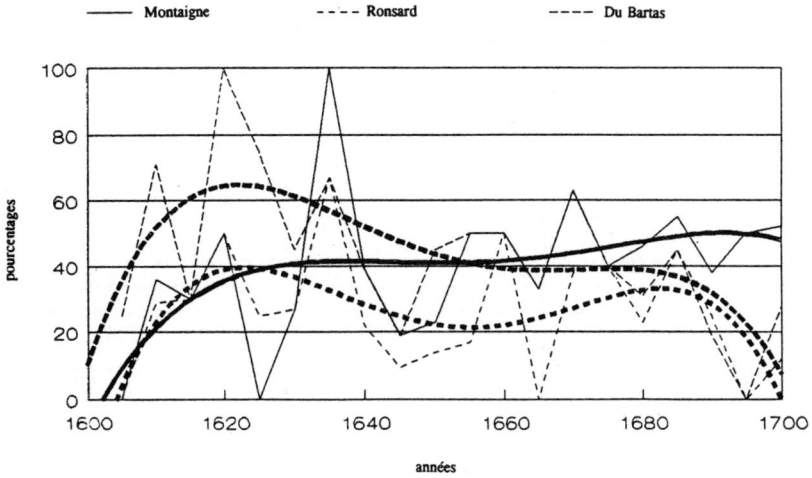

Figure 5. Présence relative de Montaigne, de Ronsard et de Du Bartas

173

Les premiers traducteurs de Rabelais: Wieringa lecteur de Fischart et d'Urquhart[1]

Enny E. Kraaijveld et Paul J. Smith

1. Introduction

Dès sa parution, l'œuvre de François Rabelais n'a cessé de constituer un défi aux traducteurs. La citation suivante, prise dans la Préface de la traduction anglaise de *Pantagruel* (1653), faite par Sir Thomas Urquhart, en porte témoignage. Cette œuvre, y lit-on, est

> so difficult [...] to be turned into any other speech, that many prime spirits in most of the Nations of *Europe* since the yeare 1573 (which was fourescore yeares ago) after having attempted it, were constrained (with no small regret) to give it over, as a thing impossible to be done [...].[2]

Malheureusement, ces projets échoués nous restent inconnus; nous ignorons jusqu'à leurs noms ces "prime spirits".[3] Si l'on fait abstraction des quelques traductions ou adaptations de la *Pantagrueline Prognostication*, il ne nous reste, des XVIe et XVIIe siècles, que trois traductions de l'œuvre rabelaisienne. Ces traductions sont loin

---

1. Texte remanié et mis à jour d'un article publié dans la revue *De zeventiende eeuw* 7 (1991), 171–184. Nous tenons à remercier Karel Bostoen de ses remarques stimulantes sur une version antérieure de notre article.

2. [...] *The Works of Mr. Francis Rabelais* [...], London, printed for Richard Baddeley, within the middle Temple-gate, 1653 (ex. Londres: British Library, C 57 k 14). Nous nous référons à cette édition en indiquant les livres par chiffres romains (I ou II) et les pages par chiffres arabes.

3. Si l'on accepte l'hypothèse de Frances Yates, *John Florio. The Life of an Italian in Shakespeare's England*, Cambridge, 1934, pp. 177–178, l'un de ces 'prime spirits' pourrait être John Eliot, le traducteur possible de *Gargantua his prophesie*. Londres, 1592, livre actuellement perdu, dont seulement le titre nous est parvenu. À remarquer que, selon l'affirmation catégorique de Marcel De Grève, *L'interprétation de Rabelais au XVIe siècle*, Genève, 1961 (= *Études rabelaisiennes* 3), p. 236, aucun des romans de Rabelais n'a été traduit en anglais avant 1653.

d'être des tentatives: véritables chefs-d'œuvre en leur genre, elles n'ont pas manqué d'attirer l'attention des spécialistes. Ainsi, la première en date, la traduction allemande de *Gargantua* (1575), faite par Johann Fischart et connue sous le titre *Geschichtklitterung*, a été étudiée, de façon exemplaire, par Florence Weinberg.[4] Celle-ci analyse, parmi d'autres choses, la manière "grobianesque" dont Fischart, d'édition en édition, a amplifié le texte rabelaisien.[5] La traduction anglaise des deux premiers livres de Rabelais par l'Écossais Thomas Urquhart, parue en 1653 et remaniée en 1694 par Pierre le Motteux, a fait l'objet des études fort informatives de F.C. Roe et de Richard Boston.[6] Enfin, les *Alle de Geestige Werken van Mr. Francois Rabelais* (1682), la traduction néerlandaise des œuvres complètes de Rabelais, ont été étudiés par C.L. Thijssen-Schoute, qui a découvert l'identité du traducteur publiant sous le pseudonyme de "Claudio Gallitalo": il s'agit du Frison Nicolaas Jarichides Wieringa, auteur de nombreuses traductions.[7]

---

4. Florence M. Weinberg, *Gargantua in a Convex Mirror. Fischart's View of Rabelais*, New York etc., 1986.

5. "The three editions of *Geschichtklitterung* differ from each other mainly in continuous accretion of material. The first edition of 1575 was an almost literal translation of *Gargantua*, except for the massive additions on Grandgousier's stores of food and drink (chapters 3 and 4), his considerations on marriage (chapters 6 to 7) and about twenty pages added to Rabelais's ca. six-page 'Propos des bien Yvres'. The second edition of 1582 adds most of Fischart's polemical and propagandistic interpolations; the last edition [of 1590] adds only a few touches here and there, but does not substantially alter the 1582 text." (Weinberg, *op. cit.*, p. 2).

6. F.C. Roe, *Sir Thomas Urquhart and Rabelais*, Oxford, 1957; Richard Boston, *The admirable Urquhart [...]*. Londres, 1975. Pour une comparaison entre Urquhart et les autres traducteurs anglais de Rabelais des siècles plus récents, voir Alex L. Gordon, "Rabelais en anglais: bonheurs et malheurs de la traduction", dans *L'Europe de la Renaissance. Cultures et civilisations. Mélanges offerts à Marie-Thérèse Jones-Davies*, Paris, 1989, pp. 463–476, et son article dans le présent recueil.

7. C.L. Thijssen-Schoute, "N.J. Wieringa, traducteur hollandais de Rabelais", *Humanisme et Renaissance* 3 (1936), 43–51; id., *Nicolaas Jarichides Wieringa. Een zeventiende-eeuwse vertaler van Boccalini, Rabelais, Barclai, Leti e.a.*, Assen, 1939.

Ce qu'on pourrait reprocher à la plupart de ces études, c'est qu'elles ont tendance à étudier les traductions de façon isolée, comme si celles-ci étaient conçues dans un vacuum. Préoccupées des qualités intrinsèques de leurs objets d'étude, elles ne les comparent que pour faire ressortir leur spécificité, leur dissemblance. Or, une telle approche n'est guère justifiée. La Préface de la traduction anglaise, citée plus haut, semble en effet non seulement indiquer que les autres traductions (et tentatives de traduction) étaient généralement connues à l'époque. Elle suggère aussi, par l'indication de la date 1573, que, dans le cas précis d'Urquhart, celui-ci est au courant de l'existence de la traduction fischardienne.[8] Qui plus est, un examen comparatif montre qu'Urquhart fait de nombreux emprunts à son confrère allemand. L'analyse de ces emprunts, surtout visibles lorsqu'Urquhart amplifie et/ou commente le texte de Rabelais, a fait l'objet d'une étude à part.[9] Dans le cadre limité du présent article, nous devons nous contenter de citer, à ce sujet, quelques exemples illustratifs. Ainsi, l'un des propos des bien ivres, "je n'entens point la théorique" (G 5,51)[10], Fischart le rend par "Ich verstand dise Redtorich nicht, Theoric solt ich sagen" (119)[11], ce qui devient sous la plume d'Urquhart: "I understand not the Rhethorick (Theorick I should say)" (I,25). De même, en traduisant la phrase "[...] que Ponocrates soit sur tous ses gouverneurs entendant" (G 50,186) par "[...] that Ponocrates be overseer & superin-

---

8. Pour être précis: avant *Geschichtklitterung* (1575) a paru *Aller Practik Grossmutter*, la traduction de la *Pantagrueline Prognostication*, datant de 1572 (seconde édition 1574).

9. Enny E. Kraaijveld, "Les premiers traducteurs de *Gargantua*: Urquhart lecteur de Fischart", *Études rabelaisiennes* 35 (1991), 125–30.

10. Sauf indication contraire, nos citations françaises de Rabelais sont prises dans ses *Œuvres complètes*, éd. Guy Demerson *et al.*, Paris 1973. Cette édition offre, outre le texte original de Rabelais, une "translation" en français moderne, qui souvent, en traduisant, donne une interprétation précieuse du texte rabelaisien. Abréviations utilisées: G = *Gargantua*; P = *Pantagruel*; Prol. = Prologue.

11. Nous citons le texte de Fischart d'après l'édition d'Ute Nyssen: *Geschichtklitterung [...] Text der Ausgabe letzter Hand von 1590 [...]*, Düsseldorf, 1963.

tendent above all his governours" (I,225), Urquhart se laisse visiblement inspirer par Fischart qui utilise les mots "Einseher, Superintendent" (400). Un dernier exemple: un mot difficile comme "vielleuz"(G 17,88) (= joueur de vielle) est mal compris par Fischart, qui traduit "ein blinder Spieler" (215), traduction adoptée par Urquhart: "a blind fidler" (I,77).

Cet exemple nous amène à une autre découverte, qui constituera le point de départ du présent article: la traduction de Wieringa est redevable aussi bien à *Geschichtklitterung* de Fischart qu'à la traduction d'Urquhart. Si dans le cas de "vielleuz" il est encore impossible de décider lequel des deux a été suivi par Wieringa (qui traduit: "een old blindeman" (57))[12], la traduction néerlandaise offre plusieurs autres exemples où l'influence tantôt de Fischart tantôt d'Urquhart se fait valoir de façon très marquée. Avant d'examiner plus en détail ces exemples, disons quelques mots sur la traduction de Wieringa.

2. Alle de Geestige werken *de N.J. Wieringa*

Pour les détails qui nous sont connus sur la vie et l'œuvre de Wieringa, nous renvoyons aux études de Thijssen-Schoute. Celles-ci, déjà anciennes, appellent quelques remarques. D'abord, Thijssen-Schoute affirme sans hésitation aucune que Wieringa est le premier traducteur néerlandais de Rabelais. C'est discutable. Même si l'on fait abstraction des traductions néerlandaises de la *Pantagrueline Prognostication* des années 1560[13], dont une seule nous est parvenue sous le titre de *Lieripe* (1562)[14], il n'est pas impossible qu'il existe

---

12. *Alle de Geestige Werken van Mr. Francois Rabelais, Geneesheer [...] Met groote vlijt uyt het Fransch vertaelt door Claudio Gallitalo*, t'Amsterdam, by Jan ten Hoorn, Boekverkooper over 't oude Heere Logement, 1682 (ex. Leiden, Bibl. Univ., 1174 G 6-7). (Contrairement à ce qu'affirme M.A. Screech, *Looking at Rabelais*, Oxford, 1988, p. 19, Jan ten Hoorn est l'imprimeur du texte néerlandais, non pas le traducteur). Toutes nos références renvoient au premier tome, qui contient la traduction des trois premiers livres de Rabelais.

13. Cf. De Grève, *op. cit.*, p. 191.

14. Cf. *Het zal koud zijn in 't water als 't vriest. Zestiende-eeuwse parodieën op*

encore d'autres traductions néerlandaises antérieures à celle de Wieringa. Ainsi, dans un catalogue anonyme de vente aux enchères, publié en 1680, nous avons trouvé parmi les livres néerlandais et allemands un "Pantagruel", sans autre précision.[15] Est-ce la traduction allemande de Fischart (dans ce cas-là on s'attendrait peut-être plutôt à "Gargantua", bien que le nom de "Pantagruel" figure aussi dans l'interminable titre complet du livre) ou est-ce une traduction néerlandaise inconnue? Dans un autre catalogue de vente aux enchères, celui du magasin du libraire Pieter van den Berge (Amsterdam, 1670), on rencontre ce titre à tonalité rabelaisienne: "Vojagie ende wonder-Reyse van Pentagure". Traduction, adaptation ou imitation?[16]

Notre seconde remarque concerne plus particulièrement les éditions que Wieringa a utilisées pour sa traduction. Comme l'a bien vu Thijssen-Schoute, l'édition de base, utilisée de Wieringa, est sans doute l'édition pseudo-elzévirienne qui date de 1675 (= Plan 131).[17] Constatant chez Wieringa plusieurs divergences par rapport au texte de cette édition, Thijssen-Schoute avance l'hypothèse d'une seconde édition, sans pouvoir donner de précisions. Nous croyons qu'il s'agit probablement de l'une des éditions de Jean Martin, non

---

gedrukte jaarvoorspellingen, éd. Hinke van Kampen, Herman Pleij *et al.*, La Haye, 1980, pp. 162–187. Voir les contributions de Dirk Geirnaert et de Jelle Koopmans dans le présent recueil.

15. *Catalogus [...] librorum praecipue autem Judicorum [...]*, La Haye: J. Steucker, 1680, p. 23 (ex. Amsterdam, Bibl. Vereeniging, Nv 11).

16. Cf. B. van Selm. "'Almanacken, lietjes, en somwijl wat wonder, wat nieus'. Volkslectuur in de Noordelijke Nederlanden (1480–1800): een onbekende grootheid", *Leidschrift* 5 (1989), 56 et 68, n. 70. Selon van Selm il pourrait s'agir de la traduction de l'une des éditions du *Disciple de Pantagruel*, ouvrage anonyme, connu sous de nombreux titres, parmi lesquels: *Le Voyage, et navigation, que fit Panurge, disciple de Pantagruel aux Isles incognuës, & estranges: & de plusieurs choses difficilles à croire, qu'il dict avoir veuës [...]* (cf. *NRB* 141) (*NRB* = Stephen Rawles et M.A. Screech, *A New Rabelais Bibliography. Editions of Rabelais before 1626 [...]*, Genève, 1987 (= *Études rabelaisiennes* 20)).

17. Ex. consulté: La Haye, Bibl. Royale, 224 G 36. (Plan = Pierre-Paul Plan, *Les editions de Rabelais de 1532 a 1711 [...]*, Paris, 1904).

datée mais parue probablement en 1608 à Lyon (= *NRB* 86)[18] ou de celle publiée à Troyes en 1613 par un certain "Loys qui ne meurt point" (= *NRB* 92). Ces éditions sont, à notre connaissance[19], les seules à insérer la phrase "Du nombre d'or" non pas tout de suite après le titre *Pantagrueline Prognostication*, mais, comme le fait le traducteur néerlandais, après l'avant-propos de l'auteur, juste avant le premier chapitre intitulé "Du gouverneur et seigneur de ceste année".

L'utilisation que Wieringa fait de ces différentes éditions (auxquelles il faut ajouter l'édition de 1651 des *Épistres* de Rabelais) (cf. Plan, p. 236) montre qu'il est un traducteur consciencieux. Cependant, sans pour autant avoir voulu faire une "belle infidèle", il se permet mainte fois envers ses textes-sources des libertés, qui sont le plus souvent d'ordre stylistique. Voici comment Thijssen-Schoute caractérise le style de Wieringa:

> Dans *Alle de Geestige Werken* on trouve peu de phrases qui ne soient pas enjolivées par des allitérations [...] L'allitération se combine souvent avec le pléonasme, il divise un seul substantif ou un seul adjectif en plusieurs mots. Il va sans dire que cet effet de style s'applique avec succès au style de Rabelais, déjà léonastique lui-même.

Elle souligne ensuite la dissemblance entre le "sans-gêne délicieux" de Wieringa et la "faute qu'a commise [...] Fischart: à savoir l'exagération".[20] En revanche, elle note les ressemblances entre Wieringa et les traducteurs anglais de cette époque; pour l'emploi fréquent de l'allitération et du "doubling" elle cite comme exemple John Florio, le traducteur de Montaigne, sans mentionner Urquhart. Or, dans les deux paragraphes qui suivent, nous démontrerons

---

18. Ex. consultés: *NRB* 86: Tilburg, Bibl. Faculté de Théologie, HA 15.326.; *NRB* 92: Paris, Bibl. Nat., Rés. Y² 10320–10322 et Göttingen, Bibl. Univ., 787.8. Cf. *NRB* 92, p. 488: "The text derives from *NRB* 85; The more direct source may be *NRB* 86". Nous n'avons pas pu consulter *NRB* 85.

19. Nous avons pu consulter une vingtaine d'éditions rabelaisiennes, parues avant 1675.

20. Thijssen-Schoute, art. cit., p. 48.

de redondance et d'amplification que l'on rencontre chez Wieringa ne sont pas toujours de son propre cru: ils sont souvent inspirés par les traductions de ces prédécesseurs allemand et anglais.

3. Wieringa et Fischart

La critique n'a pas manqué de le constater: la popularité de Rabelais aux Pays-Bas au XVIIe siècle est grande.[21] On en trouve la confirmation dans les bibliothèques privées des Hollandais, telles qu'elles apparaissent dans les catalogues de vente aux enchères de cette époque. Ces sources précieuses pour étudier la réception de tel auteur[22] font à plusieurs reprises mention de Rabelais. La présence de Rabelais dans les bibliothèques privées néerlandaises fait l'objet de la contribution de Paul Smith dans le présent recueil. Ce qui nous intéresse ici plus spécialement c'est que, dans notre corpus de catalogues, *Geschichtklitterung* de Fischart s'y trouve mentionnée 6 fois. On la rencontre 3 fois au début du siècle: "F.Rabelais in hoogduytsch" (catalogue de J. Halsberch, 1607), "Rabelais germanice" (catalogue du théologien Arminius, 1609), et "Rabelais Germanice, [15]90" (catalogue de B. Vulcanius, 1610)[23], une fois au milieu du siècle (catalogue de W. Staackmans, 1645)[24] et 2 fois après 1682. (Van Veen, 1695; Van Heukelom, 1699).[25] À titre de comparaison: la traduction néerlandaise n'apparaît que 2 fois depuis 1682, (Win-

---

21. De Grève, *op. cit.*, pp. 185–203.
22. Cf, à ce sujet, B. van Selm, *Een menighte treffelijkcke Boecken. Nederlandse boekhandelscatalogi in het begin van de zeventiende eeuw*, Utrecht, 1987, *passim*.
23. Pour une description bibliographique précise des catalogues de Halsberch, d'Arminius et de Vulcanius, voir Van Selm, *op. cit.*, pp. 152, 156–157, 162–163.
24. *Catalogus librorum excerptorum ex bibliotheca [...] Guilielmi Staackmans [...]*, Franeker, 1645 (Copenhague, Bibl. Royale, 79[II]–39 II (48)).
25. *Catalogus van veel rare en welgeconditioneerde Nederduytse en eenige andere boeken [...] Nagelaten by de heer Gerardus van Veen [...]*, Haarlem: Jacob van Beverwyk, 1695 (ex. Wolfenbuttel, Bc Sammelband 3 (13)); *Catalogus [...] librorum praecipue Theologicorum, Juridicorum, Medicorum & Historicorum [...] Naargelaten van Arnoldus van Heukelom [...]*, Leiden: Corn. Boutesteyn, 1699 (ex. Amsterdam, Bibl. Vereeniging, Nv 54).

la traduction néerlandaise n'apparaît que 2 fois depuis 1682, (Winkelmann, 1690; Vander Sluys, 1698)[26] alors que celle d'Urquhart est mentionnée une seule fois (dans le catalogue du poète anglophile Constantijn Huygens (1688), qui possède encore d'autres *Rabelaesiana*).[27]

La traduction de Fischart n'est donc pas inconnue aux Pays-Bas à l'époque de Wieringa. Malheureusement, nous n'avons pas d'autres informations sur la réception de Fischart aux Pays-Bas, ni sur la façon dont les Hollandais ont lu *Geschichtklitterung*. Or, pour revenir à Wieringa, celui-ci va sans aucun doute plus loin dans sa lecture de *Geschichtklitterung* que la plupart de ses contemporains. En tant que traducteur, il y a d'abord recours pour les nombreuses difficultés lexicales que présente le texte rabelaisien. Ainsi, Fischart semble inspirer à Wieringa les traductions suivantes des mots relativement techniques, appartenant à tel lexique spécialisé:[28]

Rabelais	*Fischart*	*Wieringa*
agueillettes (G 8,60)	nesteln (162)	nestele (23)
onocrotal (G 8,62)	kropffvogel (170)	kropvogel (26)
organe (G 10,70)	ursach (181)	oorzaak (34)
verbasce (G 13,78)	Wollkraut (197)	wollekruid (44)
consolde (G 13,78)	walwurtz (197)	waal-wortel (44)

---

26. *Catalogus variorum [...] librorum [...] D. Theodori Winckelmanni [...]*, Leiden: J. Hackius, 1690 (ex. Amsterdam, Bibl. Vereeniging, Nv 32); *Catalogus behelsende verscheide treffelijke Nederduitsche Theologische, Historische en Regtsgeleerde Boeken naagelaten van Johannes vander Sluys [...]*, Leiden: J.Wagens, 1698 (ex. Amsterdam, Bibl. Vereeniging, Nv 49) .

27. *Catalogus variorum et insignium in omni facultate et lingua librorum bibliothecae [...] Constantini Hugenii [...]*, La Haye: Abraham Troyel, 1688 (ex. Copenhague, Bibl. Royale 79^II–39 IV (4)).

28. Dans le cadre limité de cet article, il nous est impossible d'expliquer la signification des mots difficiles chez Rabelais. Nous renvoyons le lecteur intéressé à la traduction en français moderne et aux commentaires de Guy Demerson et de son équipe (*op. cit.*).

Parfois l'interprétation fischardienne suggère au traducteur néerlandais une brève glose. Ainsi, en expliquant le terme "rente foncière"
(G 53,194) par "onaflosselijke grondpacht of rente" (203), Wieringa
ne fait que suivre Fischart, qui écrit: "unablösslich auff grund unnd
boden"(407). De même, les notes de Wieringa en marge de son
texte sont parfois également redevables à *Geschichtklitterung*. Le
mot "pantagruélistes" (G, Prol., 40) est rendu littéralement par
Wieringa qui note en marge: "slampampers", terme qu'il a sans
doute trouvé chez Fischart qui, non pas dans le passage correspondant, mais ailleurs, écrit: "Ihr meine Schlampampische gute
Schlucker" (19). Pour la traduction de "bezans d'or" (G 51,189):
"Bizantinen gouds" (52,199), Wieringa ajoute la note explicative: "'t
gewigt van een dubbelde ducaat", dont la source est encore
Fischart: "Bisantinen Golds oder Toppelducaten" (402).

Il arrive aussi que Fischart suggère à Wieringa une traduction incorrecte. Quelques exemples: "à my" (G, Prol., 41), signifiant "à
moi", Fischart le traduit par "halb" (31) et Wieringa par "d'helft"
(Prol, s.p.). l'expression "peigne de Almain" (G 21, 96) – Almain
étant une personne historique, commentateur de Guillaume
d'Occam au XVe siècle – Fischart la rend par "Bömischen sträl"
(233) et Wieringa par "Boheemzen kam" (72). Une seule fois
même, Wieringa semble ne pas comprendre l'allemand de Fischart
qui traduit "homme de bien" (G 27,126) correctement par "Bider-
mann" (299), ce qui devient chez Wieringa: "Beedelaar" (mendiant)
(106).

Cependant, ce n'est pas uniquement pour des raisons purement
lexicologiques que Wieringa recourt à *Geschichtklitterung*. Il se
laisse aussi influencer par le style amplificateur de son prédécesseur.
Voici tout d'abord quelques ajouts que Wieringa apporte au texte
rabelaisien (dont nous indiquons la page et le paragraphe en question selon l'édition de G. Demerson) et qu'il a puisés dans la traduction allemande:

Rabelais	Fischart	Wieringa
G 17,88, § 4	ein Quacksalber (215)	een Quakzalver (57)
G 20,95, § 4	unnd der Genffer Liechtmess (231)	als 't licht mis is (70)
G 21,97, § 2	wie ein Eul im Schornstein (236)	[als] een uil uit de schoor-steen (74)
G 22,105, § 7	von Neumagen (251)	van Nieuw-magen (82)
G 27,125, § 5	o lieber guldener S.Urban (299)	o lieve gouden Urbaan (106)
G 27,127, § 5	auff gut Turckisch (302)[29]	op sijn Turks (108)
G 43,168, § 3	leibhaffte Teuffel (376)	lijfachtige Duivel (168)

La tendance de Wieringa au dédoublement synonymique trouve dans le texte fischardien une source quasi inépuisable, ce dont témoignent les exemples suivants:

Rabelais	Fischart	Wieringa
foy (G 9,66)	Glauben und Treu (173)	geloove, of getrouwheid (27)
ample (G 16,85)	weiter breiter (213)	wijd en breed (55)
absoubz (G 20,95)	relevirt unnd entschla-gen (230)	gelost en ontslaagen (69)
ne soy descroter (G 20,95)	die Nasen noch den Arss nicht ehe zuwi-schen (230)	den naars noch 't hooft havenen wilden (69)
se seignoient (G 35,148)	kreutz fur sich zu ma-chen, und [...]segnen (338)	te kruissen en zeegenen (137)

---

29. Cet ajout est peut-être suggéré par le chapitre 14 du *Pantagruel*, intitulé "Comment Panurge racompte la manière comment il eschappa de la main des Turcqs". Cf. p. 271: "Les paillards Turcqs m'avoient mys en broche tout lardé comme un connil..."

refraischy (G 39,159)	...kul und frisch (357)	verfrist of verkoelt (154)
dommaige et malheur (G 47,180)	schad unnd schand (390)	schaad, schande, en ongeval (185)

Parfois, Wieringa va encore plus loin que Fischart dans la duplication synonymique en prenant tel mot de Fischart pour le dédoubler ensuite:

Rabelais	*Fischart*	*Wieringa*
clarté (G 10,69)	klarheit (180)	licht en klaarheid (33)
ennicrochez (G 16,84)	auff alle Eck (211)	met hoeken en haaken (54)
premier (G 21,97)	oberst (233)	eerste of opperste (73)
pour ses intérestz (G 32,139)	fur seinen schaden (320)	voor sijn belang of schaa (124)
troublefeste (G 40,161)	Freudenstörer (362)	spel-breekers, en vreugdverstoorders (157)

L'exemple suivant montre que l'influence fischardienne sur Wieringa ne se limite pas au seul domaine lexical, mais est visible aussi dans la structure syntaxique des phrases:

Rabelais: puis le baillèrent à guarder à deux archiers (G 43,169).
Fischart: fiengen sie ihn, und gaben ihn zwen Schutzen zuverwaren (378).
Wieringa: dies vingen, en gavense hem aan twee Schutters te bewaaren (170).

Les deux traducteurs font preuve d'une même tendance à expliciter ce qui dans le texte rabelaisien reste implicitement indiqué par certains mots déictiques: "die dritt" (189) et "de derde" (38) pour "l'autre" (G 11,74, §3). De même, les deux traducteurs remplacent certaines constructions substantivées, typiques du français, par des syntagmes verbaux:

Rabelais: [...se guemente...] de la venue des coquecigrues(G 49,183).

Fischart: ...ob sie nichts von den Gugkenhäuserkränchen haben vernommen (395).

Wieringa: ...ofse van d'overkomste der Coquecigrues niet gehoort hebben (191).

Tous ces exemples précités pourraient suggérer que la traduction de Wieringa n'est qu'une imitation servile de *Geschichtklitterung*. Rien n'est moins vrai. Quoique la traduction néerlandaise reste souvent proche du modèle allemand (sans pour autant tomber dans les digressions interminables de celui-ci), l'imitation ne perd jamais son caractère ludique et tient même de l'émulation: tout porte à croire en effet que Wieringa a voulu non seulement imiter mais dépasser son prédécesseur allemand lorsqu'il déploie les mêmes jeux de mots dans sa traduction amplificatrice du passage suivant:

Rabelais: mais ces avaleurs de frimars fonts les procès devant eux pendans et infinis et immortels (G 20,95).

Fischart: und sonst Jacobs von Beutingarus: Unnd Saturnische Weisenfresser, machen die Process unnd rechtfertigung bey ihnen anhängig, unnd nimmer abhängig, noch abgängig,sondern jhe mehr zugängig und verlängig, unendlich und unabsterblich (231).

Wieringa: maar deze happige honden, (k'meen) heeren van Anhold en Cleef, weetende, dat op onklaar water goed visschen is, rekkende de rechtzaken, die onder hun handen geraaken, zoo lang, dat die altijd aanhangig, noit ofhangig, of afgangig, maar meer en meer toegangig, en 't elkens als van nieuws aanfangig, en alzoo tegen de loop der natuure eindeloos en eeuwig maaken (70–71).

Quand Fischart rend tel passage en prose par une traduction rimée, Wieringa l'imite:

Rabelais: Si n'estoient messieurs les bestes, nous vivrions comme clercs
(G 16,85).
Fischart: weren nicht die Herren des Viechs der Herd
Und die Herren der Herd auff diser Erd
So weren wir all Geistlich und gelehrt (212).
Wieringa: Waaren niet de Heeren Babokken en Beesten,
Wy wierden wel alle gaauwaarts en Geesten (55).

Une fois même, Wieringa amplifie de cette façon l'épisode scatolo-
gique des torche-cul (G 13) en utilisant non pas le passage correspondant chez Fischart, mais un autre passage, pris ailleurs dans
Geschichtklitterung:

Fischart: wilt die Finger behalten rein, so mach den Wisch nicht zu
klein (197).
Wieringa: wilje wel doen moer of maat,
veegje gat niet eerje gaat
Soje d'hand wel houden rein
maakje naars-wis niet te klein (45).

Ce dernier exemple montre que Wieringa connaît *Geschichtklitterung* à fond et qu'il tient ce livre sans aucun doute ouvert sur sa
table de travail lorsqu'il traduit le *Gargantua*. Ce faisant, il accom-
plit la tâche peu aisée (comme nous avons pu le constater nous-
mêmes) qui est celle de relever dans le labyrinthe phrastique de
Geschichtklitterung les passages correspondants. Nous aimerions
terminer ce paragraphe par une liste non exhaustive d'exemples qui
en soi ne sont guère probants, mais, pris ensemble, montrent bien à
quel point Wieringa se laisse influencer par Fischart:

Rabelais	*Fischart*	*Wieringa*
ce petit paillard (G 11,73)	dass klein Hurenjäger-lin (189)	dit jong hoerenjagertje (38)
baudet (G 20,94)	Eselskopff (229)	Eezels-kop (68)
comme tous les diables (G 23,114)	wie tausendt Teuffel (268)	als duisent Duivels (91)

adventureux (G 23,115)	waghals (268)	waaghals (91)
terres et dommaines (G 28, 130)	Land und Gebiet (306)	Landen en gebied (112)
Quelles nouvelles (G 32,139)	Gute zeitung (319)	goed nieuws (123)
desguaigne son espée (G 35,151)	zeicht von leder (341)	trok van leer (139)
signe (G 43,167)	Feldzeichen (376)	Veld-teiken (167)
saulfz et entiers (G 45,173)	frisch unnd gesund (381)	fris en gezond (174)
telz abuz (G 45,174)	so ungereimt ding (382)	zulke ongerijmde dingen (176)
l'assiette (G 48,181)	die gelegenheit (392)	de Geleegentheid (49,187)

À comparer aussi les phrases suivantes:

Rabelais: Qui ne s'adventure ni a cheval ny mule (G 33,145).
Fischart: wer sich nicht darff wagen, bekompt weder Pferd noch Wagen (334).
Wieringa: die niet wil waagen, wint Paard noch Waagen (132).

4. Wieringa et Urquhart

Bien que sensible sur un ensemble textuel plus grand (à savoir les deux premiers livres de Rabelais), l'influence de Thomas Urquhart sur Wieringa est certes moins spectaculaire que celle de Fischart. Cela se comprend: le traducteur écossais reste beaucoup plus proche du texte rabelaisien que ne le fait son précurseur allemand. Aussi les vérifications, sans doute nombreuses, qu'a opérées Wieringa sur la traduction anglaise ne laissent-elles que relativement peu de, traces visibles dans la traduction néerlandaise. Nous disons "relativement", parce que le texte de Wieringa comporte néanmoins un certain nombre d'emprunts plus ou moins évidents à la traduction anglaise. Or, il est remarquable que ces emprunts sont de nature différente dans les deux livres rabelaisiens. Ainsi, comparée à la traduction de *Pantagruel*, celle de *Gargantua* compte un nombre nettement inférieur d'emprunts à Urquhart, ce qui s'explique sans doute par la concurrence fischardienne dans ce livre. Ces exemples concernent en plus surtout la tendance de dédoublement synonymique que nous avons notée plus haut. En voici une liste non exhaustive d'exemples repérés dans *Gargantua*:

Rabelais	Urquhart	Wieringa
impositions badaudes (G 9,66)	blockish, and ridiculous impositions (I,44)	botte en zotte inzettingen (28)
qu'[ils] en cuidèrent rendre l'ame à Dieu (G 20,93)	that they had almost split with it, and given up the gost [...] (I,85)	datze dachten bersten en den asem te verliezen (66)
se mouscher (G 20,95)	to blow or snuffe their noses (I,88)	zijn neus [...] te snuyten of vaagen (70)
je me suis vaultré (G 21,97)	I have wallowed and rolled myself (I,91)	ik [...] wentelde en tuymelde (73)
sort (G 43,169)	chance and meer fortune (I,194)	't lot en geluk (170)
son cheval bruncha par terre (G 49,183)	his horse stumbled and fell down (I,218)	struikelde zijn paard en viel van vermoeitheide ter aarden (190)
après leur retraicte (G 49,183)	after the soldiers had done with eating and drinking (I,219)	wanneerse nu wel gegeeten en gedronken hadden (192)
idoine (G 51,186)	able & capable (I,225)	bequaam en kloek genoeg (197)

En revanche, de tels dédoublements, empruntés à Urquhart, sont moins nombreux et moins flagrants dans la traduction néerlandaise de *Pantagruel*. Voici tout ce que nous avons trouvé:

Rabelais	Urquhart	Wieringa
motz espaves (P 6, 237)	strange and unknown termes (II,34)	oneigene en vreemde woorden (259)
grosses (P 21,304)	great round (II,149)	groote ronde (361)
allaigre (P 24,312)	nimble [...] and light (II,163)	licht en luchtig (374)
homme de bien (P 29,328)	a brave man and an honest (II,185)	een eerlijk kloekmoedig Krijgs-man (399)

Les listes des exemples suivants montrent que, en comparaison de sa traduction de *Gargantua*, Wieringa a utilisé, pour traduire *Pantagruel*, le texte anglais de façon différente, plus variée. Elles nous révèlent en même temps autre chose: plusieurs exemples cités se rencontrent aussi textuellement dans le célèbre *Dictionary of the French and English Tongues* (1611) de Randle Cotgrave.[30] Ces exemples (que nous avons indiqués par le sigle C) ne confirment pas seulement un fait déjà connu: la redevance d'Urquhart au dictionnaire de Cotgrave; ils désignent aussi ce dictionnaire comme une autre source probable de Wieringa (à côté donc des traductions allemande et anglaise). Cette hypothèse est en quelque sorte confirmée par les quelques éléments lexicaux que Wieringa n'a pas puisés dans le texte d'Urquhart, mais sans doute dans le dictionnaire de Cotgrave:

Rabelais	Cotgrave	Wieringa
agiotate (P 6,237)	A holy and blessed man	Geheiligde (258, note)

---

30. Nous avons utilisé la troisième édition, publiée à Londres en 1650 sous le titre: *A French-English Dictionary, Compil'd by Mr. Randle Cotgrave [...] Whereunto are newly added the Animadversions and Supplements, &c of James Howell Esquire* (ex. Leiden, Bibl. Univ., 1221 A 4). Cette édition reprend intégralement les rabelaisianismes de l'édition princeps (cf. Michèle Schmidt-Küntzel, *Cotgrave et sa source rabelaisienne. Analyse synchronique et diachronique [..]*, Cologne, 1984, pp. 276–278).

géomantie (P 18,290)	Divination by points, and circles made on the earth	Stip-waarzeggery (340; cf. 354: "Aard-kund")
lycisque orgoose (P 22,305)	A dog ingendred between a wolfe, and a dog. [...] A sault bitch	een hittigen hond-wolf (363; en note: "Een jong uyt de vermenging van een hond met een wolf voortgekomen")

De même, la traduction incorrecte de "briber" (au sens de "bafrer"; P 9,156) par "beedelen" (= mendier; 183) pourrait s'expliquer par le fait que Wieringa a mal choisi parmi les acceptions proposées par Cotgrave: "Briber = To beg his bread; also to ravine, devoure, eate greedily". Ces exemples, peu probants en soi – nous en convenons – montrent qu'il ne faut pas exclure a priori une éventuelle relation intertextuelle entre le dictionnaire anglais et la traduction néerlandaise.

Cela constaté, répertorions les autres emprunts que Wieringa a faits à Urquhart. Commençons par quelques exemples où, dans son choix des mots, Wieringa se laisse influencer par Urquhart:

Rabelais	Urquhart	Wieringa
bréviaires des Grecz (P 1, 217)	Grecian Almanacks (II,2)	Griekze Almanakken (232)
submirmillant (P 6,236)	submurmurating (II,31)	submurmureerende (257)
Pantofla Decretorum (P 7,239)	The Slipshoe of the Decretals (II,36)	Den Sleep Schoe der besluitten (261)
potée de choux (P 11,260)	potfull (C) of cabbidge (II,75)	pot-vol kool (292)
bouline (P 13,268)	top-saile (C) (II,90)	top-zeil (304)
goildronneur de mommye (P 13,268)	trimmer (C) of mans flesh imbalmed (C) (II,91)	valsche menschevleesch verkooper (305)

Monsieur mon routis-seur (P 14,272)	my Master turnspit (II,96)	mijn Heer den spit-wender (309)
furtivement (P 14,274)	thiefteously (C) (II,100)	diefs-wijze (313)
lubricité (P 25,315)	slipperinesse (C) (II,165)	slibberigheid (377)
à grand poine (P 27,322)	very seldom (II,175)	zeer zelden (386)

La liste suivante rassemble les cas où le texte d'Urquhart (ou éventuellement le dictionnaire de Cotgrave) a visiblement inspiré une
traduction incorrecte à Wieringa (nous ajoutons entre crochets la
signification correcte du lexème en question selon l'édition-"translation" faite par Guy Demerson et son équipe):

Rabelais	Urquhart	Wieringa
porteballes [colporteurs] (G 9,66)	ballad-mongers (I,43)	Lietzingers (28)
bon bies [bon biais] (P 11,260)	bum-bees (II,75)	byen-swerm (291)
le maulgouvert [le dissipateur] (P 12,266)	the bad government (II,87)	't wan-beleid (301)
deau de plomb [dé de plomb] (P 16,282)	lead-water (II,113)	lood-watertje (325)
une pinne [arête] de poisson (P 18,296)	the finne of a fish (C) (II,137)	een vinne van een Visch (349)
sonettes de sacre ["sacre" = oiseau de volerie] (P 26,318)	little Anthem or Sa-cring bells (C) (II,169)	klokjes uit het Klooster (381)
goulphre [gouffre] P 33,349)	gulph (II,217)	kolk (429)

Cas intéressant: le mot "gayetier" (P 30,336), qu'Urquhart (et Cotgrave) traduisent correctement par "Jet-maker", Wieringa, ayant
compris probablement "jestmaker", le rend par "Potsemaker" (411).

En outre, pour expliquer telle difficulté lexicale, Wieringa a recours au texte anglais; une fois même l'explication d'Urquhart se
retrouve telle quelle dans la note explicative en marge du texte
néerlandais:

Rabelais	Urquhart	Wieringa
onocrotale (P,Prol.,216)	Onocrotal is a bird not much unlike a Swa[n], which sings like an Asses braying (II,Prol., s.p., note)	ratel-gans (228; en note: "Onocrotale, rugchelaar die als een Eezel rug-chelt")
omoplate (P 14,273)	homoplat, which we call the shoulder-blade (C) (II,97)	schouder-blad (310)
crampons (P 14,274)	hooks or cramp-irons (C) (II,99)	yseren haaken (312)
doigtz indice (P 19,293)	indical, or foremost fingers (II,163)	den voorsten of wijs-vinger (349)
coudinac cantharidisé et aultres espè-ces diuréti-ques (P 27,326)	the marmalade of Quinces, (called Codiniac) a confection of Can-tharides, (which are green flies breeding on the tops of olive-trees) and other kindes of diure-tick or pisse-procuring simples (II,182)	coudignac, Spaanse-vlieg-vet, en andere pis-drijvende dingen (395)

Comme le montrent déjà les cas de dédoublement synonymique mentionnés plus haut, l'influence d'Urquhart sur Wieringa n'est pas uniquement de nature lexicale, mais souvent encore d'ordre plutôt stylistique. Ainsi, quoique moins frappante que dans le cas de Fischart, la tendance amplificatrice de l'Écossais se fait sentir dans plusieurs ajouts de Wieringa au texte rabelaisien. Ces additions (que nous avons mises en italiques) servent parfois à expliciter le texte rabelaisien, qui est, on l'a vu, souvent dense et elliptique. Parfois, leur présence semble s'expliquer par le seul plaisir que Wieringa (et Urquhart) prennent à amplifier leur texte:

Rabelais	Urquhart	Wieringa
souleva le moyne (G 42,167)	lifted up the Monk [...] under his arms-pits (I,190)	vatte de Monik [...] onder d'oxels (166)
Raclet (P, Prol.,213)	the foole Raclet (C) (II, Prol.,s.p.)	den nar Raclet (224)

docteurs (P 13,270)	Doctors *in the law* (II,92)	*Rechts*-geleerden (306)
il s'endort (P 14,272)	he was *fast* asleep (II,96)	hy al *vast* sliep (309)
familiairement (P 21,303)	*very* familiarly (II,147)	*zeer* vrymoedelijk (359)
aussi estourdys que le premier son de matines (P 28,327)	even no lesse astonished than *are Monks*, at the ringing of the first peale to Matins (II,183)	met zulken verbaasden verbijsteringen als *de Monniken* op 't eerste klokklippen van de Metten (396)
la gueulle ouverte (P 29,330)	his mouth *wide* open (II,189)	de mond *wijd* open (402)
damoizelles (P 30,338)	*handsom* Gentlewomen (II,200)	*schoone* jonge Juffertjes (414)
à demain (P 31,341)	*against* to morrow (II,205)	*tegens* morgen (418)

L'influence stylistique est parfois aussi visible dans l'ordre des mots dans telle énumération:

Rabelais: force flacons, jambons et pastez (P 5,251).
Urquhart: with store of gammons, pasties and flaggons (II,25).
Wieringa: met hammen, taarten en menigte flessen wijns (251).

Pour terminer, comparons aussi les phrases suivantes qui illustrent bien l'influence générale (syntaxique, sémantique, stylistique etc.) d'Urquhart:

Rabelais: il les feist tous quinaulx et leurs monstra visiblement qu'ilz n'estoient que veaulx engiponnez (P 10,257).
Urquhart: he [...] made it visibly appear to the world, that compared to him, they were but monkies, and a knot of mufled calves (II,68).
Wieringa: deed hyse al te maal staan kijken als aapen en poel-sneppen, oogenschijnlijk haar betoonende, datse by hem niet dan domme nuchtere Kalvers waaren (285).

5. Conclusion

Les paragraphes précédents donnent une idée de la façon consciencieuse et créatrice dont Wieringa a travaillé en utilisant au moins deux éditions de base et en vérifiant sa propre traduction sur celles de Fischart et d'Urquhart. Il va sans dire que ce que nous avons trouvé ne saurait constituer qu'un début. Une étude plus approfondie serait nécessaire pour déterminer les sources lexicographiques de Wieringa. Afin d'élargir la perspective, il serait également intéressant de reconsidérer, à partir des études de Thijssen-Schoute, les autres traductions du Frison et de comparer sa manière de travailler à celle d'autres traducteurs néerlandais de la même époque, tel Glazemaker, le traducteur de Montaigne. Nous espérons que le présent article y donnera lieu.

Université de Leyde

Le véritable Rabelais déformé

Richard Cooper

Whilst other papers in this volume examine the production of serious scholarly editions of the Rabelaisian corpus, this article attempts to grapple with the way that admirers of Rabelais, in the teeth of prevailing disapproval of their author throughout the eighteenth century and much of the nineteenth, tried to make Rabelais available in modified form. We know of earlier works which rejoice under the name of *Le Rabelais réformé par les ministres*,[1] or *Le Rabelais ressuscité*,[2] or even *Le véritable Rabelais réformé*.[3] But over the next two centuries we will witness Rabelais being brought up to date, abridged, disciplined, bowdlerised, purged, anthologized, all in the name of decency, and under such labels as *Le Rabelais moderne*, *Le Rabelais populaire* or *Le Rabelais classique*.

I have tried to show elsewhere that that prevailing Enlightenment opinion was hostile to Rabelais.[4] His work was a monstrous mixture (La Bruyère), written by a drunk (Voltaire), incoherent (Sabatier), unintelligible (Formey), dated (Dixmerie), full of ordures (Voltaire), of opaque allegories, impenetrable riddles, pedantry, tasteless fantasy, which all go to make the book a corrupting (Lenglet), disgusting, boring (Montesquieu) tasteless whole, with occasional good jokes. It was clear that no "personne d'une vie réglée" would even possess the book and it was hardly considered worthy of inclusion in a gentleman's library (Lenglet). The only people

---

1. F. Garasse, *Le Rabelais réformé par les ministres*, Brussels: C. Girard, 1619, 8°.
2. N. Horry, *Le Rabelais ressuscité*, Rouen: J. Petit, 1611, 12°.
3. By Jean Bernier: see below.
4. R. A. Cooper, "'Charmant mais très obscène': French eighteenth century readings of Rabelais", in G. Barber & C. P. Courtney (eds.), *Enlightenment Essays in memory of Robert Shackleton*, Oxford, 1988, pp. 39–60.

who might read it either had a morbid taste for obscenity (Chaudon), or were Protestants, or especially libertins, who thought it chic to cite Rabelais or Montaigne (abbé de La Porte). Others were more indulgent, seeking to attribute the faults of the book to changes in language, and thus to our ignorance of the language and history of the period (Palissot); or else to changes in taste, which in Rabelais's time was judged to be semi-Gothic (Nicéron); or to Rabelais's using vulgarity as a prudent cloak for his satire (La Harpe, Voltaire). But the book still failed to please, to match the delicacy of Enlightenment taste. Much of it was held to be worthless. Voltaire thought that, rather like Malherbe crossing out most of Ronsard, if one cut out all the unacceptable parts of Rabelais his work would be "réduit tout au plus à un demi-quart". Even an admirer and imitator of Rabelais like Dufresny could not agree that more than half of the book was worth reading.

And yet admirers and defenders like the Président Bouhier existed throughout the century. Defenders of Rabelais rejected the confusion between the persona of Alcofribas and Rabelais himself, and original research was pursued, bringing to light new biographical documents which were edited during the century.[5] Nicéron, in particular, drew on Leroy and on the letters from Rome, in order to present biographical material independent of the five books, arguing that although the book may contain obscenities and profanities, research showed that the author was erudite and pious, unlike his fellow-monks. However the most successful defence was to extol him as a social satirist, as a precursor of the philosophe movement and a prophet of the Revolution, fundamentally anti-clerical, potentially republican.

We have seen that adversaries of Rabelais claimed that no-one in the period owned or read him. This contention is not borne out by the evidence of libraries, of publishing houses or by the activity of editors and commentators. The library of the Duc de La Vallière,

---

5. Cooper, *art. cit.*, pp. 50–51.

catalogued in 1783, contained a good selection of early editions; throughout the century printers in Troyes brought out *Bibliothèque bleue* editions of para-Rabelaisian chap-books. And despite the efforts of censors and disparagers, editions of Rabelais for the French market continued to appear in the eighteenth century, published in Amsterdam and Geneva, although only one appeared in France before the Revolution.[6]

Two Rabelaisian scholars of the beginning of the century are of particular interest. One is Daniel Huet (1630–1721), bishop of Avranches, who visited the Chinon area to gather biographical material and to clarify local allusions in the text. His library, dispersed in 1765, appears to have included almanachs now lost, as well as copies of the comic works, whose annotations reveal Huet's concern to establish an accurate text and to investigate sources, as well as his evident admiration for Rabelais's erudition.[7] The other is Jean Bouhier (1673–1746), president of the parlement of Dijon, who attacked Voltaire for his draconian censorship of Rabelais,[8] and left a 1721 manuscript containing judgments on Rabelais and an unfinished commentary on passages in the first four books up to *QL*. xviii.[9]

A recent monograph[10] has shed light on the pioneering achievement of Le Duchat in his 1711 edition of Rabelais; Le Duchat was opposed to the interpretation of the émigré critic Le Motteux, whose commentaries were republished in French translation in 1733–1734[11] fostering the view that the book was an

---

6. Paris 1732; Brunet cites a Paris 1777 edition, which I have not traced.

7. T. Baudement, *Les Rabelais de Huet*, Paris, 1867.

8. See his letter to De Ruffey of March 1733 reviewing the *Temple du Goût*: "Quel orgueil de n'y laisser par grace Marot, Rabelais, Rousseau, Fontenelle, Bayle La Motte que pour une portion tres mince de leurs Écrits"; Voltaire, *Correspondance and related documents*, ed. T. Besterman, *Complete works of Voltaire*, 85–135, Geneva/Banbury, 1968–1977, no. 558.

9. BN., ms. *n. a. f.* 4219.

10. T. P. Fraser, *Le Duchat, first editor of Rabelais*, Geneva, 1971.

11. *Bibliothèque britannique*, I (1733), 129–167; II (1733), 231–271; III (1734),

ouvrage allégorique où sous des noms bizarres et empruntées, et sous des fictions extravagantes, l'Auteur a fait une Histoire suivie et satirique des principales personnes de son tems.[12]

This approach gave a new lease of life to the simplistic seventeenth-century *clef de Rabelais*, which identified the fictional characters as figures of the court of François Ier, and which continued to be reprinted. The public's initial preference for the more philological approach of Le Duchat is clearly seen in the success of his edition: the six octavo volumes which appeared in Amsterdam in 1711 were reprinted three times[13] and were widely praised. The posthumous three-volume quarto edition of 1741, revised by Jean Bernard, makes a concession by publishing Le Motteux's commentary in translation. The seventy-eight fine engravings by Picart (vignettes) and Du Bourg (plates) contributed to the success, and their superiority over the cruder illustrations of the 1711 edition is trumpeted in the preface.

We may pass over a cheap four-volume edition without notes which appeared in Geneva in 1782, before we come across two which were published jointly in France and abroad: J. F. Bastien's first modest two-volume edition of 1783,[14] and the more ambitious Franco-Dutch edition which appeared in the fateful year of 1789.[15] Bastien's version, dedicated to the "mânes joyeux" of Rabelais, advertises a text purged of all errors, but we note that it is also purged of any critical apparatus, like his edition of Montaigne of the same year. Bastien himself (1747–1824) launches into an attack on the 1741 edition, "enseveli sous les notes de M. Duchat", which he alleges contain a "foule d'erreurs et d'invraisemblances"; he

127–185; IV (1734), 80–130.

12. J.-P. Nicéron, *Mémoires pour servir à l'histoire de la république des lettres*, Paris, 1729–1745, XXXII, 393.

13. Once undated; once in 1721; and once in 1732, Paris, Jamé l'aîné & Guelette.

14. 1783: London/Paris, 2 vols.

15. The Hague/Paris (Hôtel Bouthillier), 1789, 3 vols, 12°.

claims to have considered abbreviating the commentary of Le Duchat, rejecting it since he judges the *Alphabet de l'Auteur François* to provide enough information already.[16] Thus we have an edition with virtually no notes at all, apart from the traditional *clef*, and with no illustrations apart from a portrait of the author by Sarabat. By contrast, the 1789 Franco-Dutch edition remains closer to Le Duchat's ideal while reducing the bulk of the volume and producing a pocket-size text. In the vigorous preface the publisher informs us that this edition had been planned by his father since as early as 1749, in collaboration with a unnamed but "célèbre et fort connu" man of letters, but that the commentary had never been written although the text had been ready for twenty years.[17] He distances himself from the two rival schools of interpretation, mocking the excessively grammatical approach of Le Duchat, and thinking no more highly of Le Motteux:

> Mais la fureur de s'imaginer que tout est allégorique dans Rabelais l'a emporté et l'a fait retomber dans ses rêveries.[18]

If he puts down to Protestant zeal the enthusiasm of these critics for Rabelais,

> Il semble qu'on pourroit croire que c'est aux Protestants que Rabelais doit une grande partie de sa réputation,[19]

he is no more indulgent about Catholic editors, ridiculing the purificatory rituals of the two *abbés* whom we shall be meeting shortly, and ironising about the spate of priests editing Rabelais, which might be better left to laymen:

---

16. Bastien, 1783, I, vii–viii.
17. 1789 ed., I, iii.
18. *Ibid.*, I, xxvii.
19. *Ibid.*, I, vii, x.

Il est bien étonnant que personne en France, parmi les Catholiques, n'ait travaillé dans ces derniers temps sur Rabelais, que des abbés et des abbés prêtres, quel contraste![20]

Despite his gibes against rivals, however, this 1789 edition is scarcely beyond reproach: it is produced in very small print on cheap paper; the editor claims that Rabelais needs no illustration, but he has had to bow to

la fureur des estampes dont le siècle est possédé, la manie de mettre des gravures dans tous les ouvrages;[21]

yet the illustrations chosen are poor quality reduced and reversed versions of some of the 1741 engravings, largely concentrated in the first volume. And in order to provide some notes, since the mysterious man of letters had never had time to write any, the publisher has had to derive his sketchy material from the 1741 Le Duchat commentary, despite having been uncomplimentary about it in his preface.[22]

The last French edition of the century set the seal on Le Motteux's success, when his notes, instead of those of Le Duchat, together with the ever youthful *clef de Rabelais*, became the basis of J.-F. Bastien's revised three-volume edition of 1798. Bastien, who by now had also published editions of Montaigne (1783) and Scarron (1793), produced for Rabelais a limited edition, well printed on good quality paper and illustrated with seventy-six engravings, some signed Houat or Foex, which give prominence to the physical and fantastic elements in Rabelais. The illustrations of the adolescence of Gargantua show him amidst flagons resting his voluminous rear on a close-stool, or drinking with his nurses who play with his *braguette*.[23] The artist singles out scenes of urination,

---

20. *Ibid.*, I, xxxix.
21. *Ibid.*, I, vi.
22. *Ibid.*, I, iv; the notes on *Gargantua* have been reworked.
23. 1798 ed., I, 52.

like the *pissefort* in Paris, the *deluge urinal* by his mare, or the *chaudepisse* in *Pantagruel*,[24] and excels in grand battle scenes.[25] There are few pictures in the *Tiers Livre*, but Houat provides a haunting witchcraft scene, complete with cat, frog, snakes, broomstick, cauldron and skull, to accompany the Sibyl.[26] The element of fantasy is developed in the later illustrations, several of which anticipate later work by Gustave Doré. The success of these prints in the 1798 edition led to a dispute over their ownership when an attempt was made to republish them separately; J. N. Barba fell out with the editor of the *Galerie rabelaisienne*, in which they were being serialised, managed to prove title to the plates and brought them out in 1830 in his *Rabelais analysé ou explication de 76 figures gravees pour ses œuvres* with notes by Francisque Michel.

So far we have been speaking of complete editions of the five books. However, what about the *ordures* which had so offended a sensitive soul from a sheltered background like Voltaire? The problem of how to meet the public's continuing desire for annotated editions of Rabelais without inflicting too much damage on public morals was resolved by exercises in paraphrase and expurgation: "On purge Rabelais", in the same way that the abbé Trublet and Pesselier were taking the scissors to Montaigne.[27] The earliest to try it was Jean Bernier (1627–1698), a doctor like Rabelais, who advocated the use of emetics and whose *Essais de médecine* (1689) contain interesting material on medical history, despite a damning judgment of the essays as the work of an

homme honnête, instruit et érudit, mais crédule, sans goût et religieux jusqu'à la superstition.[28]

---

24. *Ibid.*, I, 74, 160, 426.
25. E.g. *ibid.*, I, 118, 121, 194, 212.
26. *Ibid.*, II, 101.
27. M. Dréano, *La renommée de Montaigne en France au XVIIIe siècle*, Angers, 1952, pp. 117–123, 173–182.
28. C. Brainne, *Les hommes illustres de l'Orléanais*, Orleans, 1852, I, 283.

The only favourable notes in this judgment were undermined by the charitable Ménage, who accused Bernier of merely superficial learning, and by Nicéron, who blamed Bernier's poverty for having induced in him

> une humeur chagrine et une envie de critiquer, qui se fait sentir dans tous ses ouvrages.[29]

Like Rabelais, Bernier also tried his hand at wit, in a collection of *Reflexions, pensées et bons mots [...] par le sieur Pepinocourt* (1696), dismissed by Nicéron as "peu de chose".[30] However, it is his *Jugement et nouvelles observations* of 1697,[31] better known by its subtitle *Le véritable Rabelais réformé*, which is his principal contribution to literary criticism. His contemporaries thought no better of it than his other efforts, Nicéron finding it "rempli de Verbiage" and of failed waggishness.[32] The avowed intention of the book was to remove prejudices about a author who had been demonised on the basis of scant knowledge of his life and work:

> Tout le monde connoît Rabelais de nom, chacun en parle, mais la plûpart sans sçavoir bien ce que c'est.[33]

In order to study this proscribed book Bernier had had to seek authority from his bishop, who himself had been refused such permission by Urban VIII;[34] but, with the aid of Antoine Leroy's research,[35] he arrived at a balanced view of the author:

---

29. Nicéron, *Mémoires* cit., XXIII, 371.

30. Paris: G. de Luyne & L. d'Houry, 1696, 12°.

31. *Jugement et nouvelles observations sur les œuvres Greques, Latines, Toscanes et Françoises de Maître François Rabelais D. M.; ou le Véritable Rabelais réformé*, Paris: L. d'Houry, 1697,
12°.

32. Nicéron asserts that in the dedicatory epistle, Bernier "fait le mauvais plaisant", *Mémoires*, XXIII, 372.

33. Bernier, preface, f. i6.

34. *Ibid.*, p. 31.

35. *Ibid.*, pp. 97–107.

Rabelais êtoit un bel esprit et un sçavant homme pour son tems, qui écrivoit bien et qui avoit du manege de Ville et de Cour, mais qui a faict un fort mauvais usage de ses talens.[36]

This approach, close to that of La Bruyère, paints the chronicles as

marchandise mêlée, du bon et du mauvais, qu'on ne doit par consequent lire qu'avec dispense, dans la nécessité, avec précaution.[37]

When considering to whom such dispensation should be accorded, Bernier is less restrictive than other critics, arguing that any potential damage to the reader is limited by the book's obscurity and that vulnerable souls like "les femmes et les ignorans" might well come though unscathed:

Ainsi le style, la matière, l'érudition ne pouvant être du génie des femmes et des esprits superficiels, tems perdu et l'imagination gâtée pour bien des mots et des contes sales.[38]

Although the complete text was rightly on the index – "Vidi, legi, damnavi"[39] – Bernier felt confident in providing the public with a potted version of the five books, as an alternative to reading the original, but also as a pretext for interminable digressions on his own – usually irrelevant – hobbyhorses. *Gargantua* receives a lot of attention,[40] with certain chapters being dismissed as "folâtreries", "sornettes" or even "ordures",[41] but others being revealed as containing hidden meaning about the malpractice of kings,[42] and one even dubbed "admirable, s'il êtoit moins profane".[43]

---

36. *Ibid.*, preface, f. i7ᵛ.
37. *Ibid.*, p. 27.
38. *Ibid.*, p. 30.
39. *Ibid.*, p. 503.
40. *Ibid.*, pp. 129–221.
41. *Ibid.*, pp. 140, 154.
42. *Ibid.*, pp. 154, 191.
43. *Ibid.*, p. 187, ch. 45.

Pantagruel is handled more expeditiously,[44] with sections being condemned as "fariboles" or "visions", full of "vilaines idées",[45] especially the abuse of a Bible text in ch. xxiv,

> qui me paroît un des endroits les plus detestables du Roman.[46]

But chapters like Gargantua's mourning for Badebec, or his letter, or Épistemon's account of the Underworld are praised,[47] and excuse is found for the fantastic elements in the hypothesis that

> ce qu'il y a d'extravagant vient de quelques heures où l'Auteur n'êtoit pas à jeun.[48]

The *Tiers Livre* wins his protracted attention[49] and his approval, because of the amount of erudition introduced into "un sujet fabuleux et fait à plaisir":[50] episodes like the Sibyl, Raminagrobis, the advice of Épistemon, Herr Trippa, the banquet and all the later chapters, earn such epithets as "admirable", "bouffon", "bien inventé, spirituel, sçavant, judicieux",[51] although he again regrets the sprinkling of "mauvaises choses", of "libertinage", especially in the exchanges with Frère Jean:

> Voicy du plus fin, si on ôte ces vilaines Épithetes du plus vilain mot.[52]

The *Quart Livre* interests him much less,[53] and although some episodes "ont leur sel",[54] the book is seen as marred by obscenity and by "bien des choses qui sentent le fagot".[55] He gives little more

---

44. *Ibid.*, pp. 222–285.
45. *Ibid.*, pp. 259, 270, 279, 285.
46. *Ibid.*, p. 277.
47. *Ibid.*, pp. 230, 259, 280.
48. *Ibid.*, p. 285.
49. *Ibid.*, pp. 286–400.
50. E.g. chapters xi–xiv, *ibid.*, p. 344.
51. *Ibid.*, pp. 364, 371, 390, 397–398.
52. *Ibid.*, p. 375.
53. *Ibid.*, pp. 401–468.
54. E.g. pp. 414, 439, 448.
55. E.g. pp. 415, 436, 445–446.

than a précis of the *Cinquiesme Livre*,[56] although a couple of chapters are judged to be "assez spirituel[s]",[57] and one, the *Apologue du Roussin*, is extolled as

> un des plus beaux chapitres du livre, et même des livres precedens, et qui sent bien Rabelais; [...] plein de moralités et de beaux enseignemens.[58]

In 1752 two independent editions of Rabelais were published which claimed to make him acceptable to contemporary taste. The first, *Le Rabelais Moderne*, published in Amsterdam, was the work of a Parisian former abbé, François-Marie de Marsy, (1714–1763), who had left the Jesuits under mysterious circumstances. In his youth De Marsy had been a budding neo-latin poet, whose composition at the tender age of twenty-two, *De pictura* (1736), had earned him much praise. Abandoning the muse, he tried his hand at a whole range of writings, including a three-volume History of Mary Stuart (1742) and an even longer History of the Chinese. However he had clearly drifted intellectually a long way from his pious Jesuit upbringing, and in his forties brought out an *Analyse raisonnée de Bayle* which showed a little too much sympathy for the Huguenot's thought and landed him in the Bastille, whilst his book was condemned by the Parlement de Paris in 1756 to be torn up and burned.[59]

The fate of his Bayle might incline us to think that in De Marsy we have an anti-conformist, even *libertin* writer, who felt drawn to Rabelais and impelled to present him to a wider readership.[60] His edition is certainly an ambitious project, filling six duodecimo volumes. In his preface he adopts the pose of the neo-latinist, deplor-

---

56. *Ibid.*, pp. 469–503.
57. Chap. vii–viii, xi, *ibid.*, pp. 474, 483.
58. *Ibid.*, p. 476.
59. *Arrest de la court de Parlement qui condamne différens Livres*, Paris: P.-G. Simon, 1756.
60. *Le Rabelais Moderne ou les Œuvres de Maître Fr. Rabelais mises à la portée de la plupart des Lecteurs, avec des Éclaircissements pour l'intelligence des allégories contenues dans le Gargantua et le Pantagruel*, Amsterdam, 1752, 6 vols., 12°.

ing the fate of writers in a living language – once read by everyone, now just by few because language has dated. His aim is to "réformer et épurer" Rabelais's language; not trying to give a "froide version de Rabelais" or to "travestir le *Gargantua*", but by

> changements legers et presque imperceptibles, je me propose de faire entendre Rabelais à la plupart des Lecteurs.[61]

He does not seek to "rien lui ôter de sa naïveté, de son tour naturel";[62] indeed, he has respected Rabelais's bizarre phrases,

> productions originales de l'imagination la plus singuliere et la plus burlesque qui fut jamais.[63]

Some archaic spellings are also retained in order to preserve an "air d'ancienneté",[64] and modern anachronisms are avoided;[65] he claims merely to have suppressed

> quelques expressions [...] non seulement obscures, mais rudes et barbares, choquantes pour notre siècle et souvent même vicieuses pour le siècle de Rabelais.[66]

The text is otherwise to be alleviated of all that is obscure or shocking, including such aberrations as Greek, Latin, Italian or other foreign words, or archaic structures like inversions. Similarly he regrets that the allegories and topical material lose their clarity with the passage of time:[67]

> j'ai pris le parti tantôt d'abréger, tantôt de supprimer certains endroits ténébreux, la plupart du tems aussi fastidieux qu'obscurs.[68]

---

61. *Le Rabelais Moderne, I, vi.*
62. *Ibid.*, I, vi.
63. *Ibid.*, I, vii.
64. *Ibid.*, I, viii.
65. *Ibid.*, I, vii.
66. *Ibid.*, I, x.
67. *Ibid.*, I, i.
68. *Ibid.*, I, ix.

His declared plan therefore is to make Rabelais accessible by "chan-gemens légers et presque imperceptibles"[69] namely by ironing out linguistic difficulties and by offering an explanation of the allego-ries.[70]

When we open the six volumes, however, we note that each page contains a modernised bowdlerised text, linguistic notes and a liter-ary commentary suggesting possible interpretations of major epi-sodes. All the obscurities and obscenities are not however sup-pressed, but relegated to a rubric at the bottom of each page enti-tled *texte ancien*, marked with a hand. What kind of material does he excise? There are several cases of him cutting tirades, no doubt as a reflection of contemporary taste; lists come in for the same treatment, such as the *couillon* litany in *TL.* xxvi–xxviii, or the anatomy of Quaresmeprenant, the cooks in *QL.* xl, the fare served to Manduce in *QL.* lix–lx, of the list of snakes and reptiles in *QL.* lxiv. Yet he does not suppress as spicy a story as Hans Carvel. Whilst his aim is clear, he seems not to have fulfilled it, and a later editor was right to question the value of simply moving impropri-eties from the text to the bottom of the page.[71] As to his *Notes et éclaircissements*, the ex-abbé supported Le Motteux's approach, held that Le Duchat had neglected the allegorical content and that the latter's grammatical exegesis had not helped to make Rabelais more widely read.[72]

He managed to convince the priggish Formey to include his ver-sion of Rabelais in his ideal library:

S'il y en a une [= *édition*] qu'on puisse lire avec agrément, ou du moins sans danger, c'est celle qui porte pour titre *Le Rabelais réformé*;[73]

---

69. *Ibid.*, I, vi.
70. *Ibid.*, II, ii.
71. Ed. the Hague/Paris, 1789, p. xx.
72. *Le Rabelais Moderne*, I, iv–v.
73. J.-L.-S. Formey, *Conseils pour former une bibliothèque*, Berlin, 1756, p. 54; commended also by the *Bibliothèque universelle des Romans*, March 1776, p. 127.

but the volumes only gain him lukewarm praise from another critic:

> C'est la seule édition de Rabelais qui mérite quelque attention; mais il ne
> fallait pas tant de volumes pour des turlupinades;[74]

whilst another contemporary critic, a straitlaced Genevan called
Clément, dismissed the whole effort:

> Quel dommage qu'un élève de Virgile ait été chercher quelques paillettes
> d'or dans ce tas d'ordures.[75]

The second bowdlerised edition to appear in 1752 was the work of
another Parisian abbé, Gabriel-Louis Calabre Pérau (1700–1767),
even more prolific an author than De Marsy. He was expected to
rise high in the church:

> Une physionomie heureuse, beaucoup de candeur, un esprit conciliant
> et cette simplicité qui prête tant de charmes au savoir et à la vertu, lui
> attirèrent des amis puissans dans l'ordre ecclésiastique;[76]

but he never finally entered the priesthood, apparently because of
some romantic scandal:

> Né avec un cœur tendre, il eut à lutter, dans l'âge des passions, contre
> une inclination impérieuse, à laquelle il céda pendant quelque tems.
> L'amour des lettres le rendit à lui-même.[77]

So he remained the impoverished prior, in minor orders, of the
maison et société de Sorbonne, living precariously by his pen. Among
his many works we may note a three-volume edition of Saint-Réal
(1745); a twenty-volume edition of Bossuet (1743–1753), various
other contributions to scholarly works[78] and the attentive supervi-

---

74. F. X. de Feller, *Biographie universelle*, 8 vols, 1851–.
75. Reported by J. C. F. Hoefer, *Nouvelle Biographie Générale*, Paris, 1860,
XXXIII, 990.
76. N. T. Le Moyne des Essarts, *Les siècles littéraires de la France*, Paris, 1800,
V, 129.
77. *Ibid.*, V, 130.
78. Such as notes for Fr. Gayot de Pitaval, *Bibliothèque des gens de cour*, 1746, 8

sion of eleven volumes of the *Vies des hommes illustres de la France*, which cost him his sight.[79]

However the one work which suggests a kindred spirit with Rabelais is a book exposing all the mysteries of Freemasonry, *L'ordre des Francs-maçons trahi et le secret des Mopses revélé*.[80] He explains his curiosity for the bizarre:

> Depuis que je me connois, je me suis senti une inclination dominante pour tout ce qui avoit l'empreinte du merveilleux, ou seulement du singulier; sur-tout, lorsque j'y trouvois avec cela l'assaisonnement du mystère.[81]

> Je suis parvenu à faire de ma tête le Magazin de fadaises le mieux fourni, sans vanité, qu'il y ait en Europe.[82]

Not a Mason himself,

> le Serment que vous exigez m'a toujours fait de la peine,[83]

he is nonetheless a great admirer of the society:

> De toutes les Societés que les hommes ont pu former entre eux depuis le commencement du Monde, il n'y en eut jamais de plus douce, de plus sage, de plus utile, et en même temps de plus singulière, que celle des Francs-Maçons.[84]

This view is held by a churchman despite the excommunication of the Masons by Clement XII in 1736[85] and despite a mildly unhealthy interest shown in the goliardic songs of the Masons (which he publishes), in various bacchic orders in France, notably in the "Ordre de la Boisson", founded in Bas-Languedoc in 1703, whose

---

vols.; and the first three volumes of *Recueil A, B, C [–Z]*, 1745–1762, 24 vols.

79. Volumes. 13–23, 1754–1760; cf. Le Moyne des Essarts, *op. cit.*, V, 131.
80. Amsterdam, 1745.
81. *L'ordre des Franc-maçons trahi*, pref., pp. i–ii.
82. *Ibid.*, p. ii.
83. *Ibid.*, p. x.
84. *Ibid.*, pp. 1–2.
85. *Ibid.*, p. 202.

head rejoices in the Rabelaisian title of "Frère François Ré-jouïssant";[86] despite also a dubious fascination with another new society, to whose mysteries women were initiated, the *Ordre des Mopses*. However he regards the Masonic order as full of unworthy people, and he invites the Grand Master to carry out a drastic purge. And purging was the order of the day when it came to his three-volume Rabelais.[87]

He muses in his preface on the regard in which Rabelais was held in his lifetime by the highest in the land,[88] who clearly did not care about the alleged obscenities or sacrilege:

> c'estoit le style du tems: on nommoit tout par son nom,

as witness the sermons of the period.[89] Although we may be guilty of a certain hypocrisy, Pérau held that we can no longer share the admiration the early readers once enjoyed:

> Nos mœurs, peut-être moins pures, sont certainement plus décentes. Ses obscénités nous révoltent; nous ne sommes pas moins choqués de l'obscurité qui règne dans son ouvrage et du peu de vraisemblance qui se trouve dans ses portraits et dans toute la suite de sa narration.[90]

He agrees with Voltaire that no one likes the whole book: even those who appreciate the "beautés réelles qui y sont répandues" are revolted by the "grossieretés révoltantes". So he simply cuts them out, and produces what he succinctly calls a "Rabelais sans obstacles",[91] in emulation of contemporary bowdlerisations of the latin poets. Out go the second poem in the Torchecul episode, Panurge's experiences with the Turks, the rebuilding of the walls of Paris and the length of leagues in France; from the *Tiers Livre* the Sibyl of

---

86. *Ibid.*, pp. 4–6.
87. *Œuvres choisies de M. François Rabelais*, Geneva: Barillot & Fils, 3 vols., 1752.
88. *Œuvres choisies*, I, ii.
89. *Ibid.*, I, iii.
90. *Ibid.*, I, v.
91. *Ibid.*, I, ix.

Panzoust is pitched out, as are Herr Trippa, the consultation of Frère Jean, Rondibilis's remedy for cuckoldry and the *blason* of Triboullet; out of the *Quart Livre* go chapters like the anatomy of Quaresmeprenant and the story of the devil and the old woman. Pérau's aim is to follow La Bruyère in suppressing what is merely "le charme de la canaille", but he has to admit that he is still left with much which is not exactly *exquis*, much which is "insipide et ennuyeux".[92] Indeed, this attempt to provide a "Rabelais sans obstacles" seems to have met with little success: Pérau admits that those who have tried to "percer les nuages" of the allegories and obscurities have come up with nothing certain, and his own notes largely derived from Le Duchat add nothing new. And the same objection levelled at De Marsy was also applied to Pérau by a contemporary, namely that his text had not been expurgated effectively and still contained plenty of *ordures*.[93]

Twenty years later the *Bibliothèque universelle des Romans* tried a different tack: instead of issuing an edulcorated text, it reverted to Bernier's idea of a synopsis, intended here to introduce Rabelais to the impressionable minds of ladies, by now confirmed readers of novels. This idea had already occurred to Dufresny in 1711, when publishing some extracts which he had undertaken to

éclaircir et purifier [...] pour les rendre moins ennuyeux aux Dames.[94]

The editor working for the *Bibliothèque universelle* in March 1776 needed no convincing of Rabelais's merits, and he applauded the author's "morale fine et ingénieuse" and insisted that any truncating of the text as advocated by Voltaire would have to do justice to the "esprit philosophique, critique et plaisant de l'auteur".[95] He

---

92. *Ibid.*, I, vii.
93. 1789 ed., I, xviii.
94. See the 1741 Le Duchat ed., III, 189 ff.
95. *Bibl. universelle des Romans*, March 1776, pp. 81, 124.

warned his readers against the hypocrisy implicit in modern double standards:

> on exige à présent plus de décence dans l'expression, quoique la corruption des mœurs n'ait cependant pas diminué.[96]

However, in his view, Rabelais only uses vulgarity as a smokescreen to mislead hostile readers into thinking that he had simply written to amuse his patients. Besides,

> malgré les obscurités et les profanations de plusieurs passages de l'Écriture Sainte,

especially in *Pantagruel,* the work still delights even the most hard-to-please and delicate reader.[97]

He puts it in the section of *Romans satiriques, comiques et bourgeois,* seeing it as the first satirical novel in French. He admits however that he will not be able to give "un extrait bien fidèle" and will have to leave "beaucoup de vuides", not least because of the

> très grand nombre d'allégories dont le voile est encore impénétrable.[98]

Almost as much space is devoted to *Gargantua* as to all the other books together, with numerous extracts and some comments on interpretation. He gives us snippets from the giant's genealogy,[99] mentions the *Fanfreluches,* summarizes the birth by the ear,[100] the amounts of milk drunk and gives us an extract from the *jument* episode, not forgetting to cite the commentators' view that the mare represents Mme d'Étampes.[101] We hear of the speech of Janotus; the new education system of Ponocrates is polished off in

---

96. *Ibid.,* March 1776, p. 82.
97. *Ibid.,* p. 82.
98. *Ibid.,* p. 82.
99. *Ibid.,* pp. 83–84.
100. *Ibid.,* pp. 84–85.
101. *Ibid.,* pp. 86–88.

two lines; and we have an abrégé of the Sevillé [*sic*] episode, revealing a great truth to his lady readers:

Frere Jean est un singulier personnage.[102]

He goes into great detail, however, on Grandgousier's attempts to buy peace,[103] before reverting to a brief summary of the return of Gargantua from the Château du Gué de Nede [*sic*]; he shows interest in the banquet, in the tabletalk with Frère Jean and in his getting stuck in a tree, but is very sketchy on the rest of war.[104] Speeches attract him and we have extracts from Grandgousier's speech to the pilgrims and from the clemency of Gargantua.[105] All that strikes him in Thélème is the inscription and the supposed prophecy of Merlin.[106] Thus the whole of *Gargantua* is summarized in sixteen pages.

Pantagruel is far more superficially analysed in only seven pages.[107] We hear of the genealogy, a snatch from the tour of French universities, and morsels of the Écolier Limousin, but he skips over Saint-Victor, observing that this satire on pedantry

n'a plus aucun sel dans le dix-huitième. On ne peut plus nous reprocher l'excès de l'érudition: le pédantisme des mots est détruit, et Dieu veuille que celui des idées n'ait pas pris sa place.[108]

The first meeting with Panurge hardly delays him, any more than Baisecul and Humevesne, which he interprets as an allusion to Louise de Savoie's case against the Connétable de Bourbon; Panurge's escape from Turks vanishes in one sentence, and all the

---

102. *Ibid.*, p. 89.
103. *Ibid.*, p. 92.
104. *Ibid.*, pp. 93–96.
105. *Ibid.*, pp. 96–98.
106. *Ibid.*, p. 99.
107. *Ibid.*, pp. 100–107.
108. *Ibid.*, p. 102.

practical jokes are judged too long to retell, as is the invasion of the Dipsodes. As to the story of leagues in France:

> ce conte est plaisant; mais la délicatesse de notre siècle épuré ne nous permet pas de le répéter d'après Rabelais.[109]

He dispatches the rest of the war in one page, and only one sentence tells us what Épistemon saw in Hell; but he quotes at more length Panurge dressing up Anarche, apparently choosing anti-monarchic passages.

The *Tiers Livre* is dispatched in three pages,[110] with the praise of debts reduced to one sentence, although Pantagruel's exposition of Plato's attitude is held up as confirmation of La Bruyère's notion that

> là où il est bon il va jusques à l'exquis et à l'excellent.[111]

The series of consultations and the banquet are dispatched in a page, and nothing is held worthy of notice until a tendentious reading of the stocking of the fleet with Pantagruelion, amongst whose uses was the making of rope,

> qui sous François premier servit à étrangler tant de Luthériens ou de Protestans François, qui avoient le malheur de ne pas penser comme le reste de leurs compatriotes.[112]

The islands of the last two books attract more comment, with six pages devoted to the *Quart Livre*.[113] Extracts are quoted from the Dindenaut episode, and the Chicanous earn almost a whole page, but it is the storm scene which most strikes the editor:

---

109. *Ibid.*, p. 105.
110. *Ibid.*, pp. 107–110.
111. *Ibid.*, pp. 108–109; the passage praised is *TL.*, v, 22–41 (ed. Screech).
112. *Bibl. universelle des Romans*, March 1776, p. 110.
113. *Ibid.*, pp. 111–117.

La frayeur de Panurge est peinte avec un naturel si admirable, que nous avons beaucoup de peine à resister à l'envie d'en présenter le tableau.[114]

Resist he does, however, and gallops on to the Macraeons and death of heroes, which passes for a "satyre contre l'Astrologie", before gathering speed and devoting one sentence to the Physetere, one to the Andouilles and two sentences to the Papefigues, where admiration is expressed for Rabelais's courage in writing this kind of material at a time of persecution, whereupon we find ourselves plunged headlong into the Ile Sonante. The *Cinquiesme Livre*[115] carries on at the same pace, with six episodes slipping by in one page. But great interest is shown in the ritual of the second part of the book, especially the queen's banquet in Lanternois and the Bacbuc episode, and the rhetoric of Bacbuc is warmly commended and illustrated with quotations, especially from her final speech.[116]

Rabelais's reputation was clearly on an upward curve towards the end of the century: if he offended delicate ears, his talents as humorist and satirist were seen as sufficient compensation, even to the point of presenting a sanitised version to a female readership. With the great editions of the following century, arguments over propriety might be thought to be over, but in fact we still find edulcorated texts being produced in the late nineteenth century by admirers who sought to combat prejudices against their author. The early Rabelais critic Eugène Noël[117] was unequivocal in his praise of the book,

le plus grand monument de notre littérature,[118]

which contains

---

114. *Ibid.*, p. 114.
115. *Ibid.*, pp. 118–123.
116. *Ibid.*, pp. 121–123.
117. Better known for his *Rabelais et son œuvre*, Paris 1870.
118. E. Noël, *Le Rabelais de poche*, Alençon, 1860, p. 10.

tant de jugements célèbres sur Dieu, sur la justice, sur l'homme, sur la nature, qui font du livre de Rabelais le plus étonnant peut-être qu'aient produit les lettres humaines.[119]

But, in an ironic reminiscence of Enlightenment anthologies, he voiced the difficulties experienced in publishing it:

Rabelais, quoi qu'on fasse, sera toujours Rabelais, et [...] l'on ne tirera jamais de ses œuvres un livre pour l'éducation des demoiselles.[120]

Thus the text needed adapting to take account of modern sensibilities,

pour refaire du *Pantagruel* un livre accessible à tous.[121]

Noël proves to be an opponent of the classical purification of French, and he sees in Rabelais a reminder of "la belle langue de nos peres". However there is a political slant to his approach, since he blames a class of prudes and *précieux* for having outlawed from French a language which is

encore aujourd'hui celle du peuple.[122]

He reproves these "lecteurs superficiels" for objecting to certain terms in Rabelais, and regrets the disappearance from the language of good solid words like *cul* and *bren*, which the people continue to use. Noël's solution is to publish *morceaux choisis* in which he would modernise the spelling, suppress archaic inversions, cut topical allusions, and cut the obscure *mythologie* which was deliberately used to cloak the sense and allow publication in the midst of Renaissance "bûchers et gibets". His volume is prefaced by an abrégé of Rabelais's work, which will help the reader understand the whole, which by now Noël has sliced up into tit-bits:

---

119. *Ibid.*, pp. 11–12.
120. *Ibid.*, p. 1.
121. *Ibid.*, p. 3.
122. *Ibid.*, p. 3.

en extraire quelques articles, les donner en leur ordre alphabétique, en composer un dictionnaire pantagruélique et aller ainsi bravement depuis A jusqu'à Z.[123]

This anthology does not suppress all the racier material, and Noël is proud to give the public in accessible form stories like Hans Carvel, Couillatris and Villon. In a display of artful innocence he provides a list for the *lecteur délicat* of the extracts which are "trop vives ou trop naïves" for his or her taste: thus ladies are invited to pass over his articles headed "Ane, Anneau de Hans Carvel, Avignon, Bergerottes, Chanson, Diable de Papefiguière, Femme, Lieues de France".

Mais, le dirai-je? je crains que ces passages ne soient précisément ceux qu'on lira le plus.[124]

Noël's initiative to provide acceptable versions of Rabelais is supported by Alfred Talandier, who published two versions aimed at different readerships, *Le Rabelais populaire* and *Le Rabelais classique*. Like Noël, Talandier rates Rabelais highly, more highly for instance than Luther, extolling him as

un des plus grands philosophes modernes et conséquemment, l'un des ancêtres de cette Révolution française [...], le plus grand événement qui se soit accompli dans l'histoire du genre humain.[125]

and seeing him, as some had in the Enlightenment, as a precursor of the *philosophes*.[126] Hence the need to make his work widely known:

Il n'est pas possible de laisser plus longtemps un pareil livre ignoré de nos femmes et de nos enfants. Ce livre est une Bible, un livre par excellence, et nous le devons à nos filles aussi bien qu'à nos garçons.[127]

---

123. *Ibid.*, p. 3.
124. *Ibid.*, p. 2.
125. A. Talandier, *Le Rabelais populaire*, Paris, 1883, p. viii.
126. *Ibid.*, p. xii.
127. *Ibid.*, p. xiv.

So he offers two editions:

> l'une expurgée pour les lycées de filles aussi bien que les lycées de gar-
> çons; l'autre pour tous ceux qui ne veulent être privés d'aucun *propos
> torcheculatif*, d'aucune critique des *rêveurs mathérologiens* [sic] *du temps
> jadis*, d'aucun *baritonnement du cul* ou *emburelucoquement de l'esprit*,
> etc., etc.[128]

The second version described here with such enthusiasm is his *Le
Rabelais populaire*, which gives the text of *Gargantua* in modernised
spelling with some very sketchy notes, such as the one which pres-
ents the final poem as a prophecy of the Revolution.[129]

But it is the first version which is of greater interest here, *Le
Rabelais classique, édition modernisée et expurgée à l'usage des éco-
lières et écoliers*, which once again only contains *Gargantua*. In the
common preface to the two versions Talandier imagines a heart-
warming fireside-scene in which a young girl is first introduced to
his adaptation of Rabelais:

> il faut débarrasser de ses plaisanteries au gros sel le livre que la jeune fille
> devra lire avec son père et sa mère ou avec ses maîtresses.[130]

By contrast the other version will be more appropriate for the fuller
fledged matron:

> Il faut aussi garder le livre avec ses salaisons même les plus fortes, pour
> les femmes qui le voudront lire avec leur mari et pour les maris eux-
> mêmes.[131]

We are however suprised to see how little of the text Talandier
shields from innocent eyes. In his *Rabelais classique* references to
the pox are cut, and we are addressed as

> Buveurs très illustres et vous, très chers malades.....

---

128. *Ibid.*, p. xv.
129. *Ibid.*, pp. 189–190.
130. *Ibid.*, p. xv.
131. *Ibid.*, p. xv.

The lists are sacrificed,[132] most of the poems are excised, including the *Fanfreluches* and the *torcheculatif* rhymes, but details of the giant's birth are retained,[133] the material about his codpiece[134] and the rest of the *torche-cul* episode.[135] However the bulk of the book comes through uncut, which adds a certain piquant to our image of those cosy fireside family evenings.

What Noël and Talandier did not censor was left to the scissors of two much more recent vulgarisers, Lagarde et Michard, whose work is all the more surreptitious because the cuts are not acknowledged. In the opening of the prologue to *Gargantua*, for instance, where Talandier had changed *verolés* to *malades*, we find the whole phrase left out and the work addressed only to the drinkers.[136] In the same prologue the list of bogus works written by Alcofribas is shorn of *Fessepinte* and of *La dignité des braguettes*.[137] In the chapter on the giant's pre-Ponocratean education, references to bodily functions are suppressed;[138] as they are in the new education in a display of priggishness which distorts an understanding of the rôle of hygiene.[139] In the Seuillé episode no indication is given that the important gloss on the plague has been suppressed.[140] In Pantagruel's lament on the death of Badebec, the terms of endearment of both wife and son are purged of references to *con*, *braguette* and *couillon* as well as of a reference to her gigantic size.[141] The chapter on Panurge's practical jokes is mutilated by suppression of the

---

132. E.g. the list of games, A. Talandier, *Le Rabelais classique*, Paris 1883, p. 65.
133. *Ibid.*, p. 16.
134. *Ibid.*, p. 21.
135. *Ibid.*, p. 37.
136. A. Lagarde & L. Michard, *Textes et littérature, XVIe siècle*, Paris 1961, p. 40, line 1.
137. *Ibid.*, p. 40, line 27.
138. *Ibid.*, p. 43, line 13 ["fiantoit, pissoyt"]; p. 44, line 43 ["Pissant donc plein official"].
139. *Ibid.*, p. 45, line 10 ["alloyt es lieux secrets faire excretion des digestions naturelles"]; p. 47, line 1 ["se purgeoit des excremens naturelz"].
140. *Ibid.*, p. 56, lines 3–4 ["Combien que... je vous pry"].
141. *Ibid.*, p. 71, lines 14, 19.

tartre bourbonnoyse, of the shape of the horns on the ladies' bon-
nets, of the *folle à la messe* joke and of the trick with the priest's
vestments.[142] The Dindenault episode is also censored by suppression of the merchant's praise of the urine, turds and heads of his
sheep, of two allusions to cuckolds, and by the replacement of
"Bren, bren" by "Bien!".[143] These and other examples of the blue
pencil are scarcely ever indicated in the text as omissions.

In the 1545 privilege of the *Tiers Livre* we read that Rabelais had
complained to the king how printers

> auroient iceulx livres corrompu et perverty en plusieurs endroictz, au
> grand deplaisir et detriment dudict suppliant et præjudice des lecteurs;[144]

elsewhere he deplores the malign influence of various *Canibales*
who distorted his meaning.[145] The fate of his work in the Enlightenment and beyond, in step with the fate of Montaigne, reveals both
the hostility of *bien-pensant* taste and the desire of admirers to
make the text accessible, even at the cost of bowdlerisation. It is
also salutary to note how recently emasculated versions of his work
have been published,

> affin que tu ne prennes la fausse monnoye pour la bonne (amy lecteur)
> et la forme fardee pour la nayve.[146]

Brasenose College, Oxford

---

142. *Ibid.*, p. 73 line 23, p. 74 lines 29, 42, 44.

143. *Ibid.*, p. 83, lines 11, 20; p. 84, lines 28, 34, 35.

144. *Tiers Livre des faictz et dictz Heroïques du noble Pantagruel*, Paris: C.
Wechel, 1546, 8°, f. a2.

145. *QL.*, ep. lim. 104 (ed. Saulnier).

146. *Grands Annales tres veritables des Gestes merveilleux du grand Gargantua et
Pantagruel son filz*, Lyon, P. de Tours, 1542, 16°, f. 2.

Éditer Rabelais dans la Bibliothèque de la Pléiade

Mireille Huchon

La date controuvée de 1494 pour la naissance de Rabelais a provoqué une intense activité éditoriale, les éditeurs souhaitant inscrire dans leurs catalogues de 1994 l'édition du cinquième centenaire. Mais ce ne sont pas les hasards des commémorations qui ont déterminé l'existence d'une nouvelle édition Rabelais dans la Pléiade, puisque, depuis longtemps, les éditions Gallimard avaient ce projet qui aurait dû être mené à bien avec Roger Lathuillère, professeur à la Sorbonne, prématurément disparu.

Éditer Rabelais[1] dans la Pléiade, c'est tenter de concilier la spécificité d'un texte du XVIe siècle et d'un auteur qui s'est plu à compliquer à souhait la langue de son époque, avec les exigences actuelles d'une collection soucieuse de maintenir ses traditions et d'imprimer ainsi sa marque au texte.

La comparaison avec la première édition des œuvres complètes de Rabelais parue dans la Pléiade en 1934, un des premiers titres, le quinzième, permet toutefois de mesurer l'évolution de la collection. L'ancienne édition, dont le texte avait été initialement établi et annoté par Jacques Boulenger et qui avait été revue et complétée en 1953 par Lucien Scheler, comptait dans sa dernière version 1056 pages; celle-ci offre 1888 pages: 1033 pages pour les textes rédigés par Rabelais dont 134 consacrées à des textes fournis en appendices (les grandes chroniques et les diverses versions du Ve livre) et 26 pages d'illustrations.

---

1. Sur les difficultés que présente l'édition des œuvres de Rabelais, voir R. Lathuillère, "Les problèmes de l'édition de Rabelais", *Cahiers de l'association internationale des études françaises* 33 (1981), 129–145.

La constitution d'appendices est récente dans la Pléiade, mais, depuis une dizaine d'années, devient de plus en plus fréquente. Il faut souligner, néanmoins, la part importante qui leur est donnée dans la présente édition. Il en est de même pour l'iconographie qui fait du nouveau Rabelais une des éditions de la Pléiade les plus illustrées, à l'exception, évidemment, des albums. Les reproductions sont aussi bien des pages de titre des éditions originales, des almanachs ou des autographes que des documents pour l'interprétation (carte du Chinonais en relation avec les guerres picrocholines; reproduction des châteaux de chasse que François Ier fit construire à son retour de captivité, Madrid et Chambord, qui ont servi de maquettes à Thélème; cartes des itinéraires du voyage de retour des Argonautes selon les diverses versions connues au XVIe siècle, modèle du voyage du *Quart livre*).

La disposition de l'apparat critique entre les deux éditions de la Pléiade diffère. Dans l'ancienne édition, toutes les notes se trouvaient en bas de page avec un système unique d'appels numériques. Après l'introduction générale, étaient imprimés les divers livres sans notice de présentation. La nouvelle édition se conforme au profil actuel de la collection: notes et variantes en fin d'ouvrage avec respectivement appel numérique et appel littéral (petites italiques) dans le texte. Les notes pour chacun des livres ou des pièces des œuvres diverses sont précédées d'une notice de présentation et d'une note sur le texte.

Dans le cas des textes du XVIe siècle se pose le problème de la traduction des termes vieillis ou disparus; l'on peut opter pour un glossaire (parti pris par les éditeurs actuels de d'Aubigné ou de Ronsard) ou pour des notes en bas de pages avec appel littéral (petites capitales) dans le texte (parti retenu par l'éditeur de Brantôme). Cette dernière solution a paru la plus opportune, afin d'éviter le recours incessant au glossaire qu'aurait entraîné la difficulté du texte rabelaisien. L'unité retenue a été le chapitre.

Cette édition invite donc le lecteur à plusieurs niveaux de lecture: le texte seul avec traduction en bas de page des termes faisant diffi-

culté; les notices synthétiques de présentation en tête de chaque
œuvre; les notes de présentation de chaque chapitre (la première
note de chaque chapitre attire l'attention sur les faits marquants
pour la compréhension ou l'interprétation de l'épisode, rappelant
également les principaux acquis de la critique); les notes analytiques
(intertextes, mise en rapport avec le contexte historique, renvois
internes, mises en parallèle d'épisodes, récurrence de mêmes expressions, explications de langue).

L'introduction générale et la chronologie, rubriques traditionnel-
les actuellement dans la Pléiade, sont suivies d'une note sur la
langue de Rabelais et du XVIe siècle où sont précisés les particularités phonétiques pour la lecture orale du texte, le système orthographique propre à l'auteur, les théories linguistiques du XVIe siècle,
les principales caractéristiques lexicales.

Ce cadre formel défini en fonction de l'unité de la collection et
des difficultés du texte rabelaisien, il importe de rappeler les choix
qui ont présidé à la constitution du corpus, à la sélection des textes
de base et à la toilette à leur faire subir, à l'établissement des variantes.

Constitution du corpus

Cette édition comporte l'ensemble des œuvres connues de Rabelais.
Les œuvres diverses, éditées par François Moreau, sont classées ici
par genres: prognostications et almanachs (*Pantagrueline Prognostication*, almanachs pour 1533, 1535, 1541, les deux prognostications
publiées sous le pseudonyme de Seraphino Calbarsy, la *Sciomachie*,
les épîtres-dédicaces en latin, la correspondance, diverses pièces de
vers dont les vers insérés dans l'*Adolescence clementine*, une des
suppliques au pape). Tous les textes grecs ou latins sont proposés
en bilingue (traduction par F. Moreau).

Aux cinq livres des *faicts et dicts Heroïques du bon Pantagruel*
(avec *Gargantua* comme premier livre, selon l'ordre adopté par
Rabelais dès 1542, bien que *Pantagruel* soit de rédaction antérieure)

ont donc été adjoints deux appendices: les chroniques de Gargantua (après le *Gargantua*) et le dossier du Ve livre (après le *Cinquiesme livre*).

Les chroniques de Gargantua, en amont de l'œuvre, posent le problème de la participation de Rabelais à leur publication et même à leur création. Si ces textes sont intéressants pour la genèse de l'œuvre de Rabelais, ils le sont aussi en eux-mêmes.[2] Le lecteur peut ainsi lire dans leur intégralité les *Grandes et inestimables croniques* et leur curieuse table des matières, le *Vroy Gargantua* qui offre de nombreuses additions au texte précédent (les ajouts des *Chroniques du grant roy Gargantua* et la *Grande et merveilleuse vie*, œuvre d'un poète qui profite de la vogue du *Gargantua*, sont donnés par ailleurs en documents); les textes ultérieurs, comme les *Chroniques admirables*, qui ne sont que des compilations, n'ont pas été retenus. L'étude comparative des textes laisse supposer que l'on est en présence de textes parodiques des romans arthuriens et d'une certaine historiographie, en relation avec les événements contemporains d'Angleterre auxquels sont mêlés dans les années 1530–1532 les frères Du Bellay, futurs (?) protecteurs de Rabelais, et en rapport avec la réflexion sur la manière décrire l'histoire conduite dans le *Pantagruel* à partir de Lucien.

À l'aval de l'œuvre, le dossier de l'authenticité du Ve livre fournit pour la première fois l'ensemble des pièces d'un débat ouvert dès le XVIe siècle.[3] Le Ve livre n'est connu que par l'*Isle Sonante* de 1562 (édition partielle en 16 chapitres dont le chapitre des Apedeftes, absent des autres états et sans prologue), le *Cinquiesme livre* (en 47 chapitres et avec prologue) dont la première édition est parue en 1564, un manuscrit non autographe (avec un prologue incomplet, un chapitre et une fin qui lui sont propres, alors que deux des chapi-

---

2. Les chroniques gargantuines ne sont pas données par les éditeurs des œuvres complètes de Rabelais. Seul Charles Marty-Laveaux fournit le texte des *Grandes et inestimables chroniques*.

3. Voir M. Huchon, *Rabelais grammairien*, Genève: Droz, 1981, pp. 412–422, pour le rappel des diverses hypothèses.

tres du *Cinquiesme livre* sont absents). Les éditeurs modernes ont souvent construit des chimères en reproduisant en tête l'*Isle Sonante*, puis, pour la fin du texte étranger à cette dernière, l'édition de 1564 ou le manuscrit. Le texte de base choisi ici a été l'édition du *Cinquiesme livre* de 1564. En appendice, sont donnés l'intégralité de l'*Isle Sonante* et tous les chapitres du manuscrit correspondant à ce texte, ainsi que ceux qui pour la fin du Ve livre sont absents de l'édition et, en outre, l'*Épistre du lymosin* et la *Cresme philosophale*, annexés au *Cinquiesme livre* à partir de 1565. Pour la fin du texte, les discordances entre l'édition de 1564 et le manuscrit sont portées en variantes.

Les différences entre les trois états du Ve livre sont souvent des divergences de lecture d'un original difficile à déchiffrer et il est ainsi possible de déterminer les manipulations que les éditeurs ont fait subir aux brouillons laissés par Rabelais, brouillons dont on peut distinguer deux groupes: celui qui est représenté par les trois états, contemporain du *Quart livre*; le second, reproduit seulement par l'édition et le manuscrit, navigation initiatique par les côtes françaises jusqu'à Chinon et vraisemblablement antérieur de conception au *Quart livre*. C'est là un véritable laboratoire de l'œuvre de Rabelais où l'on peut saisir sur le vif l'auteur au travail; certains de ces brouillons sont des adaptations de textes empruntés et les variations par rapport aux textes sources sont toujours significatives, ainsi la conquête de l'Inde par Bacchus, empruntée à Lucien, mais avec une multiplication d'allusions à la couleur rouge, ce qui correspond dans la lecture alchimique de la mythologie à l'opération de la rubification.

Le texte: une toilette limitée pour un texte composite

Pour les cinq livres de Rabelais, tout comme pour la *Pantagrueline Prognostication*, se posait parmi les multiples éditions du temps le choix des éditions de base à retenir. Il est d'usage dans la Pléiade de privilégier le dernier texte revu par l'auteur. Il n'y avait pas de raison d'y déroger, d'autant que c'est sous cette forme que, pendant des siècles, Rabelais a été lu. Par ailleurs, l'on ne s'associera pas au discrédit qui frappe les dernières éditions de *Gargantua* et *Pantagruel* dont on a trop tendance à considérer exclusivement le "caviardage" sorbonique et à regretter qu'apparaisse alors un Rabelais prudent ou timoré. En fait, ces variantes ont d'autres enjeux: jeu sur le cryptage des textes avec explicitation ou au contraire occultation; variations sur la *copia* avec, par exemple, les additions à l'épisode de Thaumaste, aux langages de Panurge. Il importe toutefois de souligner l'intérêt des premières et des secondes éditions (celles-là étant souvent les meilleures si l'on en croit les spécialistes de bibliographie matérielle et, dans le cas de Rabelais, manifestant un exceptionnel travail sur l'orthographe et les signes auxiliaires); le lecteur peut en restituer le texte à partir des variantes.

Le choix du dernier texte revu par l'auteur ne va, toutefois, pas sans difficulté, car il y a, dans le cas de l'œuvre de Rabelais, hétérogénéité des dernières éditions revues par l'auteur. Le *Tiers livre* et le *Quart livre* sortis des ateliers de Michel Fezandat en 1552 en caractères romains sont remarquablement soignés. L'édition du *Tiers livre*, qui se donne par rapport à l'édition princeps de 1546 comme "Reveu et corrigé par l'auteur sus la censure antique", a été révisée par l'auteur (il existe même des corrections sous presse[4]) et est celle des éditions de Rabelais qui offre le mieux les caractéristiques du système orthographique qu'il avait mis au point. Un exemplaire de l'édition du *Quart livre* de Fezandat, conservé à la Bibliothèque nationale, présente, lui, un intérêt exceptionnel puisqu'il contient des corrections autographes de l'auteur[5] qui ont été prises en considération dans l'établissement du texte.

Les derniers états révisés des deux premiers livres, aujourd'hui subsistant, c'est-à-dire les éditions imprimées par François Juste en 1542 en caractères gothiques, sont fort différents. Rabelais, pour

---

4. *Ibid.*, p. 39.
5. *Ibid.*, p. 72.

l'impression de ces éditions, avait annoté pour des raisons de commodité les éditions de Harsy de 1537 qui étaient en caractères romains; mais, dans ces dernières, ses particularités graphiques n'avaient pas été bien respectées et il ne réintroduit pas toujours les modifications nécessaires. Alors que les signes auxiliaires (accents, apostrophe) étaient d'un usage cohérent dès l'édition de 1534 de *Pantagruel*, ils sont, dans ces éditions, peu représentés.

Les deux premiers livres s'opposent donc aux deux livres suivants dans leur aspect formel. Pour une édition collective, ces disparités, très gênantes, devaient donc être dans la mesure du possible limitées selon des critères homogènes. L'étude préalable de l'ensemble des éditions parues du vivant de Rabelais, aussi bien pour les signes auxiliaires, pour la graphie que pour la ponctuation, a donc conduit à un certain nombre de choix.

Pour les signes auxiliaires, rares, comme on l'a dit, dans les éditions de 1542 de *Gargantua* et *Pantagruel*, l'usage a été unifié sur celui de l'édition Fezandat du *Tiers livre*. Ainsi, l'apostrophe a été introduite, l'accent aigu est utilisé en finale absolue, en finale devant *e* et devant *s*; l'accent grave sur le *à* et *là*. Les emplois sporadiques de l'accent circonflexe, du tréma ont été conservés. Il faut remarquer que, dans l'édition de *Pantagruel*, parue chez Juste en 1534, le système de Rabelais apparaît déjà dans toute sa cohérence, contemporain des premières mises en règles du français comme la *Briefve doctrine pour deuement escripre selon la proprieté du langaige francoys avec la caution de l'antiquité* (1533).[6]

Pour la graphie, à l'exception de la distinction du *i* et du *j*, du *u* et du *v*,[7] les graphies originelles n'ont pas été modifiées, conformé

---

6. *Ibid.*, p. 120.

7. Le *i* et le *j*, le *u* et le *v* n'étaient pas distingués. Dans les éditions de Rabelais, l'on a toujours une graphie *i*. Pour le *u* et le *v*, il s'agissait souvent de variantes positionnelles: *v* en début de mot, *u* à l'intérieur, aussi bien pour le *u* que pour le *v*. Il en était de même pour le latin, pour lequel on a employé conformément à l'usage dit restitué les graphies *i* et *u*. Cette disparité de traitement pose quelques problèmes pour les jeux de mots entre latin et français qui supposent une prononciation

ment aux habitudes de la Pléiade pour les textes du XVIe siècle. Ainsi peut-on constater une hétérogénéité, puisque, dans le *Tiers livre* et le *Quart livre*, le système orthographique, complexe, élaboré par Rabelais est bien représenté, alors que, dans les premiers livres, les caractéristiques ont souvent été éliminées en 1537. Cette hétérogénéité est aussi due à l'introduction par Rabelais à des moments divers de nouvelles graphies: ainsi, en 1546, *æ*, *œ*, *dipner*; en 1552, *home*. Elle provient également de changements de perspective de la part de l'auteur. La graphie des noms propres empruntés au latin en est un bon exemple; en 1534, Rabelais a modifié tous les noms en -*us* (*Polypheme*, *Cace* au lieu de *Polyphemus* et *Cacus*), mais, en 1542, les additions adoptent des formes en -*us* (*Ancus Martius* ou *Drusus*) d'usage dans les livres ultérieurs.

La ponctuation originelle a été respectée; cette édition, qui se démarque du premier Rabelais de la Pléiade,[8] renoue ainsi avec les particularités de celle de Charles Marty-Laveaux qui reconnaissait une valeur rythmique à la ponctuation du XVIe siècle. Le texte de Rabelais est un texte à dire à haute voix et la ponctuation de l'époque, qu'a systématisée Dolet dans un ouvrage de 1540 qui eut une grande influence dans les ateliers, *La maniere de bien traduire d'une langue en aultre. Dadvantage. De la punctuation de la langue Francoyse. Plus, Des accents d'ycelle*, en marque toutes les articulations. Ce maintien de la ponctuation originale n'a rien d'arbitraire: une étude des variations de la ponctuation menée dans l'ensemble des éditions parues du vivant de l'auteur à partir de plusieurs dizaines de milliers de signes a permis de constater la grande stabilité des

---

francisée du latin (voir *vino* et *vin*, *iambus* et *iambe* dans les éditions originales).

8. J. Boulenger a suivi pour l'édition de la Pléiade les principes qu'il énonçait dans l'édition Lefranc: "Enfin pas plus qu'aucun des éditeurs qui nous ont précédés, nous n'avons reproduit la ponctuation des originaux, qui étant souvent fantaisiste et ordinairement rare, rend le texte difficile à déchiffrer sans un effort d'attention qu'il est juste d'épargner au lecteur. [...] nous avons franchement adopté l'usage moderne, utilisé même les points d'exclamation, formé des alinéas, disposé en colonnes des énumérations qui ne l'étaient pas, et placé des tirets, des parenthèses et des guillemets, là où ils nous semblaient utiles."

limites de la phrase.[9] Pour la période de 1546 à 1553, la variation de
la ponctuation d'une édition à l'autre dans les 21 éditions du *Tiers
livre* et du *Quart livre* est de 3,5% (0,8% pour les éditions à participation de l'auteur, 3,2% pour les copies, 7,5% pour les éditions à
correcteur qui modifient aussi la langue). Toutefois, quelques amé-
nagements ont été apportés. Les irrégularités entre majuscule et
point ont été rectifiées. Les guillemets et les tirets, non représentés
dans les éditions originales, ont été introduits et les répliques mises
en alinéa. Dans les autres cas, les paragraphes de l'original ont été
respectés, tout comme la présentation des énumérations ou des
listes. Ainsi pourra-t-on lire les propos des bienyvres du chapitre V
de *Gargantua*, indistincts, conformément au "brouhaha"[10] qu'ils
transposent, ou le chapitre XXXVIII du *Tiers livre* où Triboulet est
blasonné par Pantagruel et Panurge avec des accolades semblables à
celles de l'original.

Dans les chroniques de Gargantua et spécialement dans le *Vroy
Gargantua*, à la ponctuation défaillante, certaines modifications ont
paru nécessaires pour une meilleure lisibilité, à tort pourrait-on dire
rétrospectivement, car il semble que cette ponctuation anarchique
et certaines particularités graphiques tiennent au désir de faire
croire à la transcription authentique d'un document ancien.

L'emploi des majuscules a été conservé. Rabelais en fait un usage
cohérent pour certaines dénominations (éléments, animaux, plan-
tes, certains concepts, allégories, métaux, dignités, sciences, fêtes,
dates). C'était aussi un objet de débat au XVIe siècle comme le
montre la longue addition manuscrite de Jean Salomon dans un
exemplaire de la *Briefve doctrine* déjà citée.

---

9. Voir M. Huchon, "Les divergences de ponctuation dans les éditions de
Rabelais de 1546 à 1553", in: *La ponctuation. Recherches historiques et actuelles* II,
CNRS, 1979, pp. 125–137; et idem, "Pour une histoire de la ponctuation.
1552–1553: les variations des éditions des premiers livres de Rabelais", *Nouvelle
revue du XVIe siècle* 6 (1988), 15–28.
10. Voir *Gargantua*, éd. Cl. Gaignebet, Alfortville: Quatre feuilles, 1971, p. xiv.

Ce n'est pas une édition diplomatique, mais il importait de respecter l'esprit de la réflexion de Rabelais sur la forme, tout en essayant de rendre le texte lisible pour le lecteur moderne. Par rapport aux usages de la collection, cette édition se signale par une plus grande fidélité à la lettre du texte. Ainsi, pour les titres des œuvres du XVIe siècle, ont été maintenues les graphies et les majuscules originelles, alors que normalement ces titres sont unifiés, unification qui a été faite, selon le protocole de la collection, dans les titres modernes et pour les références à l'Antiquité (qui ont été systématiquement vérifiées par un latiniste, Annie Dubourdieu).

Variantes

Cette édition a pour particularité par rapport aux usages actuels de la Pléiade d'offrir l'intégralité des variantes des éditions revues par l'auteur (à l'exception des variantes de graphies, mais avec la mention des corrections apportées aux coquilles du texte de base). Les éditions revues par l'auteur ont été déterminées à partir d'un examen exhaustif des éditions parues du vivant de Rabelais.[11] Pour chaque livre est fournie la classification des éditions avec stemmas. Dans les notes de texte, l'attention est attirée sur les variantes les plus importantes: par exemple, la variante introduite en 1534, mais supprimée en 1542: "Sophistes, Sorbillans, Sorbonagres, Sorbonigenes, Sorbonicoles, Sorboniformes, Sorbonisecques, Niboorcisans, Borsonisans, Saniborsans".

Des sigles plus parlants que les lettres retenues généralement par les éditions critiques à la suite de l'édition de Lefranc, ont été adoptés. Sont ainsi données les variantes pour *Pantagruel* des éditions *orig.* (éd. Claude Nourry); *33* (éd. Juste de 1533), *34* (éd. Juste de 1534), *35* (éd. P. de Sainte-Lucie), *L37* (éd. Juste de 1537), *X37* (éd. D. de Harsy de 1537); pour *Gargantua* des éditions *orig.* (éd. H. Juste), *35* (éd. Juste de 1535), *37* (éd. D. de Harsy de 1537); pour le

---

11. Examen consigné dans M. Huchon, *Rabelais grammairien*, pp. 31–130.

Tiers livre, 46 (éd. C. Wechel de 1546): pour le *Quart livre*, 48-1 et 48-2 (éditions P. de Tours de 1548), 52-1 (première édition M. Fezandat de 1552). Pour le *Cinquiesme livre*, en appendice sont fournis l'*Isle Sonante* et les chapitres corrrespondant dans le manuscrit; pour le reste du texte commun seulement à l'édition de 1564 et au manuscrit, les leçons propres au manuscrit sont indiquées en variantes. Pour l'ensemble du texte, les variantes d'une des éditions de 1565, qui laisse supposer l'existence d'une édition antérieure à celle de 1564, ont été retenues. Ainsi le lecteur pour la première fois a sous les yeux l'intégralité des variantes du *Cinquiesme livre*.

Éditer Rabelais est toujours une entreprise risquée, dans la mesure où il n'y aura jamais d'édition définitive, que la lecture s'enrichit continuellement de nouvelles interprétations, que chaque nouvelle édition apparaît fortement marquée par les préoccupations critiques de son temps.

Dans celle-ci, une grande importance a été accordée au problème de la réception au temps de Rabelais, en fonction du climat historique (par exemple, le *Quart livre* d'actualité lors de la crise gallicane de 1551, dépassé par l'actualité lors de sa publication en janvier 1552; l'édition du *Cinquiesme livre* qui, en 1564, sert la politique religieuse de Catherine de Médicis, contrairement à l'*Isle Sonante* en 1562 ou Rabelais courtisan célébrant la monarchie française dans la guerre de symboles que se livraient les souverains européens); on a essayé de restituer l'actualité en sachant qu'on ne retrouvera jamais la connivence, celle qui unit par exemple chaque semaine les lecteurs du *Canard enchaîné* et ses rédacteurs. Les divers livres ont été étudiés en fonction des genres littéraires (comédie, dialogue philosophique et déclamation dans le *Tiers livre*, articulation de *Comment il faut écrire l'histoire* et *L'histoire véritable* de Lucien dans *Pantagruel*). Une attention toute particulière a été apportée aux réécritures, à l'utilisation des intertextes, au fonctionnement de l'allusion dans une perspective lucianiste et de texte crypté, aux indices posés par Rabelais dans son texte pour déclencher des lectures autres, aux discussions contemporaines sur les statuts des textes anciens que Rabelais inscrit dans son œuvre.

Les détracteurs de l'érudition au profit d'un Rabelais de verve atemporel pourront trouver l'apparat critique très pesant. Pour Rabelais, l'érudition n'est pas lettre morte ou promenade nostalgique dans le cimetière de l'histoire, la glose paradoxalement est enrichissement d'images nouvelles pour une œuvre polymorphique et encyclopédique; elle permet la restitution de la lecture stéganographique voulue par l'auteur.

Le parti a aussi été pris de fournir un état présent de la critique, quitte à prendre le risque de dater (les corrections lors des réimpressions ne pouvant qu'être limitées). Cette édition s'est donc voulu un hommage à tous les studieux amateurs de Rabelais qui, depuis plus de quatre cents ans, s'interrogent sur l'un des textes les plus énigmatiques de la littérature mondiale et un hommage à toutes les éditions critiques qui, depuis la fin du XVIIe siècle, en passant par Le Duchat et par Abel Lefranc, ont enrichi la connaissance de Rabelais. Et s'il n'avait pas été choisi en épigraphe de cette édition le beau texte de Jean Martin sur la diversité des lectures souhaitables pour un texte ("Et pour ce, humain Lecteur, selon tes affections toy-mesmes tires en les sens, qui a toy seul serons propres et peculiers"[12]), on aurait pu y inscrire celui de Montaigne: "Nos opinions s'entent les unes sur les autres. La premiere sert de tige à la seconde, la seconde à la tierce. Nous eschellons ainsi de degré en degré. Et advient de là que le plus haut monté a souvent plus d'honneur que de mérite: car il n'est monté que d'un grain sur les espaules du penultime."[13]

Université de Paris – Sorbonne

---

12. J. Martin, Préface à la traduction du *Roland furieux* de l'Arioste (1544).
13. *Essais* III,13.

Littérature de la Renaissance et informatique. Sur les *Électro-chronicques* de Rabelais[1]

Marie-Luce Demonet

1. La conception du CD-ROM Rabelais et son historique

1.1. L'idée de cette publication électronique consacrée à Rabelais procède de la mise en commun à partir de mars 1994 des possibilités offertes par différentes institutions: en premier lieu, le fonds ancien de la Bibliothèque Municipale de Lyon, bien connu des chercheurs qui travaillent sur la période de la Renaissance; sa richesse pouvait fournir à l'évidence une matière importante concernant l'environnement littéraire et philosophique de l'œuvre rabelaisienne. Ensuite, les textes mêmes de Rabelais augmentés de ceux qu'on appelle "pararabelaisiens" (*Chroniques, Disciple de Pantagruel...*) disponibles sur support informatique et mis au point depuis de nombreuses années au sein de l'Équipe de Clermont-Ferrand, à partir d'un principe de fidélité maximale aux éditions originales. Enfin, les recherches d'Étienne Brunet à l'Université de Nice et au C.N.R.S., qui ont abouti à l'écriture d'un logiciel de base de données textuelles (Hyperbase) et à l'extension des fonctionnalités hypertextuelles. La Commémoration Nationale en 1994 a été l'occasion d'obtenir le soutien du Centre National du Livre et de réunir en un temps relativement bref ces trois composantes. Les textes électroniques ont donc fourni la base; les ouvrages de la Bibliothèque de Lyon, les occasions de liens en hypertexte et en mode image; et le logiciel Hyperbase, le moyen de circuler dans les textes et dans les images. On nous a déjà fait remarquer que la

---

1. Cette communication doit paraître également dans le recueil *Littérature et nouvelles technologies*, édité par Nathalie Ferrand, Presses Universitaires de France, 1996. Le CD-ROM est disponible aux éditions Les Temps qui Courent, Paris.

double ambition de ce disque était précisément trop ambitieuse: compter sur un large public qui prendrait plaisir – nous l'espérons – à manipuler des textes et des images sans objectif particulier, tout en estimant que le lecteur érudit et le chercheur ne dédaigneraient pas nos efforts pédagogiques. Les modèles que nous avions à notre disposition à ce moment-là étaient le *Thesaurus* grec de Packard, le CETEDOC de la patristique, le CD-ROM Discotext 1 de L'INaLF, les premiers CD d'histoire de l'art de la Réunion des Musées Nationaux et les CD pédagogiques.

Les imperfections et les erreurs de cette première réalisation apparaîtront rapidement aux premiers utilisateurs. Elles seront, je l'espère, possibles à amender, le support électronique permettant précisément de réaliser des éditions évolutives.

1.2. Nous aurions souhaité pouvoir fournir les textes de Rabelais dans toutes les éditions principales de l'époque avec un système de comparaison automatique. Vaste réalisation, qui s'accomplira sans doute un jour. Pour commencer par un échantillon, nous avons établi une présentation synoptique des *Pantagruel* de 1532 et 1542, des *Quart Livre* de 1548 et de 1552. Le défilement et les recherches automatiques dans les deux colonnes permettent de comparer les deux textes beaucoup plus rapidement que si l'on dispose seulement des reproductions ou des éditions modernes plus ou moins homogènes.

La présence d'autres textes que les romans (comme les *Pronostications*) se justifie par le souci d'offrir à la consultation d'autres productions rabelaisiennes, bien qu'elles eussent pu être plus complètes: ni les Lettres, ni la *Sciomachie*, n'ont pu être prêtes à temps. Il fallait dans ce cas revenir également aux textes originaux, les éditions critiques actuelles intervenant dans l'orthographe et la ponctuation de façon regrettable pour l'homogénéité du corpus. Seules les *Pronostications* et les *Chroniques Admirables* ne sont pas encore proposées dans leur version entièrement révisée, ce qui explique pourquoi la pagination renvoie aux éditions critiques existantes.

Après de longues années de réflexion sur les problèmes de norme et d'éditions de référence, nous avons choisi de traiter une hétérogénéité et une incohérence "d'époque".

2. *Les possibilités actuelles*

2.1. La mise à disposition des textes de Rabelais répond à un souci patrimonial. Pourtant, l'utilisateur du disque aura, en les consultant, l'impression d'avoir sous les yeux quelque chose de très différent du livre authentique: les contraintes de la consultation électronique très élaborée d'Hyperbase obligent à opérer un découpage du texte indispensable à la limitation des contextes et au repérage des mots dans la constitution des index, des concordances et des listes. La possibilité offerte au lecteur de voyager dans les textes en choisissant lui-même sa forme de consultation oblige à renoncer à une fidélité absolue de présentation. On aura une meilleure idée de la forme du texte électronique saisi en se reportant à l'édition en *fac-dissimilé*[2] où les seules interventions consistent à dissimiler *i* et *j*, *u* et *v*, et à désabréger, pour des raisons techniques évidentes. Certains chercheurs souhaiteraient proposer un texte entièrement diplomatique, sans les interventions citées. Facilement réalisable en traitement de texte, cette version absolument conforme à un exemplaire d'origine complique de façon vertigineuse les indexations automatiques et le fonctionnement de l'hypertexte en rendant impossible (en l'état actuel de nos moyens) la gestion déjà délicate des variantes.

2.2. La mise à disposition de ces œuvres consultables sous Hyperbase permettra encore de nourrir le débat qui existe autour des problèmes d'authenticité: la présence, dans une même base, de textes d'attribution douteuse (certains chapitres du *Cinquième Livre*, la

---

2. À paraître au Service des Publications de l'Université Blaise-Pascal; édition électronique sur papier des cinq romans accompagnée de l'index complet.

Brève Déclaration qui accompagne certains exemplaires du *Quart Livre*), de textes authentiques et de textes qui ne sont pas de Rabelais (*Chroniques Inestimables, Chroniques Admirables, Disciple de Pantagruel*) donne des éléments de comparaison importants. Ils pourront être confrontés au vocabulaire de l'époque tel qu'il est donné dans la base FRANTEXT ou dans la base de Clermont-Ferrand (une centaine de textes de la Renaissance consultables à ce jour). Mais il ne faut pas oublier qu'Hyperbase pour le moment ne traite que des formes, et non des mots. Sans lemmatisation ni regroupement des hétérographes, les résultats des études quantitatives et les calculs de fréquence doivent être analysés avec prudence.

2.3. L'exploration d'une configuration sémantique. Cette application est bien connue des collaborateurs des volumes Hubert de Phalèse: elle consiste à parcourir, à l'aide des possibilités de concordances et de contexte immédiatement réalisés, des configurations sémantiques qui incluent la préfixation. Par exemple, si on recherche, comme je l'ai fait pour mes travaux sur la terminologie sémiotique à la Renaissance, les occurrences de *marque, note, signe, indice, geste*, on peut obtenir, en demandant une chaîne de caractères *-marqu-, -not-, -sign-, -indi-, -gest-*, tous les contextes des dérivés et composés apparaissant dans le corpus. La comparaison avec les textes autres que ceux de Rabelais permet aussi, dans une certaine mesure, de vérifier la rareté ou l'originalité de telle forme ou de tel mot dans la langue de l'époque. Par exemple, une recherche sur les occurrences de "chanvre" et de "lin" nécessitée par l'étude du pantagruélion dans le *Tiers Livre* a permis de faire les constats suivants:

1. le mot *chanvre* ne figure jamais dans le corpus – sauf sous la forme "chenevis" dans un autre contexte – alors qu'il s'agit bien de lui sur le plan de la référence.

2. la recherche dans l'ensemble de la base (traitée également par Hyperbase) a permis de trouver chez Louis Le Roy (1575), à côté de *lin* et dans une liste botanique, une forme *chembre* qui n'aurait pas paru en relation avec la plante en l'absence de contexte. À partir

de là, il faut naturellement rechercher toutes les graphies *chembre/chambre* dans les autres corpus.

Cependant, en l'absence de lemmatisation, la recherche des graphies ne peut être que fondée sur une connaissance non médiocre des systèmes orthographiques à la Renaissance. Un article ou un exposé peut être ainsi élaboré à partir d'une vérification et d'une exploitation rapides du vocabulaire. La mise en commun de ces recherches devrait conduire naturellement à remettre en question les premières attestations des dictionnaires historiques courants et à proposer des définitions qui compléteraient, voire remplaceraient, celle du dictionnaire Huguet.

2.4. Authenticité. L'étude de la richesse lexicale d'un texte à l'autre ne peut être exploitée que par un chercheur qui a une idée préalable du texte et des problèmes posés, et qui a de lui-même effectué les lemmatisations qui s'imposent tout en gardant soigneusement des listes de variantes graphiques. On sait que Mme Mireille Huchon, dans *Rabelais grammairien*,[3] est partie de ces variantes pour conclure à l'authenticité partielle du *Cinquième Livre* et à l'authenticité totale de la *Brève Déclaration*. L'analyse factorielle que permet le logiciel d'Étienne Brunet fait surtout apparaître la très grande homogénéité des *Quart* et *Cinquième Livre*. Quant à la *Brève Déclaration*, elle serait attribuable à Rabelais par la présence d'une graphie en "diphtongue" exceptionnelle dans "vulguaire"; or celle-ci apparaît également dans la dernière édition des *Essais* de Montaigne. Si la vérification automatique amène à nuancer des analyses statistiques opérées manuellement avant l'utilisation massive de l'ordinateur, elle doit cependant être fondée sur des graphies attestées et strictement fidèles aux originaux; faute de quoi il paraît impossible de déduire un quelconque sentiment de la langue chez un auteur ou même chez un imprimeur, puisqu'on sait que ces derniers sont les

---

3. Genève, Droz, 1981.

premiers responsables de l'état linguistique dans lequel nous avons accès aux textes.

3. Modifications notables apportées au texte de base dans l'ensemble des textes gérés par Hyperbase

La *fragmentation* a dû être modifiée pour des raisons techniques: l'absence de paragraphes dans les éditions originales, la détermination extrêmement fluctuante de ce qu'on n'appelait pas encore une "phrase" à l'époque, ont conduit à sélectionner faute de mieux un contexte qui va d'une ponctuation forte à une autre. Il faut donc soigneusement distinguer les textes qui servent aux recherches automatiques et qui exigent une présentation et une normation particulières, et les textes électroniques transcrivant les originaux. La solution idéale serait que le lecteur dispose de l'original en mode image de façon à pouvoir contrôler la présentation exacte de l'édition de référence.

Valeur des alinéas créés: la fragmentation étant artificielle, il ne faut donc pas considérer comme des "paragraphes" les alinéas déterminés pour les besoins du traitement informatique.

Ponctuation: dans le *Pantagruel* de 1532 consultable en synoptique, les barres obliques de ponctuation ont été remplacées par des virgules. Elles ont été conservées dans l'édition en mode texte.

Espaces: des espaces ont été ajoutés avant les signes de ponctuation de façon à les isoler des mots. De même, des espaces ont été placés après les apostrophes quand il s'agissait de deux mots différents (*l'espace* → *l' espace*). En outre, il arrive souvent que des apostrophes manquent complètement: dans ce cas, un espace a été rétabli (*lon* → *l on*).

Syntagmes: pour traiter comme un seul mot des syntagmes indissociables (dans les noms propres, par exemple), des signes conventionnels ont été ajoutés, comme le _ (trait de soulignement) qui relie des prénoms et des noms.

4. Liaisons hypertextuelles. Elles sont de trois sortes:

4.1. Liaison avec quelques définitions du *Thresor de la langue françoise* de Nicot (les mots concernés apparaissent en gras, pour l'ensemble des textes). Elles doivent être considérées plutôt comme des documents concernant l'état de la science lexicographique un demisiècle après Rabelais: les définitions commencent seulement à apparaître tandis que les correspondances avec le latin restent un souci majeur. Nous avons choisi de recourir à cette édition du *Nicot* parce que son texte électronique (gracieusement prêté par T. R. Wooldridge, de l'Université de Toronto) a permis de retrouver automatiquement des occurrences situées à l'intérieur des définitions d'autres mots: c'est ainsi qu'on lit la définition de la *chronique* à l'entrée *annales*. Il est en outre établi que les premiers dictionnaires du français, à partir de Robert Estienne en 1549, puisent dans le vocabulaire de Rabelais, et qu'il existe un perpétuel va-et-vient entre l'œuvre littéraire et le travail lexicographique. "A rebours", Rabelais était parfaitement au courant des progrès de la lexicographie et de la lexicologie de son temps: il s'est servi des dictionnaires existants (hébreux, grecs, latins et autres) et il reste encore à étudier ces influences croisées. Le liens hypertextuels avec le *Thresor* de Nicot ne sont donc que des échantillons destinés à encourager l'étude de relations approfondies entre les textes et le lexique contemporain.

4.2. Liaison en synoptique: dans les cas où deux versions du texte sont proposées (*Pantagruel* et *Quart Livre*), un bouton apparaît qui permet de choisir la version unique ou la version synoptique. Cliquer sur un mot dans une colonne entraîne automatiquement la recherche du même mot dans la colonne située en face (attention: toute graphie différente entraînera une recherche infructueuse). On aimerait pouvoir faire mieux dans ce principe de comparaison, mais ces deux exemples donnent une idée des immenses possibilités de consultation simultanée d'un texte et de ses variantes éditoriales.

4.3. Liaison avec les images: chaque image peut être appelée à partir d'un mot qui dans le *Gargantua* figure en italiques. Elle a tantôt le caractère d'une hyper-note de bas de page (quand il s'agit d'une source de Rabelais), tantôt d'un document apparenté au thème suggéré par le mot en italiques. Elle est à chaque fois précédée par une fiche qui comprend:

– la description technique de la bibliographie lyonnaise

– une rapide présentation de l'auteur et de l'ouvrage avec la justification du lien établi entre cette image et le texte de Rabelais

– en fin de notice, les titres abrégés des documents, sur lesquels l'utilisateur peut cliquer pour faire apparaître les images correspondantes (elles sont présentées en deux formats). Le problème d'une consultation plus souple sous forme de zoom n'a pour l'instant pas été résolu: si le lecteur veut traiter les images séparément et les récupérer, il a tout intérêt alors à reprendre l'image dans le fichier "illustrations" et à l'ouvrir avec un traitement d'image quelconque.

Le *Gargantua* a été choisi d'abord pour des raisons de temps, moins parce qu'il est plus riche que les autres textes que parce qu'il est exemplaire et représentatif de l'utilisation par Rabelais d'une intertextualité extensible à l'infini. Tout âme de bonne volonté pourra étendre le travail à d'autres volumes.

5. La dimension patrimoniale

Cette édition, tout en se voulant éclectique, est cependant volontairement orientée: puisque la plupart des éditions critiques privilégiaient davantage la dimension humaniste de l'œuvre rabelaisienne, nous avons insisté au contraire sur le substrat médiéval, voire scolastique, d'une culture qui a aussi formé l'esprit de l'auteur. On nous reprochera sans doute de ne pas avoir suffisamment cité "hypertextuellement" Érasme: c'est moins une affaire de choix que de hasard. Les éditions des *Adages* disponibles à Lyon n'étaient pas aisément reproductibles. Nous avons également laissé de côté pour cette version les grandes éditions des auteurs classiques: non pas parce qu'il n'y en avait pas à la Bibliothèque de Lyon, mais précisément parce qu'il y en avait trop... Cette sélection, à elle seule, mériterait un travail ultérieur tout particulier. En supplément à la connaissance du Moyen-Âge tardif et du début de la Renaissance, les images sélectionnées ont pour objet de souligner l'évolution, non seulement de l'art de l'imprimerie à cette époque, mais de la relation des auteurs avec la présentation matérielle des livres: les ouvrages dits "populaires" ont une facture archaïque (caractères gothiques, encrage épais); les ouvrages savants sont souvent extrêmement denses; les impressions humanistes sont beaucoup plus claires, aérées, élégantes.

Les images n'ont pas été retouchées. Nous avons pu améliorer parfois les défauts du système de reproduction, mais nous n'avons pas cherché à embellir l'original. Chaque page a donc sa singularité et son originalité, qui fait qu'elle n'est jamais exactement la même que celle d'un autre exemplaire apparemment identique, dans une autre bibliothèque. Les tampons, gribouillages, rousseurs, déchirures, pliures, traces d'insectes, encrages déficients, impressions pâteuses, ficelles, etc. sont livrés à l'état brut, avec les difficultés de lecture que cela représente. Mais nous avons jugé que lors d'une exposition de ces mêmes pages, le visiteur ne demanderait pas à ce que l'on retouche les exemplaires. Or, en quelque sorte, cette réalisation se voudrait à la fois édition et exposition. Pour la même raison, nous n'avons pas coupé les pages, même quand une partie de l'image ne se rapportait pas au sujet.

On s'apercevra rapidement que ce choix n'est pas exhaustif: en effet, nous avons dû renoncer à reproduire certains ouvrages, même très connus, pour les raisons suivantes:

– La Bibliothèque de Lyon ne les possédait pas.

– Les exemplaires de cette bibliothèque étaient en trop mauvais état, ou bien la reliure trop serrée rendait la reproduction peu satisfaisante.

– Les éditions disponibles étaient trop tardives. Nous voulions, dans la mesure du possible, donner une idée de ce qu'était la culture encyclopédique au temps de Rabelais. Travailler avec des ouvrages de la fin du siècle aurait quelque peu faussé ce principe. Cependant, nous avons parfois choisi de présenter une traduction française légèrement postérieure à l'époque de Rabelais, pour faciliter la lecture. On constatera en effet que beaucoup d'ouvrages sont en latin: c'eût été donner une vision déformée de la culture du temps que de renoncer complètement aux ouvrages écrits dans cette langue. Que les lecteurs non latinistes veuillent bien nous excuser pour des choix qui relèvent moins de l'érudition gratuite que d'un certain souci de vérité. De même, certains textes en français, lorsqu'ils sont livrés dans des éditions incunables, écrits en gothique ou en bâtarde avec une encre pâteuse, truffés d'abréviations, ne sont guère accessibles à la lecture rapide. Mais le lecteur qui se trouve devant l'ouvrage lui-même n'a pas toujours un accès plus facile. Il est vrai que la précision insuffisante des écrans ne rend pas compte de la qualité de la numérisation. La sortie sur imprimante laser améliore considérablement la reproduction.

Quant aux liens précis établis entre le texte du *Gargantua* et les autres ouvrages, ils peuvent être évidents (cas de l'*Énigme en prophétie* attribuée à Mellin de Saint-Gelais presque intégralement reproduite à la fin du *Gargantua*) ou plus cachés (relations entre l'Abbaye de Thélème et le *Songe de Poliphile* de Colonna). Parfois ils sembleront arbitraires: il s'agissait alors pour nous, moins de montrer une "source" de Rabelais que de confronter son œuvre à un texte qui traiterait du même sujet. Au lecteur de juger des conséquences d'un rapprochement qui a également pour but de révéler une partie de l'environnement intellectuel de Rabelais.

Les images en couleur sont justifiées par les ouvrages eux-mêmes, peints à la main ou enluminés. Le *Blason des couleurs* méritait évidemment la couleur, même si le passage correspondant dans *Gargantua* concerne le blanc... L'extrême beauté de certains exemplaires (comme l'herbier de Léonard Fuchs) méritait aussi reproduction. Par ailleurs, nous avons autant que possible donné à voir des illustrations, des schémas, des gravures, qui, outre leur aspect décoratif, permettent aussi de voir l'évolution parallèle (et pas toujours identique) de l'art du texte et de celui de l'image.

6. *La consultation sur Internet*

Alors que la possibilité de diffuser parallèlement le contenu du CD-ROM sur le Net n'avait été envisagée au début de l'entreprise que comme un développement ultérieur, il s'est avéré indispensable lorsque nous avons constaté la difficulté de trouver un développeur diligent pour réaliser une version du CD qui soit véritablement opérationnelle sur les deux standards, MacIntosh et PC. Il fallait en effet qu'un informaticien accepte de réécrire le logiciel très complexe d'Étienne Brunet sous PC, ce qui n'a pas été possible dans les délais que nous nous étions fixés. Pour permettre l'accès aux principales fonctions du CD pour les chercheurs et étudiants ne disposant pas de matériel Apple, Étienne Brunet a donc mis au point en un temps record une version Internet en fonction depuis août 1995. Plusieurs milliers d'interrogations ont été réalisées depuis, ce qui dépasse largement le nombre de CD vendus.

Cependant, on sait qu'à l'heure actuelle, les Français n'ont pas tous accès à Internet dans les mêmes conditions: la rareté des nœuds de communication fait que la plupart des chercheurs de province sont désavantagés, et le faible débit de certaines connexions peut rendre impatient quand une image couleur met deux minutes à apparaître sur l'écran, et encore deux autres pour un changement de format. La consultation sur le Net demande en outre une familiarisation minimale antérieure avec le processus d'interrogation et d'accès. Le CD, même s'il demande les mêmes compétences minimales, laisse à l'utilisateur le loisir de s'y reprendre à plusieurs fois.

Nous nous excusons auprès des premiers acquéreurs qui ont cru que la version proposée était déjà bivalente: nous avions pensé fournir sur le CD-ROM tous les textes du corpus, en mode texte récupérable sur un traitement de texte quelconque et sous Win-

dows. Mais les menaces sur le copyright se sont fait tellement préci-
ses au cours de l'année 1995 que nous avons dû retirer ces fichiers
non protégés par un logiciel d'accès de type Hyperbase. En revanche, les illustrations, le dictionnaire et les résultats de concordance sont libres d'accès sur PC. Nous ne pouvions pas décemment
laisser copier sans effort le résultat de dix années de recherches
effectuées dans le cadre universitaire, au profit d'éditeurs ou d'auteurs sans scrupules qui l'auraient utilisé sous leur propre label.

L'adresse est la suivante:

http://134.59.31.3./rabelais.html

Le dossier complet transite pour le moment par l'intermédiaire de
l'Université de Nice, mais il sera bientôt accessible par Clermont-
Ferrand. Le prototype de la version bivalente sera achevé à la fin de
1996.

7. *Problèmes à résoudre et améliorations à apporter*

7.1. Hétérographes et lemmatisation. Les Index n'ont pas été lemmatisés, ce qui veut dire que les singuliers et les pluriels n'ont pas été
regroupés, ni les dérivés, ni les verbes conjugués. Les hétérographes
(différentes graphies renvoyant à un même mot) n'ont pas été regroupés non plus, bien que cette procédure soit ultérieurement
envisageable. En l'absence d'un logiciel qui soit capable de gérer les
nombreuses graphies offertes par les textes, l'utilisateur devra inter-
roger les différentes formes d'un mot, avec toutes les variantes
graphiques possibles.

Plusieurs équipes travaillent actuellement à résoudre ce problème
important pour la gestion des textes anciens. La coordination de
leurs efforts n'est pas encore établie de façon satisfaisante. Un
colloque sur les dictionnaires électroniques, qui a eu lieu les 24 et 25
juin 1996 à Clermont-Ferrand a permis de confronter les différentes approches et d'envisager une procédure standard de lemmatisation associée aux textes des bases textuelles. Le regroupement des

hétérographes a été réalisé pour le présent CD de façon manuelle pour les mots liés en hypertexte et signalés par les caractères gras (liaison avec les définitions du *Thresor* de Nicot et avec celles de la *Brève Déclaration*).

7.2. La compatibilité complète des deux standards Mac et PC est le sujet d'un travail en cours pour la réécriture d'Hyperbase sous Adobe Acrobat. Des tests avec Toolbook et Supercard sont également envisagés. Il faudrait développer ensuite la possibilité d'ouvrir une fenêtre supplémentaire pour pouvoir travailler en même temps sur son propre document (comme dans le logiciel à l'étude pour la Bibliothèque Nationale de France).

Enfin, faut-il proposer deux versions, l'une destinée aux chercheurs, l'autre à un public plus vaste? La demande en a déjà été faite lors de démonstrations en médiathèque et nous sommes bien conscients du caractère spécialisé d'un tel outil. L'adaptation à un public d'amateur ou au lectorat scolaire est en soi un sujet de recherche qui va bien au-delà de la simple vulgarisation.

La coopération s'avère difficile avec les éditeurs classiques que nous avons contactés: aucun d'entre eux n'a accepté de prendre des risques (qui se situaient plus sur le plan de l'image de marque que sur le plan financier) pour un produit relativement nouveau. En outre, chacun entend imposer aux auteurs de CD, comme pour les livres, ses normes de présentation, de saisie et de collection. Ces exigences n'ont que peu d'importance s'il ne s'agit que de l'interface. En revanche, elles sont plus graves lorsqu'elles remettent en question les principes scientifiques élaborés en équipe de recherche, comme le respect maximal des graphies et de la ponctuation d'époque. Les éditeurs multimédia se sont montrés plus enthousiastes: la plupart sont nouveaux sur le marché du livre électronique et les normes de présentation des textes sont laissées à l'appréciation des responsables scientifiques.

Le travail d'information et de persuasion auprès des libraires classiques est entièrement à assumer par les auteurs eux-mêmes: la plupart du temps les libraires et responsables de rayons littéraires refusent encore à ce jour de distribuer un tel produit, ou bien, dans les grandes librairies, les CD-ROM sont rangés dans la catégorie des jeux éducatifs. Que le CD-ROM Rabelais se trouve à côté des autres éditions de Rabelais n'aurait rien en soi de scandaleux.

7.3. Améliorations. Il faut encore étendre les calculs aux occurrences très nombreuses et résoudre les questions de limite de capacité de mémoire; naturellement supprimer les "bugs"..., corriger les fautes de saisie constatées à l'usage; améliorer l'interface par une utilisation raisonnable et attrayante des possibilités du multimédia: écran d'accueil moins austère, sonorisation, lisibilité des icônes, augmentation du nombre des images en couleur.

Un autre projet concerne l'adjonction d'un didacticiel de familiarisation avec la langue du XVIe siècle: tests de lecture, apprentissage de la grammaire, de la conjugaison, des possibilités graphiques, essais de prononciation (avec modèles sonorisés). Ce travail est en cours et constitue un mémoire de DEA. Nous envisageons aussi la transformation des textes du mode image en mode texte, avec traduction du latin et des autres langues. L'échantillon du Nicot devrait être remplacé par un glossaire total et par un dictionnaire des noms propres, tous deux liés en hypertexte et lemmatisés si possible. Enfin, on nous demande souvent d'adjoindre d'autres textes rabelaisiens ou pararabelaisiens pour un corpus plus étendu (manuscrit du *Cinquiesme Livre*, *Songes drolatiques*, le *Vray Gargantua*, etc.).

8. Développements en cours

8.1. Il convient d'établir, avec les autres équipes concernées, avec les cellules de valorisation de l'Université et avec le C.N.R.S., une charte de respect des droits et du copyright (pour le CD-ROM, les textes numérisés et pour la version Internet).

8.2. Création d'une hyper-édition. Il va de soi que cette édition électronique ne peut en aucun cas être considérée comme une édition critique. Il s'agit d'abord d'une transcription: le texte est donné avec les graphies et la ponctuation des éditions originales, mais on ne trouve pas de notes savantes (à l'exception des fiches liées aux images), ni même de glossaire. Pour élucider le texte, le lecteur doit se reporter aux éditions critiques actuellement disponibles, qui diffusent une large information dans ce sens. Mais on peut envisager une édition électronique qui serait aussi une édition critique accompagnée d'outils non limitatifs.

Toutes ces possibilités ne doivent pas paraître complètement utopiques, ni réservées à un auteur aussi singulier que Rabelais. Il y a trois ans encore, il apparaissait audacieux de vouloir vendre un CD littéraire à 350 F et non à 3000, de prédire le développement des CD eux-mêmes; d'utiliser l'hypertexte autrement que pour des jeux destinés aux enfants; de remplacer la vidéo pédagogique par un système informatique interactif à un prix raisonnable; de proposer des exemples sonores ou en trois dimensions.

Si tous ces développements sont désormais de l'ordre du possible, le chercheur peut cependant être plus tenté par une réalisation personnelle: il n'y a rien d'absurde à proposer un ouvrage entièrement électronique, voire une thèse, dont les exemples, au lieu d'être de frustrants extraits, seraient doublés par une véritable anthologie. Comme il y a eu la révolution du *Personal Computer*, il pourrait y avoir celle du *Personal Compact Disc*, gravé à la maison ou à l'Université, dont la forme serait effectivement compacte avec un contenu qui ne le serait plus. Cauchemar, peut-être, des futurs membres des jurys ou des comités de lecture.

Université Blaise-Pascal à Clermont-Ferrand

Table des matières